KB098287

제국일본의 사상

제국일본의 사상

포스트 제국과 동아시아론의 새로운 지평을 위하여

김항 지음

창비

책머리에

　이 책은 일본연구서지만, 일본연구에서 벗어난 지점에 있기도 하다. 논제로 삼은 역사공간이 '일본'으로 명명되는 국민국가와 겹치며, 주된 분석 텍스트가 '일본어'로 돼 있으니 일본연구임에는 틀림없다. 하지만 독해와 분석이 지향하는 지평은 '일본이해'가 아니라 '현재의 내력'(來歷, Herkunft)이다. 레비스트로스는 "내가 현재를 더 먼 과거에 연결할 수 있을 때만"[1] 현대 일본에 관심이 있다고 했는데, 이 책 또한 과거를 현재와 연결 짓는 한에서만 일본에 관심을 둔다. 다시 말해 이 책은 일본을 정치·사회·문화·역사의 측면에서 서술하고 이해하려는 것이 아니라, 일본이라는 역사공간과 일본어 텍스트를 매개로 현재의 내력을 추적한 산물이다.

---

1 디디에 에리봉 대담, 송태현 옮김 『가까이 그리고 멀리서: 클로드 레비스트로스 회고록』, 강 2003, 143~44면.

그런 의미에서 이 책에 등장하는 일본은 '방법으로서의 일본'이다. 일본을 매개로, 현재가 지금의 모습으로 존립하게 된 내력을 묻자는 것이다. 그렇다면 여기서 현재란 무엇인가? 근대 유럽의 위대한 지성들이 저마다의 방법으로 마주하려 했던 이 난제에 온전한 답을 내놓기란 쉬운 일이 아니다. 다채롭고 난해하기 이를 데 없는 그 지성의 모험을 일일이 살펴볼 여유 또한 없다. 하지만 저마다의 모험이 공유하는 하나의 태도는 확인해둬야 한다. 그것은 현재를 과거나 미래, 혹은 형이상학적 실체처럼 여기고 이에 대한 탐구를 게을리하는 보수주의를 단호히 거부하는 태도다. 그래서 헤겔은 의식의 자기운동을 미리 설정된 목적에 끼워넣지 않고 추적해 역사변증법을 구축했고, 하이데거는 '존재를 존재자의 형상으로 환원해 시간의 지평을 지워버리는' 형이상학을 파괴했다. 다시 말해 현재를 언어와 사유로 전유하려는 지성의 모험은 목적지도 해도(海圖)도 없이 닻을 올린 위험천만한 항해였던 셈이다.

20세기 후반 '계보학'(généalogie)이라는 기획으로 이 항해를 재개한 지성은 다름 아닌 푸꼬다. 그는 "계보학은 기원(Ursprung, origine)의 탐구와 대립하는 것"이라고 정의한다. 그렇다고 온갖 이념이나 개념의 기원 따위는 존재하지 않는다고 선언하는 것은 아니다. 문제는 모든 지적 행위가 기원을 추구하면서, 현재를 사는 인간의 육체에 새겨진 "치명적 유산"(dangereux héritage)을 오해하게 됐다는 점이다. 이 오해는 정신의 불안정, 게으름, 절도 없음 등을 모두 "비정상"(abnormal)으로 낙인찍어 역사를 초월한 "정상적"(normal) 육체를 상상하는 일로 이어진다. 계보학은 여기서 그 유산의 내력을 선조의 행위를 단서로 삼아 추적한다. 정상적 육체, 즉 기원의 배후에 "그 형성의 장이 돼온 무수한 사건(événements)"을 회복하려는 것이다.[2] 푸꼬의 의도는 명확하다. 기원이 아니라 내력을 언급하면서 현재를 과거나 미래로 환원하지 않으며, 과거로부터 미래에까지 존립한다고 상상되는 정상적인 형이상학적 실체에 실존을 동일화하지 않는 것이다.

　이것이 이 책이 탐구하려는 '현재의 내력'이 뜻하는 바다. 그것은 잡다한 사건의 축적과 교차로 이뤄진 지층의 탐사다. 현재란 오로지 그 지층으로서만 탐사하고 포착할 수 있다. 현재에 비정상 혹은 정상 따위가 있을 수 없다면 말이다. 따라서 현재를 오롯이 총체화하는 개념이나 범주나 주체는 불가능하다. '우리의 현재' 따위의 언명이 의심스러운 까닭은 우리라는 폐쇄적 주체가 은연중에 현재 그 자체가 아니라 시간을 초월한 주체로 물음을 바꿔치기하기 때문이다. 가령 '일본의 현재'를 묻는다면 이는 현재에 물음을 던지는 것임에도 결국 일본이라는 불변의 주체에 대한 앎에 이르게 된다. 이때 현재에 대한 물음은 어김없이 일본이 과연 현재 건강한가 병리적인가를 따지는 주체에 대한 물음으로 뒤바뀐다. 그런 의미에서 푸꼬의 계보학은 현재의 물음을 주체의 물음으로 뒤바꾸는 사유 패턴을 뒤집자는 제안이다.

　다시 일본으로 돌아가보자. 서두에서 나는 일본이 아니라 현재의 내력을 묻겠다고 했다. 현재가 복잡다단한 지층으로 이뤄진 대지라면 그 분석은 언제나 국지적일 수밖에 없다. 계보학이 고고학의 방법적 원리를 공유하는 이유는, 총체적 개념을 통한 대지의 전유가 아니라 국지적 탐사를 통한 지층의 고유화를 전략적 효과로 삼기 때문이다. '제국'이라는 물음은 이 지점에서 요청된다. 여기서 추적하고자 하는 현재의 내

---

2 Michel Foucault, "Nietzsche, la généalogie, l'histoire(1971)," *Dits et écrits 1954-1988*, Tome II, Édition établie sous la direction de Daniel Defert et François Ewald, Gallimard 1994, 136~41면.

력은 제국이라는 국지성 속에서 포착되는 지층군(群)이다. 그리고 이 지층의 고유성에는 국민국가라는 주체를 현재의 물음 속에서 희석하는 효과가 있다. 이는 단순히 방법적 시각을 바꾸는 것만을 뜻하지 않는다. 오히려 중요한 것은 국민국가라는 주체로 현재의 물음을 바꿔치기함으로써 끔찍한 폭력과 비극이 끊임없이 확대재생산된다는 사실이며, 이는 현재 동아시아가 극복해야 할 시급하고도 실천적인 생존 문제다. 제국일본의 지층 탐사가 필요한 것은 이 때문이다.

제국일본이 동아시아의 각 국민국가로 분할된 것은 1945년부터 1953년 사이의 일이다. 이 우여곡절로 가득 찬 시기에 제국의 기억은 새로이 상상될 국민국가의 역사 속으로 회수돼 망각의 운명을 강요받았다. 하지만 이 과정이 순조로웠을 리는 없다. 열도의 구식민지 출신 거주자, 중국 동북부 등에 남은 일본인, 그리고 동남아 전선의 조선-대만 출신 일본군 등은 국민국가로의 이행으로 가닥이 잡힌 포스트 제국적 상황 속에서 법률 장치를 통해 삶의 안정성을 박탈당한 채 난민의 처지를 강요받았다. 또한 한반도 분단, 대만의 탈식민과 폭력적 점령, 오끼나와의 희생 등 이른바 동아시아 '핵심현장'[3]의 비극은 국민국가화의 이면에서 모두의 몫임에 틀림없는 고통을 주변부에만 전가함으로써 일어난 사건이다. 국민국가는 이렇게 제국과 포스트 제국 사이 공간에서 벌어진 폭력과 비극을 은폐하고 망각함으로써 성립·유지됐다. 그것도 그 폭력과 비극을 현재진행형으로 이어가며 말이다.

현재의 물음을 주체의 물음으로 뒤바꾸는 국민국가의 패러다임에 맞서야 하는 이유가 여기에 있다. 민족이나 국민이 상상된 공동체라는 진

---

3 백영서 『핵심현장에서 동아시아를 다시 묻다』, 창비 2013 참조.

부한 주장을 위해서가 아니라, 국민국가의 패러다임이 폭력과 비극을 끊임없이 되풀이하고 있기 때문이다. 이 책에서는 이 물음을 '사상'의 영역에서 전개하려 한다. 핵심현장의 실제 역사나 문학에 착안해 폭력과 비극의 현재성을 비판한 연구는 최근 10년간 중요한 성과를 보였다. 일일이 거론하지는 않겠지만 이 책도 그런 성과에 힘입은 바 크다. 하지만 '중심'의 사상을 대상으로 이 물음을 전개한 연구는 그리 많지 않다. 물론 중심의 사상에 내재한 식민주의를 고발하는 연구는 왕왕 이뤄져왔지만, 그것은 현재를 탈식민이라는 목적히에서 미래를 향해 투사하려는 성격이 강했다. 하지만 이 책은 주체도 목적도 가정하지 않고 제국과 포스트 제국의 사이 공간을 사유가 어떻게 전유하려 고투했고, 그 과정에서 어떤 좌절과 굴종을 경험했는지에 착안했다.

예를 들어보자. 이 책의 주요 검토 대상인 마루야마 마사오의 텍스트는 '일본 사상' 속에 포함된다. 하지만 마루야마의 모든 작품을 관통하는 문제의식은 모두 '제국일본'에 뿌리를 둔다. 그리고 그 제국일본은 현재의 국민국가 일본과 일치하지 않는다. 실제의 지리에서도 심리적 지리에서도. 마루야마의 텍스트는 일본이라는 주체에 귀속되기도 하지만 그것을 초과하기도 하는 것이다. 그래서 텍스트의 내용과 논리도 중요하지만 텍스트가 거처로 삼는 이 결정 불가능한 모호한 지대야말로 탐사의 대상이 돼야 한다. 그것이 마루야마의 텍스트를 작가로도 국가로도 귀속시키지 않고 현재의 내력으로 온전히 이해하는 방법이기 때문이다.

한반도에서 일본의 텍스트를 한글로 옮겨온 작업의 의의 또한 여기에 있다. 1945년 이후, 한반도의 사상적 자기 영유(領有)는 제국의 기억을 불식하는 것을 주된 임무로 삼아왔고 눈부신 성과를 냈다. 그것은 한반도라는 역사공간을 국가 혹은 민족이라는 주체로 바꿔내 정상성을 확립하려는 기획이었다. 식민주의와 식민지배에서 벗어나려는 지성의 대응. 하지만 이 기획이 탄탄대로를 달려온 것은 아니다. 이따금 분출되는 제국의 유산 때문이었다. 그것은 북한의 통치체에 천황제의 그림자가 어른거린다거나, 1960년대 경제개발계획에 만주국의 망상이 떠오르는 식으로 의식 속에 끈질기게 남았다. 해방 후에도 지하에 숨어들어 제국의 부활을 꾀하는 '총독의 소리'는 전파처럼 온갖 경계를 넘나들며 한반도에 스며들었던 셈이다.

탈식민을 지향한 한국의 지적 기획은 이 음산한 총독의 소리를 두더지 잡기처럼 때리기에 급급했다. 현재라는 지표면 아래 켜켜이 쌓인 지층을 탐사하는 대신, 그 지층이 보이지 않도록 단단히 '공구리치는' 데 힘을 쏟았다. 일본도 사정은 마찬가지였다. 파시즘과 침략전쟁과 식민지배를 일본이라는 국민국가의 현재로부터 일소하기 위해 필사적이었다. 이와 같이 1945년 이래 한반도와 열도에서는 제국이라는 지층을 덮어버리기 위한 지성의 콘크리트 공사가 진행됐다. 그렇게 함으로써 한국·북한·일본이라는 주체는 현재를 전유하는 초역사적 주체가 될 수 있었다. 고대부터 현재까지, 국가의 역사는 현재의 물음을 주체의 물음으로 바꿔치기하면서 대규모 콘크리트 공사를 멈추지 않은 것이다.

『제국일본의 사상』은 이 콘크리트 공사를 멈추고자 하는 문제의식에서 출발한다. 따라서 당연히 제국일본은 현재의 국민국가 일본이 아니다. 그것은 제국 붕괴 이후에도 지하에서 끈질기게 현재의 진폭을 추동하는 지층의 운동이다. 이 책에서 다룬 주권·식민지·아시아는 제국일본이라는 지층을 구성하는 주요 요소다. 자세한 이야기는 본론으로 미루지만 이 세 요소는 제국일본이라는 지층 탐사를 통해 드러난 현재의 내력이 어떤 사건들의 연속체로 이뤄졌는가를 보여주는 분절요소다. 개별 국민국가가 아무리 콘크리트 공사를 통해 덮어버리려 해도 주권·식민지·아시아를 발화하는 순간 콘크리트 판은 균열을 일으키며 붕괴하기 마련이다. 증폭 일로에 있는 동아시아의 상호적대가 그 증거다. 대등한 주권의 원리와 역사적 폭력의 비대칭적 기억 사이에서 동아시아의 상황은 악화될 수밖에 없다. 미래를 향한 건설적 관계를 아무리 외쳐도 전망은 절망적일 정도로 어둡다. 그 건설이 콘크리트 공사로 이뤄지는 한에서는 말이다.

이 공사를 멈췄을 때 동아시아는 한일 혹은 중일 등 국가 간의 '화해' 따위가 아니라, 운명처럼 하나의 절대적 상황에 내던져질 수밖에 없는 나약한 인간 실존을 위한 '공존'의 장이 될 수 있다. 이것이 제국일본이라는 지층을 탐사하게 된 소박한 동기다. 국가 간의 화해 따위를 말하는 고상한 이상주의가 아니라 실존의 생존을 모색하는 절체절명의 몸부림. 그래서 이 책에서 말하는 사상은 고매한 지성의 산물이라기보다는 살아남으려는 몸부림이다. 마루야마 마사오, 타께우찌 요시미, 미시마 유끼오, 이광수, 염상섭, 야스이 카오루 등의 사상은 모두 하나의 몸부림으로 독해된다. 논리의 타당성이나 건설적 가능성이 아니라, 쫓긴 자의 절박한 심정과 반응이라는 틀에서 그들의 말이 독해되는 것이다. 과연 얼마나 그 절박함을 감지하고 표현했는지는 불안하다. 부디 많은 분들의 질책과 비판을 부탁드린다.

여기에 묶은 글은 2008년에서 2014년 사이에 쓴 것이다. 학위를 마치고 돌아와 한국 학계에 내던져진 상황에서 어떻게든 살아보려 썼던 글들이라 그때그때의 '생존감'이 묻어나 있는 것 같아 부끄럽기도 하다.

10

여러 우여곡절 끝에 간신히 망가지지 않고 겨우 살아 있기는 해서 개인적으로는 다행이지만 학계를 위해서는 불행이라는 생각도 해본다. 아무튼 다행인지 불행인지 몰라도 지금 이렇게 여전히 글을 쓸 수 있는 것은 귀국 후 따뜻하게 배려해주신 많은 분들 덕분이다. 갚을 길 없는 빚을 너무나도 많은 분들에게 지고 말았다. 턱없이 모자라겠으나 그럼에도 감사의 말씀을 드린다. 부디 이 책이 빚의 일부라도 탕감할 수 있으면 좋겠고, 앞으로도 기꺼이 즐겁게 빚 독촉에 시달리겠다고 다짐해둔다.

2015년 3월 새 학기가 시작된 신촌에서
김항

| 차례 |

책머리에　　　　　　　　　　　　　　　　　　　　　　　　*004*

제1부 제국의 히스테리와 주권의 미스터리

1장 주권의 번역, 혹은 정치사상의 멜랑콜리아　　　　　　　*017*

2장 예외적 예외로서의 천황　　　　　　　　　　　　　　　*039*

3장 주권의 표상 혹은 공백의 터부　　　　　　　　　　　　*087*

제2부 제국의 문턱과 식민지의 인간

4장 개인·국민·난민 사이의 '민족'　　　　　　　　　　　　*123*

5장 식민지배와 민족국가/자본주의의 본원적 축적에 대하여　*168*

제3부 제국의 청산과 아시아라는 장소, 그리고 한반도

6장 '결단으로서의 내셔널리즘'과 '방법으로서의 아시아'　　199

7장 해적, 시민, 그리고 노예의 자기인식　　238

8장 '광역권'에서 '주체의 혁명'으로　　274

결론　규범과 사실의 틈새　　309

참고문헌　　326

사항 찾아보기　　336

인명 찾아보기　　340

일러두기

1. 외국의 인명과 지명 등은 현지 발음에 따라 우리말로 표기하고 괄호 안에 한자나 원어를 병기했다. 단, 우리말로 굳어진 경우에는 관용을 따랐다. 음과 뜻이 다른 경우에는 대괄호 안에 원어를 병기했다.

2. 저자가 인용문 안에서 이해를 돕기 위해 덧붙인 부분은 대괄호로 표시했다.

3. 이 책의 각 장은 저자가 이미 발표한 논문을 전반적으로 수정·보완한 글이다. 각각의 출처는 아래와 같다.

1장: 『아세아연구』 제54권 3호, 고려대학교 아세아문제연구소 2011.

2장: 『대동문화연구』 제70권, 성균관대학교 대동문화연구원 2010.

3장: 『미술사학보』 제42권, 미술사학연구회 2014.

4장: 『민족문화연구』 제58권, 고려대학교 민족문화연구원 2013.

5장: 『대동문화연구』 제82권, 성균관대학교 대동문화연구원 2013.

6장: 『대동문화연구』 제65권, 성균관대학교 대동문화연구원 2009.

7장: 『사이』(SAI) 제10권, 국제한국문학문화학회 2011.

8장: 『동방학지』 제161권, 연세대학교 국학연구원 2013.

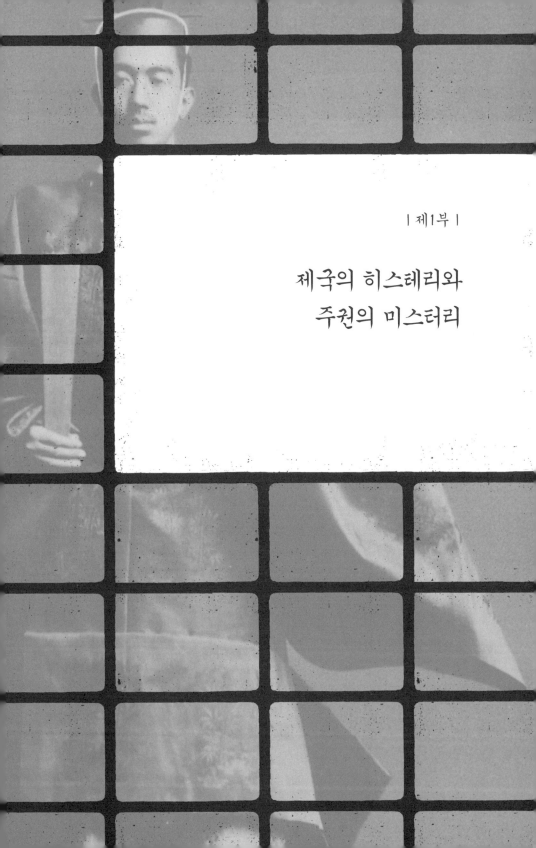

| 제1부 |

제국의 히스테리와
주권의 미스터리

1장

주권의 번역, 혹은 정치사상의 멜랑콜리아

: 마루야마 마사오의 좌절과 유산

1. 주권을 회피하기

"히라오까의 ambition을 instigate하려 했으나 실패(平岡の ambition ヲ instigateシヤウトシテ失敗)." 근대 일본의 소설 문체를 확립한 나쯔메 소오세끼(夏目漱石)는 1909년 작품 『그후(それから)』의 창작노트에 이렇게 적었다. 소오세끼의 창작노트나 메모 등을 보면 이렇게 영어와 일본어가 혼합된 문장이 허다하다. 가령 모리 오오가이(森鷗外)의 『청년』에 자극받아 쓴 자연주의에 관한 메모, "어떤 ism을 믿는 것은 가능하다. 다른 ism을 배격하는 것은 life의 diversity를 unify하려는 지식욕 아니면, blind된 passion〔youthful〕에 기초하고 있다(アル ism ヲ 奉ズルハ可 他の ism ヲ排スルハ life ノ diversity ヲ unifyセントスル智識慾カ, blindナル passion〔youthful〕ニモトヅク)" 등의 예가 있다. 이 노트나 메모는 소설을 통해 근대 일본어를 성립시킨 소오세끼의 내면 언어가 영어와 일본

어 사이의 혼종성을 간직했음을 보여준다. 소오세끼의 과제는 이 혼종성에서 어떻게 일본어라는 국민국가의 언어로 나아갈 길을 발견할 것인가였다.[1]

내 머리는 반이 서양이고 반이 일본이다. 그런데 서양 사상으로 생각한 것을 아무리 해도 충분한 일본어로 써낼 수가 없다. 일본어는 단어가 부족하고 표현법도 재미없기 때문이다. 반대로 일본 사상으로 생각한 것은 마찬가지로 충분한 서양어로 쓸 수 없다. 나에게 서양어의 소양이 모자라기 때문이다.

아무튼 사상이 서양에 접근해감에 따라, 흉내 내는 것은 아니지만, 일본도 자연스럽게 서양 정도로 진보해나가야 한다. 즉 오늘날의 문장보다도 더 복잡한 표현법과 많은 단어가 태어나야만 한다. 지금도 '마치 무엇처럼' 등 번역적 방법을 도입하는 경우가 많은데 이는 그런대로 편리하다. 이후에도 보다 많은 새로운 방법이 생겨날 것이다.[2]

소오세끼의 소설 문체는 신체에 각인된 구어체로서의 일본어와 관념 및 심리를 포착하는 서양어 사이에서 태어난 새로운 언어였다. "오늘날의 문장보다도 더 복잡한 표현법과 많은 단어"는 단순한 양의 증가를 의미하는 것이 아니라, 신체언어와 관념언어 사이의 만남에서 비롯되는 전혀 다른 언어세계를 개시할 것이기에 그랬다. 하지만 쉽게 예상 가능한 대로 이 '전혀 다른 언어세계'가 이전의 언어를 깡그리 말소한 위

---

1 小池清治 『日本語はいかにつくられたか?』, ちくま學藝文庫 1995, 149면.
2 夏目漱石 「將來の文章(1907)」, 앞의 책 150면에서 재인용.

에서 매끄럽게 마름질될 가능성은 애초에 봉쇄돼 있었다. 서양 단어의 번역 차원에서도, 그렇게 번역된 생소한 단어가 자리 잡게 될 신체언어의 차원에서도, 이 언어세계가 개시하는 언설의 가치, 의미, 수행성 등은 불투명하고 모호한 지대 속에서 결정 불가능한 채로 유통됐기 때문이다.

일례로 영어 right가 근대 초기 일본에서 번역될 때 '의(義)' '본분(本分)' '근(筋)' '도(道)' 등의 용어가 난립했는데, 이들 용어는 모두 right가 내포하는 '올바름'이라는 의미를 기존의 유교개념 혹은 구어적 관습에 따라 표현한 것이었다. 그러나 니시 아마네(西周)가 right의 번역어로 '권(權)' '권리(權利)' '권의(權義)' 등을 사용하면서 right의 번역어는 '권(權)'으로 정착되기 시작하는데, '권'은 당시 일본어의 쓰임새 안에서 '힘'을 의미했기에 '올바름'과 전혀 다른 맥락의 의미로 굳어진다.[3] 그 까닭은 니시가 right라는 단어를 『만국공법(萬國公法)』상의 국제공법적 맥락에서 파악한 것으로, 오역이라고는 할 수 없지만 이후 일본 정치사상 혹은 용어법에 커다란 영향을 미치게 된다. 왜냐하면 right에 내장된 '올바름'과 '힘'의 중첩성이 '권'이라는 용어로는 표현되거나 파악될 수 없었기에, right가 문제시될 때마다 힘과 도덕이 분열돼 충돌하는 지적 전통을 낳았기 때문이다. 즉 right가 '권'으로 번역되면서 신체적 도덕관념과 서양에서 유래한 정치질서가 융합되기는커녕, 이후의 정치적 인식과 실천이 도덕과 힘 사이의 모호한 지대 속에서 결정 불가능한 채로 이뤄져야 하는 귀결을 낳은 셈이다.[4]

---

3 柳父章 『飜譯語成立事情』, 岩波新書 1982, 151~72면.

4 동아시아에 서구 국제정치 관념이 도입되면서 힘과 도덕이 정치적 언어와 상상력을 규정하게 된 과정에 관해 한국의 사례를 통해 탐구한 연구로, 장인성 『근대한국의 국제

이 신체적 언어와 관념적 언어 사이의 어긋남이야말로 근대 일본의 번역이 개시한 새로운 언어세계다. 이 세계 안에서는 언표된 말이 항상 의미의 불완전성에 노출되고 만다. 불가항력으로 유입된 서구의 질서가 삶의 형식을 뒤바꾸는 과정에서, 그 변화된 질서를 전유하기 위한 언어는 불안감에 사로잡힌다. "발화된 언어가 과연 정확한 '의미'를 전달하고 있는 것일까? 일본어로 된 이 말 뒤에 어떤 서양어가 숨어 있는 것일까? 혹시 그 원어의 의미가 일본어로 된 이 언설체계의 의미를 송두리째 뒤바꾸는 것이 아닐까?" 근대 일본어가 주조해낸 헤아릴 수 없을 만큼 무성한 언설의 이면에는 언제나 이런 신경증적 물음이 도사리고 있었다. 전후 헌법의 제정 과정에서 발생한 '주권(主權)'이라는 말의 회피는 이 신경증적 물음이 적나라하게 스스로의 불안을 드러낸 사례였다.

第一條. 天皇は, 日本國の象徵であり日本國民統合の象徵であって, この地位は, 主權の存する日本國民の總意に基く.

Article 1. The Emperor shall be the symbol of the state and of the unity of the people, deriving his position from the will of the people with whom resides sovereign power.

이것은 현재 일본 헌법 제1조의 일문과 영문이다. 한국어로 옮겨보면 "천황은 일본국의 상징이자 일본국 통합의 상징이며 이 지위는 주권이 귀속되는 일본 국민의 총의에 기초한다" 정도가 된다. 다음 장에서 다루겠지만 현재의 일본 헌법을 기초한 주체는 연합군최고사령부

관념에 나타난 도덕과 권력』, 서울대학교출판부 2006 참조.

였다. 최초의 정부안이 기각되고 연합군최고사령부의 초안이 일본 정부에 전달됐을 당시 중의원에서는 "the will of the people with whom resides sovereign power"를 "主權の存する日本國民の總意(주권이 귀속되는 일본 국민의 총의)"가 아니라 "지고(至高)의 권력이 자리하는 일본 국민의 총의"라는 식으로 번역해 '주권'이라는 용어를 회피하려 했다. sovereign power를 '주권'으로 번역해 국민에게 주권이 귀속되는 일을 회피하려 한 것이다.[5]

'주권'이라고 말하든 '지고의 권력'이라고 말하든 커다란 차이가 없어 보일 수도 있다. 그러나 '천황'이 여전히 존재하는 상황에서 '주권'이 국민에게 귀속되는 것은 어떻게든 막아보려는 일본 정치가들의 의도는 처절했다. 국민 모두가 죽어도 천황만은 살리자는, 패전을 전후한 분위기를 감안해보면 sovereign power를 '주권'이 아니라 '지고의 권력'으로 옮기려는 시도는 천황제를 지키려는 최후의 시도였던 셈이다. 그런 의미에서 '주권'이라는 번역어가 내포한 문제는 단순히 단어 대 단어의 번역 문제에 그치지 않는다. '주권'은 천황제냐 민주주의냐 하는 국가의 근본체제와 관련한 근대 일본의 온갖 사념(imagination)이 응축된 용어이며, 이를 중심으로 이뤄진 언설공간은 근대 일본의 정치적 인식과 실천의 한계영역을 확정하게끔 해주는 대상이라 할 수 있다. 그런 의미에서 주권과 관계된 온갖 언설은 근대 일본이 어떻게 서구 정치질

---

5 이 과정을 언급한 문헌들은 거론하기에도 벅찰 정도지만, 최근의 헌법개정 움직임과 맞물려 보수적인 입장에서 천황제를 부활시키고자 하는 문헌으로 中西輝政·福田和也 『皇室の本義』, PHP研究所 2005, 110~11면 참조. 이 책은 이른바 '우익'의 천황관으로 보일 수도 있지만 오히려 근대 일본을 관통하며 이어져 내려오는 '주류 보수파'의 천황관을 담고 있다. 이 글의 주제에서는 벗어나지만 일본의 정치지형을 생각할 때 이런 논의까지를 '우익'의 범주로 파악하면 적지 않은 착시현상이 생겨남을 지적해둔다.

서와 조우했으며, 어떻게 위에서 말한 저 모호한 지대를 만들어냈는지를 보여주는 지층이다. 다음에서는 근대 일본 사상사 내부에서 '주권' 개념의 번역이 초래한 정치적 상상력의 진폭을 살펴봄으로써 번역이 초래하는 문제영역의 한 단면을 제시하고, 이를 통해 동아시아의 정치적 상상력이 표출해온 임계를 성찰해보고자 한다.

2. 주권개념의 코롤라리

우선 '주권'이라는 번역어의 성립 과정부터 간략하게 살펴보자. 이 용어는 미국의 저명한 외교가이자 국제법학자인 헨리 휘튼(Henry Wheaton)의 *Elements of International Law*(1838)의 한문번역 『만국공법』에 처음 등장한다. 이 책은 미국 선교사 윌리엄 마틴(William Martin)이 1864년에 중국에서 출판한 것이며, 그 이듬해인 1865년 니시 아마네가 한문에 구두점[6]을 붙여 일본에서 출판했다.[7] 이 책에서 sovereignty가 '주권'으로 번역됐고, 1868년과 1869년에 연이어 출판된 일본어 번역판에서는 '군주(君主)' '군(君)' '국주(國主)' 등 다양하게 번역됐으나, 메이지(明治) 초기의 영일사전 『영화자휘(英和字彙)』에는 중국의 영중사전 『영화자전(英華字典)』의 번역을 따라 sovereignty의 번역어로 '주권'이 채택됐다.[8]

또한 초대 메이지정부 관료 쿠가 카쯔난(陸羯南)은 1885년에 조제프

---

6 한문 구절을 일본어 어순으로 읽기 위해 붙이는 기호를 말한다.
7 丸山眞男·加藤周一 『飜譯と日本の近代』, 岩波新書 1998, 119~46면.
8 森岡健二 『近代語の成立: 明治期語彙編』, 明治書院 1969, 94~106면.

드 메스트르(Joseph de Maistre)의 *Étude sur la souveraineté*(1794)를 『주권원론(主權原論)』이라는 제목으로 번역한 바 있다. 1885년 당시는 신문을 중심으로 헌법제정을 둘러싼 논쟁이 활발하게 전개된 시기였기 때문에 『주권원론』은 이 논쟁의 맥락에서 번역된 것으로 볼 수 있다. 이 시기의 헌법논쟁은 주로 주권을 둘러싸고 벌어졌다. 다양한 정파가 다양한 매체를 통해 스스로의 입장을 밝히면서 주권을 논했는데, 핵심논점은 주권이 어디에 귀속되는가의 문제였다. 그 귀속처는 군주, 국민, 그리고 군주와 국민을 총합한 일반의지 정도로 나뉘는데, 여기서 중요한 지점은 주권이 이미 전국적인 차원에서 통용되는 개념으로 자리 잡았다는 사실이다. 즉 그 귀속처를 어디로 보든, 주권은 어딘가에 귀속돼 헌법의 근본을 이루는 권한을 지칭한다는 사실이 공유되고 있었던 것이다.[9] 따라서 근대 일본에서 주권이라는 용어는 국가의 독립과 질서의 토대를 만드는 권한이라는 의미로 수용됐고, 그런 한에서 정치질서를 사념하는 핵심용어로 자리 잡는다. 즉 근대 일본의 정치적 인식과 실천은 주권이라는 용어로 응축돼 발산한 것이다.

그래서 'sovereignty=주권'의 번역이 내포하는 문제성은 sovereignty를 '주권'으로 옮긴 용어의 대응이나 번역 과정에 있지 않다. 오히려 sovereignty라는 개념을 주권으로 번역해 수용하면서 응축돼 발산한 정치적 인식과 실천에 대한 문제성이 존재한다. 이를 주권개념의 코롤라리(corollary)라 부를 수 있다. 코롤라리란 한 개념을 중심으로 이뤄지는 여러 문제영역들의 네트워크인데, 주권개념의 코롤라리는 천황을

---

9 이 과정의 기본 이해를 위해서는 메이지헌법 제정에 관한 고전적 연구인 稻田正次 『明治憲法成立史』, 有斐閣 1960 참조.

중심으로 한 정당성 논의와 국제질서에 대한 역사철학적 사변이다. '정당성 논의'는 근대 일본 헌법논쟁의 중심 주제였고, '역사철학적 사변'은 1930년대 이후의 파국적 전쟁으로 촉발된 논의였다. 헌법논쟁은 주권의 귀속처가 어디인지를 물음으로써 '일본'이라는 국가의 정통성을 변별해내려 했고, 역사철학적 사변은 근대 일본의 아시아 침략을 서구 극복이라는 이상으로 분식하는 것이었는데, 이때 주권개념이 핵심으로 등장했다.

이미 살펴봤듯이 1890년의 대일본제국헌법 제정 이전부터 주권은 헌법논쟁의 핵심의제였는데 정작 주권이라는 용어는 이 헌법에서 사용되지 않았다. 이 헌법의 제4조는 "천황은 국가의 원수로서 통치권을 총람하고 이를 헌법의 조규에 의해 행한다"인데, 정부의 공식 영어 번역문은 다음과 같다. "The Emperor is the head of the Empire, combining in Himself the rights of sovereignty, and exercises them, according to the provisions of the present Constitution." 여기서 알 수 있듯이 주권이라는 용어가 재야에서 활발하게 사용됐는데도 정작 헌법에는 '통치권'이라는 용어가 사용됐다. 이는 이또오 히로부미(伊藤博文)가 헌법제정 과정에서 독일의 여러 헌법을 참고한 결과다. 19세기 바이마르 헌법의 "Der König ist das Oberhaupt des Staat, vereingt in sich alle Recht der Staats-Gewalt(군주는 국가권력의 모든 권한이 귀속되는 국가의 원수다)"나, 뷔르템베르크 헌법의 "Der König ist Haupt des Staates, vereignt in sich alle Rechte der Staatsgewalt(군주는 국가의 원수이며, 국가권력의 모든 권한이 귀속된다)"의 용법이 차용된 것인데, 이또오는 독일어 Staatsgewalt를 '통치권'으로 옮겼다.

그런데 이또오 히로부미는 공식 헌법해설서인 『헌법의해(憲法義解)』

에서는 주권이라는 용어를 사용한다. "통치권을 총람하는 것은 주권의 체이며, 헌법의 조규에 의해 이를 행하는 것은 주권의 용이다(統治權を 總攬するは主權の體なり. 憲法の條規に依り之を行うは主權の用なり)"라면서 통치권의 총람과 그 헌법적 제한을 '주권'으로 본다. 그리고 이어서 이또오는 "체가 있는데 용이 없으면 주권을 전제(專制)적으로 잃게 되고, 용이 있는데 체가 없으면 주권을 산만하게 잃게 된다(體有りて用なければば之を專制に失う. 用有りて體無ければ之を散漫に失う)"고 하면서, 주권을 만세일계의 천황이 조상으로부터 물려받은 통치권 자체와 구분한다.[10] 이렇게 이또오에게 주권이란, 천황제라는 일본 '고유'의 통치 전통과 헌법이라는 서양제도의 결합을 위한 핵심용어로 기능한 것이었다.

그러나 이또오가 주권이라는 용어에 위탁한 천황제와 헌정체제는 그리 매끈하게 결합될 수 있는 성질의 것이 아니었다. 위에서 말한 맥락에서 부연하자면, 천황제라는 픽션화된 신체적 제도(상상된 전통)와 서구의 합리적 질서(관념적 이상)는 역사의 결절점마다 삐걱거리면서 불협화음을 냈다. 근대 일본에서 몇차례 벌어진 '국체논쟁'은 그 불협화음이 노골적으로 세상에 울려 퍼진 사건이었다. 이또오가 공식 헌법해설서에서 주권이라는 용어로 마름질한 신체언어와 관념언어 사이의 균열은 성공적으로 접합되지 않았던 것이다.

2장에서 자세히 다루겠지만, 주권이라는 용어에는 서구 근대의 정치질서가 근대 일본에 도입되면서 생겨난 파열이 고스란히 녹아 있다. 그것은 천황제와 근대 법체계 사이의 상극으로 나타나기도 했다가, 주권국가 중심의 국제질서를 초극하려는 역사철학적 시도로 나타나기도 했

---

10 伊藤博文, 宮澤俊義 교주(校註) 『憲法義解(1891)』, 岩波文庫 1940, 26~27면.

다. 즉 주권이라는 용어는 전통과 근대, 서구와 비서구가 만나는 교차점 그 자체였으며, 바꿔 말하자면 전통/근대, 서구/비서구가 분할되는 개념조작이 내포한 균열과 마찰을 고스란히 담고 있는 용어이기도 한 셈이다. 현행 일본 헌법의 제정 과정에서 '주권'과 '국민'이 결합되는 일을 어떻게든 막으려 애썼던 일본 정치가들의 기묘한 '꼼수'에서 신경증적 불안을 읽어낼 수 있는 까닭이 여기에 있다. 이렇게 주권이라는 용어에 응축된 근대 일본의 문제성은 마루야마 마사오(丸山眞男)의 '정통과 이단' 프로젝트 실패에서 집약적으로 나타난다. 그것은 주권의 번안 불가능성을 여실히 드러내 보이는 시도였기 때문이다.

3. 마루야마의 멜랑콜리: 끝내 못 이룬 라이프워크 '정통과 이단' 프로젝트

마루야마 마사오는 1991년 카또오 슈우이찌(加藤周一)와 함께 '이와나미 근대사상대계' 씨리즈 『번역의 사상』편을 간행한다. 이때 마루야마는 지병인 간질환으로 몸 상태가 안 좋았으므로 카또오가 마루야마를 찾아가 묻고 답하면서 이 책의 해설을 작성했다. 그 대화를 책으로 간행한 것이 『번역과 일본의 근대』(1998)다. 간행의 자세한 사정은 그렇더라도 1990년에서 1991년 사이에 이 대화가 이뤄졌다는 사실은 주목을 요한다. 이때 마루야마의 생각을 변화시킨 계기가 되는 몇가지 커다란 변동이 있었기 때문이다.

그것은 1989년의 베를린장벽 붕괴와 쇼오와(昭和)천황 히로히또(裕仁)의 죽음, 1991년의 걸프전쟁과 소련체제의 붕괴를 알리는 잇단 소요사태 등이다. 베를린장벽 붕괴에서 소련체제 소멸로 이어지는 일련의 과정은 마루야마에게 맑스주의의 결정적 사멸을 알리는 사건이었다. 또한 쇼오와천황의 죽음은 패전 이후 전개해온 자신의 작업이 갖는 역사적 의미가 상징적으로 일단락됐음을 알렸고, 걸프전쟁은 여전히 19세기적 주권국가 질서에서 비롯된 정치질서가 세계를 지배하고 있음을 보여줬다. 이런 국면을 염두에 두면 마루야마의 다음과 같은 발언에 쉽게 지나칠 수 없는 함의가 있음을 알 수 있다.

서구 진보사상 속에서는 세계사의 발전단계가 있다는 생각이 18세기부터 일반적인 관념이었죠. 여기에는 국제법이라는 배경이 있습니다. 그로티우스 이래 로마법·게르만법이나 그리스·로마의 고전이나 오랜 신성로마제국의 지배 등의 전통을 공유하는 유럽 기독교국가 사이에서 국민국가를 단위로 하는 국제법이 발전합니다. 이 유럽 특유의 국제법을 문화도 전통도 다른 지역으로까지 글로벌하게 넓혀나간 것이 현대의 문제입니다.

예를 들어 팔레스타인 문제가 그렇죠. 일본은 서구 지향이었으니까 얌전하게 따랐지만요. 국제연맹이든 뭐든 그런 구상은 전부 유럽에서 비롯된 것입니다. 세계 차원에서 보자면 하나의 지역에 지나지 않는 유럽에서 성립한 국제법을 글로벌하게 넓혀나간 것이 여전히 현대 세계질서의 문제입니다. 유럽이라고는 하지만 결국 지금의 EC(유럽 공동체)국가들이죠. 이슬람이나 불교국가 등 가치체계가 전혀 다른 상대에게 똑같은 룰을 따르라고 하는 데 무리가 있는 겁니다.[11]

---

11 丸山眞男·加藤周一『飜譯と日本の近代』138면.

이 발언은 지금 보면 매우 상식적이다. 물론 발언 당시인 1991년에도 그리 새롭거나 참신한 시각은 아니었을 것이다. 그러나 1930년대부터 이뤄진 마루야마 마사오의 주권국가 중심의 국제질서를 다룬 작업들에 비춰보면 이 발언은 매우 함축적인 문제의식을 담고 있다. 그것은 마루야마의 흔들리지 않는 자기확신과 자신의 작업에 대한 회의를 동시에 담고 있기 때문이다.

이미 1940년대와 1950년대의 직업에서 마루야마는 국제법으로 대변되는 '국제질서'가 역사의 산물이지 시대와 지역을 초월한 보편질서가 아님을 강조했다. 즉 비서구 사회가 서구에서 유래한 국제질서에 편입되기 위해서는 주권국가라는 자격을 얻어야 하며, 이는 전근대의 일본이 근대국가 일본과는 전혀 다른 국가라는 생각을 전제로 한다. 그렇지만 마루야마는 이를 상상된 공동체 식의 구성주의 내셔널리즘 논의로 파악하기보다는, 하나의 실존적 결단을 통한 네이션으로의 도약[12]으로 보았다. 그가 후꾸자와 유끼찌(福澤諭吉)에 투사한 것이 국제질서-국가-개인이 절묘한 균형 위에서 네이션을 형성하는 역동성이었음을 감안할 때, 그에게 '근대'란 모델이나 이념이라기보다는 자각과 결단으로 쟁취해야 할 가치였음을 알 수 있다. 그런 의미에서 서구에서 비롯된 국제질서가 글로벌한 차원으로 넓혀져나간 과정은 서구에서 보자면 역사의 보편법칙이겠지만, 일본과 같은 비서구의 입장에서 보자면 어떻게든 헤쳐나가야 할 역사의 풍랑이었던 것이다. 그에게 근대가 주체의 의지와 결단을 의미하는 까닭이 여기에 있다. 이 풍랑 속에서 난파당하지

---

12 이에 대한 자세한 내용은 6장에서 다룬다.

않으려는 주체 의지와 결단이야말로 근대 그 자체였으니 말이다.

앞의 인용문은 이런 마루야마의 역사인식을 다시 한번 일깨운다. 그러나 이 자기확신은 곧바로 자기회의로 이어진다. 왜냐하면 마루야마는 전혀 다른 가치체계를 가진 이들에게 똑같은 룰을 따르라는 것이 '무리'라고 말하고 있기 때문이다. 이것은 힘들거나 어려운 수준을 넘어서서 불가능함을 내포하는 발화다. 마루야마가 보기에 이 국제질서의 글로벌화는 '무리'이며, 주체 의지나 결단으로 그 간극을 메우려 한 자신의 시도도 매우 허무한 일인 것이다. 물론 이 인용문의 '무리'라는 말 하나만으로 이를 추론하기에는 '무리'가 있다. 하지만 이 시기에 쓰인 여러 글을 보면 이는 확실한 사실이며, 이미 1950년대에 무심코 내뱉은 다음과 같은 발언에서 나타나는 피로감에서도 감지할 수 있는 바다.

나의 정신사는 방법적으로 보자면 맑스주의와 격투한 역사이고, 대상적으로 보자면 천황제 정신구조와 격투한 역사였죠. 그것이 학문을 지속하는 내면적인 에너지였다고 생각합니다. 그런데 현재 이 두가지가 뭔가 풍화되고 말아 이전처럼 보람을 느끼지 못하게 됐다고 할까요? 물론 상대를 만만하게 여기는 오만함이 아닙니다. 그러나 예전과 달리 이 두가지의 견고한 실체성이 느껴지지 않습니다. (…) 이런 데 슬럼프의 원인이 있는 듯합니다. (…) 사실 꽤 괴롭습니다, 솔직하게.[13]

이는 1958년의 발언이다. 여기서 마루야마는 스스로의 슬럼프를 맑스주의와 천황제의 약화 때문이라고 말한다. 마루야마는 방법적으로

13 丸山眞男 『丸山眞男座談』 2권, 岩波書店 1998, 235면.

맑스주의와 대결함으로써 관념의 현실적용이라는 '이론신앙'에서 벗어나는 한편, 대상적으로는 천황제와 대결함으로써 현실을 불변의 것으로 자연화하는 '실감신앙'에서 벗어나려 했다.[14] 따라서 이는 관념의 언어로 현실을 재단하는 일도, 신체언어로 관념을 매몰하는 일도 거부하려는 시도였으며, 서두에서 말한 소오세끼적 의미에서 '번역'의 문제성을 떠안으려는 자각 의식이었다. 그는 맑스주의의 교조적 공식주의와 천황제의 무사고적 자연주의를 방법과 대상 차원에서 문제 삼음으로써 주체의 의지와 결단이라는 근대적 태도를 성취하려 했으며, 그것이야말로 마루야마가 말하는 결단으로서의 내셔널리즘을 통해 성취 가능한 '주권'이었다.

나는 영구혁명이란 결코 사회주의라든가 자본주의라든가 하는 체제의 내용에 관한 것이 아니라고 봅니다. 만약 '주의'라는 말과 영구혁명이 연관된다면 그것은 민주주의일 겁니다. 민주주의만이 영구혁명의 이름에 합당한 것입니다. 왜냐하면 민주주의, 즉 인민의 지배는 영원한 패러독스이기 때문입니다. 루쏘에 빗대어 말하자면 어떤 시대에도 '지배'는 소수의 다수에 대한 관계입니다. 그런데 '인민의 지배'라고 하면 그 자체가 역설적인 것이죠. 따라서 그것은 과정으로서, 운동으로서만 존재합니다.[15]

여기서 알 수 있듯이 마루야마는 민주주의를 주권의 귀속처 여부로

---

14 이에 관해서는 丸山眞男 『日本の思想』, 岩波新書 1961, 53~62면 참조.
15 丸山眞男 「5·19と知識人の『軌跡』」(1960), 『丸山眞男集』 16권, 岩波書店 1996, 34면.

파악하지 않는다. 그에게 민주주의가 근대 일본이 달성하지 못한 하나의 이상이라고 했을 때, 그것은 관념화되고 표상화된 이념이라기보다는 철저히 '운동'이나 '과정'이어야 하는 '의지'나 '결단'이다. 그래서 마루야마는 에르네스트 르낭(Ernest Renan)을 부연하면서 '국민이란 국민이 되려는 존재'라고 했으며, 국민주권은 바로 이 되려는 의지나 결단에 있음을 설파한 것이다. 따라서 마루야마에게 주권은 헌법관념 속에서 일반화할 수 있는 정당성의 근거도 아니며, 천황제의 통치 전통에서 추출할 수 있는 신체적인 전통도 아니다. 그에게 주권은 관념과 신체 사이의 도약을 가능케 하는 운동과 과정으로서의 혁명이기 때문이다.

나는 언제나 자연상태로부터 생각해본다. 가령 한 사람 한 사람이 자신의 생활이나 행복이라는 것을 자신의 책임하에 지켜나가야만 한다고 가정해보자. 즉 밖으로부터의 침해에 대해 개개인이 몽둥이든 뭐든 사용해서 스스로 몸을 지켜야 한다는 상태를 상정하자는 것이다. 만인에 대한 만인의 투쟁이라는 극한상태가 언제나 생생한 이미지가 돼야 비로소 국가가 폭력을 독점하고 있다는 사실의 의미──이때 의미란 동시에 한계를 뜻한다──가 냉엄하게 물음의 대상이 될 수 있다. (…) 그런데 일본은 예전부터 자연적·지리적 경계가 동시에 국가였다. 그래서 아무래도 '자연상태'의 이미지가 생겨나지 않았다. 만약 그와 비슷한 것이 있다면 공동체일 텐데, 공동체적 자연상태로는 아무리 해도 폭력의 제도화라는 절실한 필요가 생겨나지 않는다. 그런 일본의 역사적 조건에서 보자면 내가 말하는 무수의 내란상태와 제도라는 이중의 이미지가 널리 퍼져나가는 것은 절망적으로 어려운 것으로 생각된다.[16]

마루야마는 근대 일본의 정치인식과 실천이 응축된 주권이라는 용어를 이런 식으로 이해했다. 이 이해는 맑스주의와 천황제에 대한 동시 대결을 통해서 가능한 것이었으며, 19세기 이래의 국제질서를 역사법칙이 아니라 역사적 격랑으로 파악하는 관점에 바탕을 두고 있는 것이기도 했다. 그러나 이런 인식태도의 원칙은 심한 피로감에 시달려 좌초하고 만다. 그 좌초를 말해주는 것이 끝내 이루지 못한 '정통과 이단'이라는 연구 프로젝트였다.

1950년대 중반, 타께우찌 요시미(竹內好)의 주도하에 치꾸마(筑摩)에서 『근대 일본 사상사 강좌』가 간행됐는데, 마루야마는 이 씨리즈 2권으로 『정통과 이단』이라는 연구서를 펴낼 계획이었다. 그러나 1996년 마루야마가 세상을 뜨기 전까지 이 책이 간행되는 일은 없었는데, 죽기 직전까지 이 연구 프로젝트를 중단하지 않았다는 점으로 미뤄보아 마루야마는 40년 동안 이 주제와 씨름한 셈이다. 말년에 마루야마는 자신의 작업을 '본업'과 '부업'으로 나눌 수 있다고 하면서, 본업인 일본 사상사 연구보다는 부업인 정치비평으로 일가를 이룬 일을 후회한 바 있다. 그런 맥락에서 볼 때 마루야마에게 이 프로젝트는 '본업'의 핵심을 이루는 작업이었으며, 1991년의 저 발언에서 감지되는 회의나 1958년의 발언에서 내보인 피로감은 이 프로젝트의 난항에 따른 것이었음을 알 수 있다.[17]

그렇다면 '정통과 이단' 연구 프로젝트란 무엇이었는가? 간행되지 않았지만 1959년의 간행예고편에 마루야마는 다음과 같이 밝혔다.

---

16 丸山眞男, 앞의 글 32~33면.
17 이에 관해서는 石田雄 『丸山眞男との對話』, みすず書房 2005, 36~94면 참조.

근대 일본의 사고와 행동양식을 결정적으로 지배해온 천황제 사회의 정신구조를 정통과 이단의 역동적 긴장관계라는 관점으로 추적한다. 일본에서는 근대국가를 짊어질 '시민'을 대체하는 것으로 '제국신민'이라는 틀이 주조됐다. 이 정통적인 타입이 침투해 보편화하는 정도가 일본 제국의 정신적 안정성 혹은 불안정성을 측정하는 바로미터이며, 그런 의미에서 이 정통적 타입에서 벗어나거나 적극적으로 반역하는 동향이 한편에 있고, 다른 한편에서는 이를 통합하려는 동향이 있는데, 이 양자의 갈등과 대결이 종국에 패전이라는 카타스트로프에 이르는 상황이 분석될 것이다.[18]

결국 천황제를 '정통성'을 둘러싼 투쟁을 통해 역동적으로 파악하려는 것이 이 프로젝트의 목적이었던 셈이다. 이는 주권이 어디에 귀속되는지를 놓고 싸워온 논쟁의 법학적 정태성을 역사적 역동성 속에서 파악하려는 시도임과 동시에, 주권적 정통성의 문제가 역사철학적으로 초극돼야 한다는 사변을 거부하려는 시도였다. 즉 천황이나 국민이라는 미리 전제된 고정된 인격이나 관념에 주권을 귀속시키지 않고 정통과 이단의 싸움 속에서 두 극의 분할을 포착함으로써, 팔굉일우(八紘一宇)나 상징천황제의 도덕성 등의 이념으로 주권국가를 초극하려는 관념론적 시도를 일소하려는 연구였다.[19]

이를 통해 마루야마는 맑스주의의 교조적 법칙성에 기초한 역사유물

---

18 石田雄, 앞의 책 43면에서 재인용.

19 이 프로젝트가 어떤 논의로 진행됐는지를 알려주는 보고서로는 藤田省三 『異端論斷章』, みすず書房 1997 참조.

론의 반영론도, 천황제를 절대 포용의 원리로 이데올로기화해 이단조차 이단으로 성립 불가능하게 만들었던 자연주의도 일소하려 했다. 이는 신체언어와 관념언어의 조우가 만들어낸 모호성의 지대를 직시하고 거기에 머무름으로써 소오세끼적 의미의 '새로운 방법'을 창출하는 일을 지향한 것이기도 했다. 그런 의미에서 정통과 이단 프로젝트는 '주권'이라는 용어가 간직하고 있는 정치적 인식과 실천에서의 균열과 파열을 그 자체로 드러내려는 '번역'이었다.

이때 번역이란 어떤 단어를 다른 단어로 옮기는 일이 아니라, 그 단어와 단어 사이에 건널 수 없는 심연이 있음을 절망적으로 인식하고 드러내는 작업을 뜻한다. 그러나 여기에 머무르고자 했던 소오세끼와 마찬가지로 마루야마 또한 심한 멜랑콜리에 빠져들 수밖에 없었다. 멜랑콜리가 기존에 통용되던 온갖 질서가 의미를 상실하고 언어나 사물이 잡동사니처럼 흩어져버리는 세계경험이라면,[20] 소오세끼나 마루야마가 직시하고 실천하려 했던 번역이란 결국 관념과 신체의 언어 사이에서 의미의 질서를 새로 창출하거나 아예 상실해버리는 위험천만한 시도였기 때문이다. 그래서 마루야마는 스스로의 작업에 무한한 자긍심을 느끼면서도 동시에 심한 좌절감을 느낄 수밖에 없었다. 이 양가성이야말로 주권의 번역이 야기한 마루야마 정치사상의 멜랑콜리아인 셈이다.

---

20 발터 벤야민, 조만영 옮김 『독일 비애극의 원천』, 새물결 2008, 175~202면 참조.

4. 근원적 중역으로서의 번역: 멜랑콜리를 견뎌내기

'sovereignty=주권'은 16~17세기 유럽의 정치격변 속에서 탄생한 정치적·법적 개념이다. 국제정치학 분야에서는 개별 국가의 '주권'에 기초한 국제질서를 '베스트팔렌체제'라 부르는데, 이는 주권개념이 종교내전을 종식하고 영토 내의 배타적 지배권과 대외적 독립을 확립한 주권국가의 탄생과 불가분의 관계에 있음을 말해준다.[21] 그런 의미에서 마루야마 마사오가 국가주권을 중심으로 국제정치질서를 사유하고 규범화하는 일에 내재하는 어려움을 자기 작업의 중심주제로 삼은 것은 그의 문제의식 저변에 '번역'의 문제가 도사리고 있음을 드러내는 사실이다.

그런데 그가 문제로 삼은 번역이란 단순히 'sovereignty'를 '주권'으로, 나아가 '일본'을 '주권국가'로 '옮기는' 일이 아니었다. 그는 sovereignty가 결코 동아시아의 신체언어로 투명하게 옮겨질 수 없음을, 따라서 일본이 유럽과 똑같은 주권국가가 될 수 없음을 감지했기 때문이다. 이는 단어 대 단어의 번역이 불가능하다거나 동아시아의 여러 국가들이 유럽 국가 같은 제도나 문화를 성취할 수 없다는 의식이 아니다. 오히려 문제는 언어의 번역과 제도의 수용이 근원적으로 '중역'이라는

---

21 물론 30년전쟁의 전후처리를 다룬 베스트팔렌조약 그 자체가 주권국가를 탄생시킨 것은 아니다. 이미 16세기에 유럽의 여러 정치공동체는 교권으로부터 독립하는 경향을 강화했고, 베스트팔렌 이후 100년 정도의 기간을 거친 후에 주권국가체제는 확립됐기 때문이다. 이 때문에 주권국가체제를 베스트팔렌체제라 부르는 것을 '베스트팔렌 신화'라 비판하기도 한다. 이에 관해서는 Stephane Beaulac, *The Power of Language in the Making of International Law: The Word "Sovereignty" in Bodin and Vattel and the Myth of Westpahlia*, Martinus Nijhoff 2004 참조.

문제를 끌어안고 있다는 점이다. 이때 중역은 서양어-일본어-한국어의 번역 과정을 뜻하는 것이 아니라, 번역을 가능케 하는 어떤 매개가 절대적 번역 불가능성을 초래함을 의미한다. 일본어로 번역된 서양어가 온전히 한국어로 번역되지 못하는 것은 일본어 때문이 아니라 번역에 내재한 근원적 속성 때문이다. 즉 A의 언어를 B의 언어로 옮길 때 C의 언어가 개입해서 번역 자체를 불완전하게 만드는 것이 아니라, 이미 A와 B 사이의 직접 번역에도 모종의 불완전성이 내재해 있는 셈이다. 그래서 중역은 번역의 하위범주가 아니라 상위범주다. 다시 말해 모든 번역은 중역이다. 중역이 두 언어 간 번역에 어떤 매개가 끼어듦을 의미하는 한에서 말이다.

그런 의미에서 마루야마는 중역의 문제를 고민했다고 할 수 있다. 그가 '주권'으로 대변되는 서구 근대의 정치질서와 상상력까지를 수용하고 일본에 토착화하려 했을 때 단순한 근대화론자도 아시아주의자도 될 수 없었던 까닭이 여기에 있다. 그렇다면 마루야마가 보기에 주권개념 번역에 근원적으로 내재한 중역의 매개자는 무엇이었을까? 그것은 바로 동아시아 사회가 주권개념을 받아들일 때 발생한 원천적인 모순이며 다음과 같은 상황이다. "베스트팔렌체제는 유럽 문화권 내부를 상호 동등성의 원칙으로 조율하지만, 그 이외의 지역은 유럽 국가의 주권이 확장되는 대상으로 간주했다. 그래서 '메이지국가'에 있어 이 체제는 한편에서는 위기의 원천이었고, 다른 한편에서는 위기 극복을 위해 국가가 가져야할 속성으로서 목표이자 이상이 됐다."[22] 위기의 원천을

---

22 今井弘道「緊急權國家としての明治國家の法構造: 東アジアの觀点から」, 『北大法學論集』 제53권 6호 2003, 16~32면.

목표이자 이상으로 삼아야 하는 이 상황이야말로 주권의 번역을 근원에서 결정하고 있는 '매개'였다. 마루야마의 사상은 이 매개적 상황에서 한시도 눈을 떼는 일이 없었고, 그것이 바로 그의 멜랑콜리의 원인이었다고 할 수 있다. 위기상황을 초래한 외재적 체제와 질서(베스트팔렌 주권질서)를 이상과 목표로 삼을 때, 결국 그것을 떠안게 되는 '일본'이라는 국가는 항구 위기상태 속에서 정치적 상상력을 주조해나가야 했다. 그가 결단으로서의 내셔널리즘이라든가 혼돈으로부터의 질서 창출을 강조한 까닭이 여기에 있다. 그에게 완성된 제도나 질서, 즉 완벽하게 번역된 언어란 존재하지 않았고, 언제나 제도 창출이나 번역 과정 자체에 머무르는 일이야말로 그의 국민주권이자 민주주의였다.

냉전체제의 종식 이후 동아시아는 낡은 질서의 위기와 새로운 질서의 부재 속에서 혼란스러운 상황에 처해 있다. 미국을 중심으로 일본-한국-대만을 잇는 동아시아 반공체제는 여전히 강고하게 남아 있지만, 그것이 향후에도 구속력을 발휘할 것이라는 견해에 동의할 사람은 많지 않다. 그것은 규범적으로도 현실적으로도 불가능한 일이기 때문이다. 그런 의미에서 마루야마가 머무르고자 했던 저 중역의 지대는 여전히 동아시아의 정치적 상상력을 배양하기 위한 자리다. 주권의 번역과 수용으로 독립 주권국가의 성립이 바로 국가의 위기 초래와 중첩되는 역설적 공간 속에 내던져진 근대 동아시아의 정치상황은 여전히 현재진행형이기 때문이다. 미래를 향한 동아시아의 정치적 상상력은 결코 주권을 지고의 가치나 전제된 개념으로 삼아 전개될 수는 없을 것이다. 그러나 중요한 주권개념이 변화하고 그 제도가 변천하는 와중에도 여전히 동아시아의 정치적 상상력은 저 모호하고 위태로운 중역의 지대를 벗어날 수 없다. 과연 이 멜랑콜리를 견뎌낼 수 있을 것인지? 마루야

마 마사오의 고투와 좌절이 여전히 의미를 갖는다면 이 물음이 여전히
유효하기 때문일 것이다.

2장

예외적 예외로서의 천황

: 근대 일본의 헌법과 주권

1. '이층집'에서 바라본 '모더니티'

1930년대 유럽의 음울한 풍경을 드러내는 장면은 셀 수 없을 정도로 많지만, 그 가운데서도 유대계 독일 지성인의 이동과 망명은 열림과 비판을 중핵으로 하는 유럽 계몽정신의 붕괴를 보여줌과 동시에, 그 정신의 붕괴가 외부와 만남으로써 인식의 지평에 떠올랐음을 나타냈다는 점에서 특기할 만한 현상이다. 발터 벤야민, 한나 아렌트, 한스 요나스, 레오 슈트라우스, 한스 켈젠, 에른스트 카시러, 슈테판 츠바이크, 테오도어 아도르노, 막스 호르크하이머, 헤르베르트 마르쿠제 등 열거하기에도 벅찬 20세기의 기라성 같은 지성들이 조국 독일을 떠나 망명길에 올라야만 했던 사정을 일일이 살펴볼 여유는 없지만, 이들이 망명지에서 유럽정신사를 상대화해야만 했다는 사실은 강조해야 한다.[1] 테오도어 아도르노(Theodor Adorno)와 막스 호르크하이머(Max Horkheimer)는 뉴욕에서 나치의 광풍이 유럽 계몽주의의 필연적 귀결임을 고발했고, 한나 아렌트(Hannah Arendt)는 프랑스와 미국의 혁명을 비교해 후자야말로 진정한 공화주의의 적자임을 주장했으며, 슈테판 츠바이크(Stefan Zweig)는 쌘프란시스코에서 19세기 유럽문화의 몰락을 피할 수 없는 운명이라 한탄하며 스스로 목숨을 끊었다. 그런 의미에서 유럽정신이 내포하고 있던 역설의 변증법은 15세기 이래 유럽 곳곳에서 박해와 차별로 신음해온 '외부인' 유대인들에 의해 '외부로부터' 인식의 지평에 떠오른 셈이다.

여기서 중요한 점은 유럽이 외부를 매개로 스스로의 정신을 비관적으로 가늠했다는 사실이다. 이는 이전 세대의 지성들과 전혀 다른 관점이라고 할 수 있다. 헤겔(G. Hegel)로부터 베버(M. Weber)에 이르기까지 유럽 외부를 참조한 것은 유럽의 우월성이나 독특성을 강조하기 위해서였지 유럽정신의 몰락이나 쇠퇴를 고발하기 위한 것은 아니었기 때문이다. 하지만 나치의 광풍에 떠밀려 낯선 곳에 스스로의 몸을 위탁하게 된 유대계 망명지식인들이 유럽정신의 우월성을 입증할 리는 만무했을뿐더러, 새로이 정착한 미지의 땅은 그들의 유럽정신에 대한 환멸과 한탄을 한층 날카롭게 벼리기에 충분한 장소였다. 아도르노와 호르크하이머의 『계몽의 변증법』, 아렌트의 『혁명에 관하여』, 헤르베르트 마르쿠제(Herbert Marcuse)의 『에로스와 문명』 등은 미국이라는 외부가 아니면 볼 수 없었던 유럽정신의 자가당착에 대한 고발이었으며, 유럽이 낳은 미국에 대한 애증으로 가득 찬 시선을 드러낸 저술들이었

---

1 이들 망명지식인들에 관해서는 Lewis A. Coser, *Refugee scholars in America: their impact and their experiences*, Yale UP 1984 참조.

다. 근원적으로 몰락의 계기를 내포한 유럽정신에 대한 비판과 그로부터 탄생한 미국문명에 대한 냉소를 통해, 이들 망명지식인들은 진정한 유럽정신이 유럽뿐만 아니라 그것이 전파된 외부에서도 몰락할 운명에 처해 있음을 비관적인 어조로 토로한 것이다.

그런 의미에서 이들에게 망명은 단순히 고난과 역경의 체험만을 뜻하지는 않았다. 망명은 유럽정신이 유럽 바깥에서 기괴한 형식으로 뿌리내리고 있음을 실감케 하는 사건이었으며, 그 기괴함 속에는 유럽정신에 내포된 근원적 위약함이 드러나 있었기 때문이다. 일례로 아도르노와 호르크하이머에게 미국의 대중문화와 매스미디어는 커다란 충격이자 혐오의 대상이었고, 이 때문에 이들은 그리스로 거슬러올라가 계몽의 역설을 파헤쳐낼 수 있었다. 마르틴 하이데거(Martin Heidegger)의 자식들[2]인 아렌트의 정치철학이나 마르쿠제의 문명론도 마찬가지로 미국이라는 계기가 없었다면 성립 불가능했고 말이다.

이런 맥락에서 유대계 망명지식인들 중 단연 주목을 끄는 인물은 또 다른 하이데거의 자식인 카를 뢰비트(Karl Löwith)다. 다른 인물들이 유럽이 낳은 유럽의 외부인 미국 땅에서 유럽정신의 몰락을 고발하는 저술을 남겼다면, 뢰비트는 유럽과 전혀 다른 전통을 가진 일본에서 동일한 궤의 작업을 수행했기 때문이다. 바꿔 말하자면 뢰비트는 낯설기 짝이 없는 유럽의 문물을 세계 어느 나라보다도 더 열성적으로 수용한 일본과 마주했고, 이 조우를 통해 자신이 성장한 유럽의 정신세계를 성찰한 것이다. 그 노력은 『헤겔에서 니체로』라는 저서와 「유럽의 니힐리

---

2 Richard Wolin, *Heidegger's Children: Hannah Arendt, Karl Löwith, Hans Jonas, and Herbert Marcuse*, Princeton UP 2001.

즘」이라는 논문으로 결실을 맺게 되고, 특히 논문의 일본독자를 위한 후기에서 뢰비트는 일본의 근대화를 논구하면서 유럽정신의 몰락과 일본 근대의 자가당착이 서로 얽혀 있다고 지적한다.

유럽으로부터 배우고 받아들인 진보가 반유럽적 목적을 위한 수단으로 사용되기 때문에 일본인의 서양에 대한 관계는 모두 필연적으로 분열적인 것, 양가적인 것이 되며, 서양문명은 찬탄됨과 동시에 혐오된다. (…) 모든 영역에서 이제 일본은 다시 자기 자신으로 되돌아가고자 하고 있다. 즉 순결하게 일본적이고자 하고 있으며, 남의 영향을 최대한 줄이려 하고 있는 것이다. 그러나 역설적이게도 자신의 본질과 사명을 이렇게 의식하는 일도 유럽의 충고를 준수한 결과다. (…) 이런 상황 앞에서 유럽인이 유럽정신의 역사를 일본잡지에 스케치하는 일은 아마도 독자에게 기묘하게 보일지도 모르겠다. 왜냐하면 유럽 통일체가 붕괴했다든가, 낡은 유럽은 끝났다든가, 우리들 최후의 말은 능동적이 돼버린 '니힐리즘'이라든가, 이런 말을 어느 유럽인으로부터 듣는 것 이상으로 일본의 애국자들에게 환영받는 일은 있을 수 없기 때문이다. (…) 그럼에도 내가 이논문을 써서 [일본어로] 번역되기를 바란다면 (…) 어떤 변명이 필요할 것이다. 이것은 (…) 유럽의 자기비판에 대한 변명이며, 일본의 자기애(自己愛)에 대한 비판이라고 말이다.[3] (강조는 인용자)

「유럽의 니힐리즘」은 이와나미(岩波)에서 간행한 잡지 『시소오(思

---

3 カール・レーヴィット, 中村啓・永沼更始郎 譯「ヨーロッパのニヒリズム: 日本の讀者に寄せる後記 (1940)」, 『ある反時代的考察』, 法政大學出版局 1992, 120~21면. 이하 이 책으로부터 인용은 본문 내에 (면수)로 표시.

想)』에 1940년 연재된 글이다. 여기서 뢰비트는 유럽정신의 진수는 그리스부터 계몽시대까지 이어져 내려온 '타자와 만나 타자 속에 머물면서 자기를 되돌아보는 성찰'임을 논증한 후, 그러나 그 정신이 현재 니힐리즘의 단계에 이르러 더이상 타자도 자기성찰도 모르는 퇴행의 나락에 빠져들었다고 고발했다. 이때 그가 말하는 니힐리즘이란 인간(자아)과 자연(타자) 사이의 상호소통을 통해 가능한 자유 추구가 더이상 문명진보의 목적이 되지 못하는 상황을 일컫는 말이며, 역사를 기술적 진보로 축소해 이해함으로써 자유를 개척하기는커녕 자연의 필연 앞에서 맥없이 주저앉거나 그것을 자유로 착각하는 태도를 말한다. 이런 맥락에서 뢰비트는 "미국, 러시아, 일본에서만 오늘날도 여전히 진보의 이념들이 신봉되고 있다"(122면)고 비꼬았다. 미국, 러시아, 일본에서는 과학기술로 대변되는 물질문명의 진보가 정신의 몰락을 초래하지 않고 있다는 뜻이다. 뢰비트는 이러한 물질문명과 기술진보에 대한 신봉이 바로 일본의 자기애에 기인한다고 분석했다. 이때 자기애란 유럽으로부터 좋은 것은 취하고 나쁜 것은 버리며, 정신 자체는 일본의 것을 고수해 유럽을 능가하려는 낙관적인 태도다. 즉 "일본인은 일본적인 것 중에서 최선의 것은 남기고, 유럽으로부터는 최선의 것만을 받아들여 (…) '일본의 완전성'에 더해 '유럽의 완전성'을 이어붙임으로써 (…) 유럽을 능가하고자 한다"(124면)는 분석이다. 이러한 일본의 자기애를 뢰비트는 다음과 같이 묘사했다.

그들은 이층집에서 살고 있는 것 같다. 즉 일본적으로 느끼거나 생각하는 일층과 플라톤으로부터 하이데거에 이르는 유럽 학문이 진열돼 있는 이층으로 된 집 말이다. (…) 결국 그들은 지금 있는 그대로의 자기를 사랑하고 있으며, 아직도 인식의 과실을 먹지 않은 채 순결을 잃지 않고 있다. 즉 인간을 스스로의 내면으로부터 끄집어내어 자기 자신에 대해 비판적으로 대면시킴으로써 자기를 상실하는 경험을 겪지 않은 셈이다. (…) 유럽에서는 통례가 된 태도, 즉 가차없는 날카로움으로 자기 자신을, 또한 자기들 국민을 문제시하는 태도를 가진 일본인이 과연 있을까 나는 의심스럽다. (126~27면)

이러한 언설에서 비유럽인들에 대한 유럽인의 편견을 읽어내고 고발하는 것은 손쉬운 일이다. 물론 그런 독해가 타당하지 않다고 할 수는 없겠지만, 그렇게만 읽는다면 뢰비트의 발언이 농축한 유럽과 비유럽 사이의 복잡하고 두터운 관계양상을 파헤치는 일은 단념할 수밖에 없다. 왜냐하면 뢰비트에 따르면, 근대 일본이 이층집에 살 수 있는 까닭은 '화혼양재(和魂洋才)'로 대변되는 서양문물에 대한 수용태도가 성공했기 때문이라기보다는, 오히려 화혼양재라는 낙관적이고 편이적인 태도가 유럽의 충고를 받아들인 결과물이기 때문이다. 이때 유럽의 충고란 타자에 비춰 자신을 바라보는 비판적 태도를 말하는데, 근대 일본에서는 이 태도가 자기성찰이라기보다는 스스로의 전통에 대한 맹목적이고 자연적이며 강력한 신봉으로 뒤바뀌었다는 것이 뢰비트의 진단이다. 즉 일본의 자기애는 일본적인 것과 유럽문명을 균형 있게 공존시킨 결과라기보다는, 유럽정신이 기이한 형태로 뿌리내렸기 때문에 비롯된 것이라는 주장인 셈이다. 또한 이때 뢰비트의 주장은 유럽정신에 이미 이런 자기애로 귀결되는 계기가 내재해 있었다는 지적이기도 하다.[4]

---

4 이는 아도르노와 호르크하이머의 『계몽의 변증법』에서 전개된 타자의 상실과 자기도

그런 의미에서 뢰비트의 근대 일본 비판은 유럽정신에 대한 비판과 중첩된다. 「유럽의 니힐리즘」이라는 글이 "유럽의 자기비판에 대한 변명이며, 일본의 자기애(自己愛)에 대한 비판"이라는 것은 이런 맥락에서 이해할 수 있다. 근대에 이뤄진 유럽문명과 정신의 전파는 한편에서 니힐리즘으로 대변되는 유럽의 자기혐오를 초래했고, 다른 한편에서는 이층집이라는 은유로 표현될 수 있는 일본의 자기애를 가능케 한 것이다. 따라서 뢰비트가 망명지 일본에서 본 '모더니티'는 근대화론이나 오리엔탈리즘 시각과는 전혀 다르다. 그는 유럽이 비유럽의 모델이 된다거나 비유럽이 유럽의 편향된 시선으로 구성됐다는 관점을 제시하기보다는, 유럽과 비유럽을 아우르는 모더니티에 대한 물음이 필연적으로 뫼비우스의 띠처럼 꼬인 채로 연속된다는 관점을 제시했다. 이는 외부로부터 유럽정신의 몰락을 고발한 유대인 망명지식인들이 공유하는 모티브이기도 했다. 즉 이들은 어디까지나 유럽에 대한 물음을 중심에 두면서도, 비유럽을 그 물음이 출발하는 지점으로 삼은 셈이다.

그러나 뢰비트를 비롯한 유대인 망명지식인이 말한 유럽정신 자체를 놓고 왈가왈부하자는 것은 아니다. 유대인 망명지식인들의 이야기를 이처럼 장황하게 한 까닭은, 유럽문명과 정신의 전파라는 비가역적인 사태가 세계 전체를 뫼비우스의 띠처럼 오묘하게 이어버렸다는 사실과, 이때 비유럽과 유럽에 대한 물음은 오리엔탈리즘을 넘어서 보다 원천적인 상호참조의 관계를 이룬다는 사실을 확인하기 위해서다. 다음 절에서는 이 시각을 바탕에 두고 근대 일본의 헌법·주권·천황의 문제를 다뤄보고자 한다. 지금까지의 맥락에서 생각해볼 때, 이 장의 과제

취라는 나르시시즘적 계기와 궤를 같이 하는 통찰이다.

는 헌법·주권·천황의 문제를 이른바 '일본연구'의 범위 내에 국한해 다루는 것을 넘어서는 일이라 할 수 있다.[5] 천황이란, 헌법과 주권이라는 유럽의 문명을 도입하는 과정에서 근대 일본이 스스로의 전통을 번역해 만들어낸 일본적 자기애의 상징 같은 존재임과 동시에, 유럽에서 발명된 헌법과 주권이 내포하는 아포리아의 상징이기 때문이다. 이를 규명하기 위해 다음 절에서는 헌법·주권·천황을 둘러싼 언설들을 검토함으로써[6] 천황에 대한 물음이 바로 헌법-주권 일반에 대한 근본 물음임을 논증하고, 이를 통해 과거와의 단절을 통해 스스로의 정당성을 추구해온 '모더니티'라는 특권적 시대규정이 근원적으로 불가능함을 조심스레 검토해보고자 한다. 우선 근대 법체계를 통해 번역된 천황제에서

---

5 기존의 천황제 연구, 특히 한국에서의 천황제 연구는 실제 정치 과정에서 천황제가 담당한 역할을 중심으로 이뤄져왔다. 메이지국가 건설, 전시 프로파간다, 패전 후의 국가 재건 등에서 천황이 어떻게 활용되고 기능해왔는지에 논점이 모아진 셈이다. 이때 천황제는 합리적이고 민주적인 정치관을 억압하고, 권위적이고 전체주의적인 정치제도 및 문화를 뿌리내리게 하는 데 활용된 것으로 파악된다. 대표적인 연구를 간추리면 다음과 같다. 함동주『천황제 근대국가의 탄생』, 창비 2009; 허진미「天皇 肖像寫眞의 學校로의 普及과 管理: 근대 천황제 강화의 의미에서」,『서울대 동양사학과논집』제29집 2005, 209~36면; 박진우「일본파시즘기의 천황제이데올로기와 국가신도: 강제와 동의의 관점에서」,『일본학연구』제18집 2006, 391~413면; 이상봉「전후 일본 보수정치와 상징천황제: 1990년대 신국가주의의 상징천황 이용을 중심으로」,『21세기 정치학회보』제15권 2호 2005, 281~301면.

6 근대 일본에서 전개된 헌법논쟁에 주목한 국내 연구는 매우 드물지만, 주목할 만한 유일한 연구성과로는 김창록「日本에서의 西洋 憲法思想의 收容에 관한 硏究: '大日本帝國憲法'의 制定에서 '日本國憲法'의 '出現'까지」, 서울대 대학원 법학과 박사학위논문 1994를 들 수 있다. 이 논문은 광범위한 시기에 걸친 다양한 문헌을 망라한 총괄적인 법제사 연구지만, 서구의 헌법-주권이 이식되는 과정에서 일관된 논점이 무엇이었는지에 대한 '해석'은 하고 있지 않다. 이 글의 과제는 헌법-주권의 이식에 대한 법제사적 해명이라기보다는, 그 과정에서 드러난 아포리아를 적출하는 데 있다.

기본적인 문제틀을 추출하는 것으로 시작해보자.

2. 약속, 혹은 명령: 근대적 법체계를 통해 번역된 천황제

1889년 2월 11일, 전날부터 내린 폭설로 토오꾜오(東京) 시내에는 설원을 방불케 하는 은세계가 펼쳐졌다. 메이지정부가 정한 국정공휴일인 기원절(紀元節)[7]이었던 이날, 토오꾜오 시내에는 축포 소리와 종소리를 앞세워 온종일 축제 분위기가 만연했다. 이날의 행사를 위해 며칠 전부터 토오꾜오 시내는 분주함과 소란스러움이 극에 달해 있었는데, 당시의 광경을 목격한 독일인 의사 에르빈 폰 벨츠(Erwin von Bälz)는 이날을 위한 소란스러운 준비를 다음과 같이 간략하게, 그리고 냉소적으로 기록하고 있다.

> 2월 9일: 도처에 봉축문(奉祝門)이 세워졌고, 조명이 밝혀졌으며, 행렬이 계획됐다. 하지만 우스운 것은 아무도 헌법의 내용을 몰랐다는 사실이다.[8]

인용문에서 알 수 있듯이 이날은 바로 '대일본제국헌법'이 '흠정(欽定)의 연출'을 통해 신민에게 발포되는 날이기도 했다. 헌법발포를 위한 의례인 '헌법식전'은 이중의식으로 거행됐는데, 첫번째는 메이지천황

---

7 『일본서기』에 등장하는 진무(神武)천황이 즉위한 날로, 메이지정부에 의해 1873년에 2월 11일로 정해졌다.
8 エルウィン·ベルツ, トク·ベルツ 編 『ベルツの日記』 第一部 上, 岩波文庫 1951, 108면.

(당시 38세)이 황조황종(皇祖皇宗)과 천신지기(天神地祇)에 대해 헌법제정을 보고하는 천황친제(天皇親祭)의 '신사(神事)'로서의 봉고제(奉告祭)였고, 두번째는 국민에 대해 대일본제국헌법전을 하사(下賜)하는 헌법발포 의식이었다. 첫번째 의식은 메이지천황이 궁중 카시꼬도꼬로(賢所)[9]에서 황조황종에 대해 '고문(告文)'을 낭독하며 '전헌(典憲)'의 성립을 봉고하는 식순으로 이뤄졌으며, 두번째 의식은 장소를 정전(正殿)으로 옮겨 천황이 옥좌에 앉은 후 쿠로다 키요따까(黑田淸隆) 수상 및 이또오 히로부미 추밀원(樞密院) 의장 등 정부 요인을 향해 '헌법발포칙어(憲法發布勅語)'를 낭독하고 '친재(親裁)' 헌법을 쿠로다 수상에게 하사하는 식으로 구성됐다.[10]

이 의식이야말로 전통적 천황제가 근대적 법체계를 통해 번역되는 원초적 장면이다. 물론 대일본제국헌법이 기초·발포되기 이전에 수많은 헌법안이 정부와 민간에서 제출됐고, 그 안에서 천황에 대한 정의 문제가 논의됐기에 천황제의 근대적 변용은 이미 시작됐다고 볼 수 있지만,[11] 물리적인 스펙터클을 통해 천황제의 근대적 변용이 표상되고 확정된 것은 위의 의식에 의해서라고 할 수 있다. 그리고 이 의식이 이중으로 구성됐다는 사실, 즉 전통적인 것으로 보이는 천황가 고유의 제례의식과 근대적인 것임에 틀림없는 국민을 향한 헌법발포라는 이중의

---

9 궁중에 황조로 일컬어지는 아마떼라스오오미까미(天照大神)의 상징인 신경(神鏡)이 안치된 곳이며, 황족의 혼례가 거행되는 곳이기도 하다.

10 古川利通「近代天皇制『政治神學』研究(その1)」,『大阪健康福祉大學紀要』第7號 2008, 4면.

11 메이지 시기 헌법제정을 둘러싼 정치 과정 및 관민으로부터 제출된 다수의 헌법초안에 관해서는 다음과 같은 기념비적인 연구가 있다. 稻田正次『明治憲法成立史』上·下, 有斐閣 1960. 상하권 합해서 1905면에 이르는 이 방대한 저작은 메이지헌법 제정뿐만 아니라 이 시기 정치사 연구를 위한 필독서(혹은 백과사전)라 할 수 있다.

의식으로 구성됐다는 사실은 헌법-주권-천황 사이의 상관관계에 내재된 문제가 무엇이었는지를 극명하게 드러낸다. 바로 유럽 '근대 법제도'의 이식 과정에서 '법을 초월'하는 존재와 '근대 이전'의 의례가 요청됐다는 역설이다. 위의 의식에서 알 수 있듯이 헌법-주권이라는 픽션(fiction)은 천황이라는, 법을 초월한 존재를 요청함과 동시에 천황가의 전통의례를 필요로 했기 때문이다. 이 역설의 근원이 된 발상이 무엇이었는지를 대일본제국헌법 기초의 주역이었던 이토오 히로부미의 발언을 통해 살펴보도록 하자.

1888년 6월 18일, 수상을 사임하고 추밀원 의장으로 취임한 이토오 히로부미는 '추밀원 제국헌법 제정회의'의 개회사를 통해 "헌법정치"란 동양의 여러 나라에서는 "역사에 미증(微證)도 찾아볼 수 없고" 일본에서 이를 시행하는 일이 완전히 새로운 시도이며 "신면목(新面目)"이라고 표명함으로써, 메이지국가가 '입헌국가'로서 새롭게 태어남을 강조했다.[12] 그는 이렇게 말한 뒤 다음과 같이 발언을 이어갔다.

지금 헌법을 제정하고자 할 때 우리나라의 기축(機軸)이 무엇인지 확정해야만 한다. 기축 없이 정치를 인민의 망의(妄議)에 맡길 경우 제도의 통기(統記)를 잃고 말아 국가 역시 폐망(廢亡)한다. 국가가 국가로서 생존하여 인민을 통치하기 위해서는 무엇보다도 먼저 사려 깊게 통치의 효용

---

12 이토오는 1887년 조약개정회의가 중지된 데 책임을 지고 수상직을 사임한 뒤 영국의 국왕 자문기구(Privy Council)를 본뜬 추밀원을 다음 해에 창설, 스스로 초대 의장으로 취임한다. 원래 영국 추밀원은 행정의 최고 권한을 보유한 기구였으나, 이 기구 내의 한 조직이었던 내각이 독립해 그 역할을 떠맡게 됐다. 일본에서 추밀원은 헌법기초를 목적으로 창설된 이래 1947년까지 존속하며 천황의 자문기구로 기능했다.

을 잃지 않도록 힘써야 한다. 유럽에서는 헌법정치의 맹아가 생겨난 지 천여년이 되어 인민이 이 제도에 익숙할 뿐 아니라, 종교라는 것이 기축을 이루어 사람 마음에 깊게 침투하여 인심이 여기에 통일돼 있다. 그러나 우리나라에서는 종교라는 것의 힘이 미약하여 한 국가의 기축이 될 만한 것이 못 된다. 불교는 한때 융성하여 상하 인심을 한데 묶어냈지만, 오늘날에 와서는 이미 쇠퇴한 바 있다. 신또오(神道)는 조종의 유훈에 기초하여 이를 조술(祖述)했다고 하지만 종교로서 인심을 통일하기에는 힘이 미약하다. 우리나라에서 기축이 될 수 있는 것은 오로지 황실뿐이다. 따라서 이 헌법초안에서는 여기에 중점을 두고 군권(君權)을 존중하여 속박하지 않도록 힘써야 한다. (…) 군권을 기축으로 하여 이를 훼손하는 일이 없어야 하며, 주권을 분할한 저 유럽의 정신을 구태여 따를 필요는 없다.[13]

이또오는 여기서 군권을 기축으로 삼아 주권을 분할하지 않는 것이 헌법제정의 핵심과제라고 주장한다. 이런 그의 생각은 헌법 조사를 위해 방문했던 유럽에서 비롯된 것이다. 1881년, 이른바 '국회개설의 조칙(詔勅)'으로 메이지정부는 헌법제정 작업을 본격적으로 가동했다. 그 중심인물이 바로 이또오였으며, 그는 이듬해인 1882년 헌법제정을 위한 조사차 유럽 출장을 떠난다. 메이지정부가 헌법제정 작업을 서두를 수밖에 없었던 데는 두가지 요인이 작용했다. 첫번째로는 외국과의 불평등조약 개정을 최우선 과제로 삼았던 메이지정부가 당시 대부분의 유럽국가들이 채택하고 있었던 입헌체제를 불가피한 것으로 받아들였

---

13 『樞密院會議議事錄』第1卷, 東京大學出版會 1984, 22면.

다는 점을 들 수 있다. 일례로 메이지헌법 기초 작업에 참여한 카네꼬 켄따로오(金子堅太郎)는 1937년 『헌법제정과 구미인의 평가(憲法制定と 歐米人の評價)』라는 저서에서 메이지헌법 제정 당시 유럽 및 미국의 평가를 회고했다. 여기서 카네꼬는 헌법제정을 통해 일본이 서구국가들과 동등한 문명 수준으로 인정되는 계기가 마련됐다고 하면서, 헌법제정 당시 외국의 눈을 얼마나 의식하고 있었는지를 강조했다.

두번째로는 당시의 일본 내 정세를 들 수 있다. 메이지정부 주도세력에 반대하는 이른바 '반란사족(反亂士族)'에 대한 진압이 1874년 '서남전쟁(西南戰爭)' 승리로 일단락된 후, 유신 공신들 중 정부를 장악한 세력에 반대하는 집단들은 대부분 '민권파'가 돼 반정부운동을 벌였다. '민권운동'으로 알려진 이 흐름 속에서 민권파들은 영국 및 프랑스의 제도를 기초로 한 의회개설과 헌법제정을 요구했다. 전국에서 광범위하게 펼쳐진 이 운동에 직면해 메이지정부는 의회개설과 헌법제정의 주도권을 선점하기 위해 분주하게 움직였다. 이또오 일행의 유럽 출장은 민권파의 압력으로부터 자유로운 외국에서 헌법을 기초하기 위한 것이기도 했다.[14]

이렇듯 헌법제정은 비록 외국의 눈을 의식해서이기는 했지만 입헌체제를 통해 국가권력을 제한하려는 발상이었던 반면에, 그럼에도 국민에 대한 권력의 지배력을 유지해야 한다는 의지의 발로였다. 이 두가지 상반된 요구를 동시에 실현하기 위해서 고심하던 이또오 일행은 프로이센-오스트리아의 헌법론에서 해결의 실마리를 찾게 된다. 유럽에

---

14 이 두가지 요인에 대해서는 平野武 『明治憲法制定とその周邊』, 晃洋書房 2004, 15~17, 57~58면 참조.

간 후 몇달간의 허송세월[15]에 초조해하던 이또오 일행에게 구원의 손길을 내민 이는 바로 오스트리아 헌법학의 대가 로렌츠 폰 슈타인(Lorenz von Stein)과 루돌프 폰 그나이스트(Rudolf von Gneist)였다.[16] 이 두 헌법학자를 만난 감격은 1882년 8월 2일 일본에서 이또오 일행의 보고를 기다리던 정부 핵심인물 이와꾸라 토모미(岩倉具視)에게 보낸 이또오의 편지에 잘 나타나 있다.

독일에서 유명한 그나이스트, 슈타인 두 선생으로부터 국가조직의 큰 틀을 이해할 수 있는 가르침을 받았습니다. 이로써 황실의 기초를 확고히 하여 대권을 실추시키지 않겠다는 큰 목적을 이룰 수 있게 됐고, 이에 대해서는 다시 보고드리겠습니다. 실로 영, 미, 불의 자유 과격론자의 저술을 금과옥조처럼 여겨 국가를 거의 무너뜨리려는 세력이 현재 우리나라에 있습니다만, 이를 물리치는 도리와 수단을 얻은 것입니다. 보국(報國)의 적심(赤心)을 관철할 이 시기에 그 임무를 다할 중요한 도구를 얻을 수 있게 돼 사처(死處)를 찾은 심정입니다. 앞으로 일이 편하게 될 것 같습니다.[17]

이 편지는 수없이 인용돼온 유명한 것이지만, "사처를 찾은 심정(心私に死處を得るの心地)"[18]이라는 표현에서 이또오의 감격이 얼마나 컸는

---

15 이에 대해서는 瀧井一博『文明史のなかの明治憲法』, 講談社 2003, 82~107면 참조.
16 슈타인은 이후 일본의 법·행정·정치 계열 학자들뿐만 아니라 정부 관료들이 유럽에 갔을 때 반드시 방문해야 할 인물이 돼 '슈타인 참배(シュタイン詣で)'라는 말이 생길 정도였다.
17 春畝公追頌會『伊藤博文傳』中卷 296~97면. 平野武, 위의 책 184~85면에서 재인용.
18 사처(死處)란 목숨을 내버릴 만한 장소라는 뜻으로, 비장한 각오나 감격을 표현할 때

지 알 수 있다. 이또오가 슈타인과 그나이스트로부터 배운 "도리와 수단"이란, 천황제를 중심으로 한 헌정체제의 구축 방법이었다. 이또오 일행은 우선 프로이센 헌법제정사의 '혼란'을 배움으로써 헌법제정에서 흠정주의가 필요함을 확신했고, 나아가 영국과 프랑스의 헌법이 독일에 직수입됐을 때의 병폐를 들어 이를 배제할 필요성을 확인했다. 또한 슈타인과 그나이스트는 대신(大臣)을 친임(親任)할 것, 정당 내각을 부정할 것, 행정권을 강화하고 입법권을 제한할 것, 대신 개개인이 군주에 대해 책임을 질 것, 내각 연대책임을 부정할 것 등을 이또오 일행에게 전수했다. 이러한 내용들이 헌정체제 운영의 구체적인 사안들에 관련된 것이라면, 슈타인과 그나이스트는 국가의 기본 골격에 대해서도 "중요한 도구"를 제공했다. 이또오의 편지에 따르면 슈타인과 그나이스트는 국가조직을 '군주입헌체'와 '협화체(協和體)'로 구분한 뒤, 군주입헌정체에서 군주는 입법을 초월해 헌법을 제정하는 존재이자, 입법과 행정부 위에 군림해 양 조직을 총괄하는 국가원수라고 설파했다. 이들은 군주가 국가의 최고기관으로 입법과 행정의 균형을 맞추는 역할을 담당한다고 설명한 것이다.[19]

이런 지식을 습득한 이또오는 "지금 헌법을 제정하고자 할 때 우리나라의 기축이 무엇인지 확정해야만 한다. (…) 우리나라에서 기축이 될 수 있는 것이 오로지 황실뿐"이라고 자신있게 강조할 수 있었다. 이또오는 그나이스트와 슈타인을 통해 배운 군주입헌제에 바탕을 둠으로써 한편으로는 영국, 미국, 프랑스의 헌법론을 주장하던 민권파를 제압할

사용하는 용어다.
19 平野武, 위의 책 66~65면.

수 있었고, 다른 한편으로는 전근대적 제정일치(祭政一致)를 국정 제도의 기본으로 삼으려는 세력도 헌법제정 과정에서 물리쳤다. 메이지유신이 기치로 내세운 '왕정복고(王政復古)'는 진무천황 창업에 기초한 제정일치 제도의 확립을 뜻했는데, 이런 흐름은 메이지 시기 전체를 관통하며 강력한 정치적 영향력을 행사했다. 이 흐름에서 비롯된 헌법론은 천황의 시강(侍講)이었던 유학자 모또다 나가자네(元田永孚)에 의해 제시됐는데, 모또다는 1880년 이또오를 포함한 참의들이 내세운 유럽적 헌법 기초안을 비판하면서 '인의예양충효정직(仁義禮讓忠孝正直)'을 내용으로 하는 국교(國教)의 필요성을 주장함과 동시에, '전국 치교(治教)의 권한'이 천황에 있음을 천황 친정(親政)주의의 입장에서 설파했다.[20] 이또오를 비롯한 헌법 기초의 주도자들은 이러한 모또다의 신화적 천황론을 입헌체제 속에서 해소해야 할 필요가 있었으며, 그나이스트와 슈타인의 가르침을 이에 대한 해결책으로 여긴 셈이다.

그러나 그나이스트와 슈타인의 가르침은 민권파에 대한 대항논리로는 충분했을지 몰라도,[21] 신화적 천황론을 입헌체제 속으로 해소시키기

---

20 伊藤博文關係文書研究會『伊藤博文關係文書』一, 塙書房 1973, 434면.

21 이미 1872년부터 프로이센의 국가 경영은 메이지정부 요인들의 머리에 강력하게 각인돼 있었다. 당시 프로이센을 방문한 메이지정부의 요인들이 비스마르크의 연설에 큰 감명을 받았기 때문이다. 비스마르크는 일본에서 서양 문물을 배우러 온 이들에게 "오늘날 세계 각국 모두 친목예의를 바탕으로 교류한다고는 하지만 그것은 겉으로 내세운 명분일 뿐 뒤에서는 강약을 서로 겨루어 힘센 나라가 약한 나라를 짓밟고 있다"고 말한 뒤, "유럽의 친목을 바탕으로 한 교류는 아직 믿을 만한 것이 못 되며, 여러 분들도 결코 자기 자신을 강하게 하는 일을 소홀히 해서는 안 된다"고 부국강병의 필요성을 설득력 있게 제시했다. 당시 일본의 정황을 생각했을 때 이 연설이 메이지정부 요인들에게 끼친 영향력은 실로 거대했다. 久米邦武『米歐回覽實記』第三卷, 岩波書店 329~30면 참조.

에는 부족한 측면이 있었다. 이또오 등이 주도한 입헌체제는 「교육칙어(教育勅語)」나 「군인직유(軍人直喻)」 등의 교설과 갖가지 표상 장치를 통해 초법적인 신화적 천황관이 온 국민의 신체에 각인되는 과정이 체제 정립 이후에도 필요했기 때문이다. 헌법제정에서 가장 중요한 요소를 '기축으로서의 황실'이라고 주장한 이또오는 천황이야말로 유럽의 종교를 대체할 국민통합과 교화의 상징이라고 생각한 것이다. 그러나 이는 천황을 법체계 너머의 존재로 만드는 일이나 다름없었다. 즉 메이지 헌법의 제정은 결코 신화적 천황론을 근대적 법체계 속으로 완전하게 끌어들이지는 못한 셈이다. 이를 이해하기 위해 메이지헌법의 천황 관련 조항 중 중요한 부분을 인용해보자.

"제1조 대일본제국은 만세일계의 천황이 통치한다(第1條 大日本帝國ハ萬世一系ノ天皇之ヲ統治ス), 제3조 천황은 신성하여 침범해서는 안 된다(第3條 天皇ハ神聖ニシテ侵スヘカラス), 제4조 천황은 국가의 원수로서 통치권을 총람하고 이 헌법의 조규에 의해 이를 행한다(第4條 天皇ハ國ノ元首ニシテ統治權ヲ總攬シ此ノ憲法ノ條規ニ依リ之ヲ行フ)." 이 세가지 조항이 패전 전의 이른바 '국체(國體)'의 요체라고 할 수 있다.[22] 총 17개로 이뤄진 천황 관련 조항에는 이외에도 행정·입법부에 대한 통제나 육해군의 통수권이 천황에 귀속됨을 규정하고 있지만, 대일본제국의 국가 형식(Constitution)이 천황을 최고 권위로 해 성립함을 규정한 것은 바로 이 세가지 조항이다. 이를 통해 혈통을 바탕으로 한 천황은 대일본제

---

22 '국체'라는 말이 법률적 의미를 갖게 되는 것은 1925년의 치안유지법에 의해서다. 이 법률의 첫번째 조항에 '국체'라는 말이 등장함으로써 국체는 법률적 해석대상이 됐다고 볼 수 있다. 그러나 '국체'는 초법적인 관념이었기 때문에 결국 치안유지법은 '헌법을 넘어선 헌법'이었다고 해야 할 것이다.

국을 통치하고, 이 통치자는 신성하여 절대로 침범해서는 안 되며, 통치의 최고 권한을 가진 국가의 원수로 규정됐는데, 문제는 여기에 있었다.

천황은 '통치권을 총람하는' 주권자이며,[23] 국민의 자유와 안전은 주권자에 의해 보장된다. 슈타인과 그나이스트의 학설에 따르면 개인은 재산 획득을 향한 무한한 욕망을 갖고 있으며, 대립하는 불균형한 이해관계로 인해 결국 가진 자에 의해 지배받게 된다. 여기서 군주란 게르만 민족의 역사에서 비롯된 존재로, 사회의 대립하는 이해관계를 넘어선 영속 권력자이자 약자에 대한 보호지로 규정된다. 즉 무한한 강자의 지배를 제약하는 영속적 권력자로 군주가 군림함으로써 개인의 안전과 자유가 보장된다는 것이다. 메이지헌법이 개인의 자유를 규정한 조항에서 "법률이 허용하는 범위 내에서"라는 문구를 삽입한 까닭이 여기에 있다. 개인의 자유는 어디까지나 보호자이자 절대권력자의 의지 내에서 규정됨과 동시에 보호되는 것이기 때문이다. 이것이 바로 메이지헌법이 전제하고 있는 '국가 구성'인데, 여기서 중요한 사실은 슈타인과 그나이스트가 신정체제(theocracy)의 군주제를 주장한 것이 아니라는 점이다. 슈타인과 그나이스트에게 군주란 어디까지나 게르만 역사 안에서 형성된 절대권력자이지, 왕권신수설과 같이 초월적이고 종교적으로 정당화되는 존재가 아니었다.[24] 여기에서 메이지헌법 기초자들의

---

23 伊藤博文 『憲法義解』, 岩波書店 10면. 이 '통치권을 총람한다'는 구절은 독일의 여러 헌법에 나오는 표현을 따른 것이다. 이는 19세기 독일의 여러 헌법들이 대부분 국가주권론에 입각해 제정됐기 때문인데, 국가주권론-군주기관설의 입장에서는 주권이 국가에 귀속되며 군주는 그 주권을 집행하는 기관으로 이해된다.

24 上山安敏 『憲法社會史』, 日本評論社 1977, 제1장 참조. 또한 이노우에 코와시(井上毅)의 통치론을 중심으로 헌법제정 과정에서의 천황문제를 다룬 것으로 스즈키 마사유키 『근대 일본의 천황제』, 이산 1998 참조.

고뇌와 천황이 헌법 체계 안으로 번역되는 과정의 문제가 발생한다.

주권의 담지자로서 천황은 일본의 역사 과정에서 절대권력자로 군림한, 어디까지나 '세속적'인 군주여야 한다. 그리고 역사적으로 형성된 그 절대권력자는 헌법을 통해 피통치자들과 유기적으로 결합돼 있음을 알려야 한다. 이것이 슈타인과 그나이스트가 군주의 절대권력을 옹호하면서도 의회를 비롯한 여러 민주적 제도를 헌법을 통해 보장하려 한 까닭이다. 여기서 중요한 것은 군주란 역사적으로 형성된 존재임과 동시에 법적으로 규정된 존재라는 점이다. 그런 의미에서 군주의 정당성은 초월적 권위에 의존하는 것이 아니라, 자신이 국민과 유기적으로 연결돼 있음을 고지하는 헌법을 통해 부여된다. 즉 군주권력의 정당성은 어디까지나 군주 자신에 의한 국민들과의 약속에 바탕한 것이다. 그러나 천황의 정당성은 그런 약속에서 비롯되는 것이 아니었다. 천황 자신이 바로 신이었기 때문이다. '아라히또가미(現人神, 사람의 모습으로 현세에 나타난 신)'라는 표현이나 헌법 제3조의 '신성불가침'이라는 표현에서 알 수 있듯이, 천황은 법적인 '인격'(person)이 아니었던 셈이다. 그래서 천황은 법에 의해 규정된 존재라기보다는 법을 말하는 자, 혹은 법 그 자체였다고 할 수 있다. 따라서 이 헌법은 동등한 법적 인격 사이에서 맺어진 약속이 아니라 신의 입에서 발화된 명령이자 계시였다. 슈타인과 그나이스트가 세속화라는 전제 위에서 전개한 헌법론은 일본으로 건너와 기묘하게 뿌리를 내리고 말았다. 메이지헌법의 기초자들은 헌법을 신의 계시로 해석하는 일을 가능케 하는 신화적 천황론을 고스란히 잔존시켰다. 즉 천황이 근대 독일의 세속화된 법체계로 번역되는 과정에서, 메이지헌법의 기초자들은 '세속화'라는 문제를 누락해버린 셈이다.

이 절의 서두에서 제시한 이중으로 구성된 헌법발포의 의례는 바로 이 문제를 상징적으로 드러내고 있다. 천황은 자신의 조상들에게 일단 헌법을 보고함으로써 그것이 천황가의 '사적(私的)인' 법임을 보여줌과 동시에, 국민들에게 선포함으로써 헌법이 '공적(公的)인' 약속임을 보여줬다. 그러나 헌법의 공적 성격은 바로 천황가의 사적 의례와 중첩된다. 즉 헌법이 규정하는 모든 사항들은 공적인 약속인지 천황의 사적인 명령인지 식별 불가능한 무엇이었던 셈이다. 이또오가 『헌법의해(憲法義解)』를 통해 군주권력의 제한을 암시하는 해석을 삽입했음에도 이후에 벌어진 논쟁들은 이 식별 불가능성에서 비롯됐다. 서구 진보주의를 지지하는 자들은 어떻게 하면 헌법으로부터 천황의 사적 명령이라는 형식을 말소할까를 고민했으며, 전통을 맹목적으로 신봉하는 자들은 헌법이 어디까지나 천황의 명령임을, 국가란 천황의 생명과 몸 그 자체임을 설파했다. 이후 메이지헌법체제의 가장 근원적인 정치 논쟁은 바로 이 문제를 둘러싸고 일어났다.

3. 국체논쟁 I: 기관인가 절대자인가

흔히 '천황기관설'이라고 하면 1935년부터 전개된 국체명징(國體明徵)운동을 떠올린다. 토오꾜오제국대학 헌법 강좌 교수를 역임했고, 귀족원 의원이었던 미노베 타쯔끼찌(美濃部達吉)의 천황기관설이 국체에 위반된 것이라고 극우와 군부가 탄압을 감행한 사건 말이다. 미노베의 천황기관설은 게오르크 옐리네크(Georg Jellinek)의 국가주권론에 바탕한 것으로, 주권은 어디까지나 국가 자체에 귀속되는 것이며 천황은 그

주권이 행사되는 최고기관이라는 학설이다. 극우와 군부는 만세일계의 천황이 신성한 주권자가 아니라 주권을 집행하는 기관일 뿐이라는 미노베의 학설이 불경한 것이라 고발했는데, 이는 미노베 개인에 대한 공격임과 동시에 천황기관설을 재물로 삼아 자유주의를 말살하려는 시도였다고 할 수 있다. 천황기관설은 천황제에 대한 주류 해석으로 자리 잡고 있었고, 히로히또조차도 천황기관설을 정당한 해석으로 파악하고 있었다. 그런데 이 학설이 히로히또까지 지지하는 주류 해석이 될 수 있었던 것은 1913년의 대논쟁을 통해서였다.

1913년에 벌어진 천황기관설 논쟁의 당사자는 미노베와 우에스기 신끼찌(上杉愼吉)였다. 당시 토오꾜오제국대학 법학부 헌법 강좌 담당 교수는 우에스기였고, 미노베는 공법 제2강좌인 행정법 담당 교수였다(이후에 헌법 제2강좌로 변경). 강좌의 명목은 그랬지만 당시 법학부에서는 두 헌법 강좌가 열렸는데, 문제는 두 강좌의 헌법해석이 완전히 정반대였다는 점이다. 미노베는 국가주권설에 바탕해 천황이 주권자가 아니라 주권을 집행하는 기관이라고 해석한 반면, 우에스기는 천황이 모든 사안을 결정하는 절대 불가침의 주권자라고 해석했다. 이렇게 상반된 해석이 같은 학부 내에 공존했기 때문에 어찌 보면 논쟁은 필연적이었다. 예견된 논쟁은 1912년 우에스기의 대중 교화용 헌법해설서에 대한 미노베의 비판에서 시작됐는데, 이제 그 전개를 살펴보도록 하자.

1912년 미노베는 우에스기의 『국민교육 제국헌법 강의』를 비판한 「국민교육 제국헌법 강의를 평한다」라는 논문을 발표한다. 논쟁의 출발은 이 비판논문에서 비롯되는데, 사실 미노베가 독일유학에서 돌아온 이후 기회 있을 때마다 우에스기의 스승인 호즈미 야쯔까(穗積八束)를 비판한 것이 원인(遠因)이라고도 할 수 있다. 그도 그럴 것이 "선생의 혈육인 헌법설은 나의 혈육이 됐으며, 나의 정신적 아비는 호즈미 야쯔까"라고 자신의 정신적 태생을 천명하던 우에스기가 미노베의 '아비 비판'에 고운 심정을 가졌을 리 만무하기 때문이다. 문제가 된 우에스기의 책은 제국주의 각축이 지배하는 국제정세를 일별한 후, 일본이 세계에서 살아남기 위해서는 천황을 중심으로 강력한 국민교육과 국가관을 함양해야 한다고 주장하는 내용이었다. 이때 우에스기는 법을 국가권력에 의한 명령의 힘이며, 절대적이고 무조건적이며 최고이자 무제한의 것이라 하면서, "도덕에 반하는 일도 국가는 못할 것이 없다"고 밀한다. 그리고 이런 무소불위의 국가주권을 소유한 이가 바로 천황이었다.[25]

미노베는 이런 우에스기의 논의에 대해 가차없는 비판을 가했다. "이 책은 국민교육의 목적으로 쓰인 것이다. (…) 국민교육을 위한 책은 아주 온화하게 써야 한다. 그러나 이 책은 국민교육에는 아주 부적절한 것이라 확신한다. 평자는 이 책을 세상에 추천할 수 없음을 슬프게 생각한다."[26] 국민교육을 위해 쓰인 책을 두고 국민교육에 부적절하다는 비판보다 상위의 것은 없다는 점에서 이 비판은 혹독했다. 게다가 미노베의 비판은 비단 이 책의 과격함만이 아니라 우에스기의 '학풍' '국가론' '주권론' '국체-정체론'까지를 사정거리 안에 두었기에 거의 전면적인 선전포고나 다름없었다. 그 요점은 우에스기가 전제적인 헌법론을 무기 삼아 다른 학설을 충분히 이해하지 않고 일방적으로 매도한다는 것과, 군주의 자의적인 권력행사를 용인해 국체론에 의한 정치적 비판을

---

25 長尾龍一「上杉憲法學雜記」, 小島和司・藤田宙靖 編『行政行爲と憲法』有斐閣 1972, 483~84면.

26 星島二郎 編『最近憲法論(1913)』, みすず 1989, 12면. 이하 이 책으로부터 인용은 본문 내에 (면수)로 표시.

전개하고 있다는 것이었다.

이런 비판을 전개한 미노베의 헌법론은 국가법인설-천황기관설을 바탕으로 한다. 그는 국가를 '공동의 목적' 아래 결합한 인민의 단체라고 정의하면서, 국가가 권리능력을 가진 법인이며 주권이야말로 그 고유한 권리라고 주장했다. 그리고 그 주권을 행사하는 기관의 차이에 따라 국가의 정체(政體)는 군주정체와 공화정체로 나뉜다. 통치의 최고기관이 군주냐 인민의 협의회냐에 따라 국가의 정체는 구분되는 것이다.[27] 그러므로 "대일본제국은 만세일계의 천황이 통치한다"는 조항으로 군주를 통치권의 주체로 간주하고, 이 규정을 통해 절대불변의 국체를 추출해 통치형태의 구분 범주인 정체를 국체로부터 구별하는 우에스기의 헌법론을 미노베는 용인할 수 없었다.

미노베와 달리 우에스기의 학설에서 국체는 주권 소재의 구별(군주제인지 민주제인지)이며, 정체는 통치형태의 구분(입헌제인지 전제인지)이었다. 그러나 주권이 국가에 귀속된다고 보는 미노베에게 국체란 법학 논의 속에서 개념으로 성립하지 않는 것이었다. 미노베에게 국체, 즉 "만세일계의 천황에 의해 통치된다는 것은 우리 민족 천고의 확신을 이루는 사실"(6면)이었으며, 이러한 "확신"을 공법학 논의에 끌어들이는 것이 미노베로서는 부당한 처사였다. 그래서 미노베는 우에스기처럼 국체와 정체를 구분하는 논의를 배격했다. "평자가 보기에 Staatsform(국체)이란 Verfassungsform(정체), Regierungsform(통치체)과 동일한 관념으로 군주국이냐 민주국이냐 하는 구별은 국가 정치조직의 구분, 즉 정체의 구분이나 다름없다. 입헌국이냐 전제국이냐 하는

---

27 美濃部達吉 『憲法講話』, 有斐閣 1912, 1~47면.

구분 또한 마찬가지로 정치조직의 구분으로, 정체의 재구분이라고 믿는다."(5면)

이상이 미노베의 우에스기에 대한 비판이었다. 우에스기는 바로 반론을 감행했다. 1911년 미노베는 문부성 위탁으로 전국 중등교육 하계 강습회에서 헌법에 대해 전국을 돌며 강연했다. 이 성과는 『헌법강화』로 공간(公刊)됐는데, 여기서 미노베는 자신의 국가법인설-천황기관설을 기초로 전제적 사상을 배격함으로써 "건전한 입헌사상"[28]을 설파했다. 이에 대해 우에스기는 "내가 진리라고 주장하는 것을 믿어 의심치 않음과 동시에, 이와 다른 견해는 거짓이라고 배척해야 한다"는 "학자의 본분"(18면)을 다하기 위해 공격을 개시했다. "동일한 사물에 대해 두 가지 견해가 있을 경우, 만약 어느 하나가 참이라면 다른 하나는 반드시 거짓"(17면)이기 때문이었다. 이때 우에스기에게 "동일한 사물"이란 "국체"이며 참은 자신이고 거짓은 미노베였다. 그 까닭은 "대일본제국은 만세일계의 천황이 통치하며, 천황은 통치자이고 피통치자는 신민"일 텐데, "미노베 박사는 천황을 통치권의 주체가 아니라고"(20면) 주장하기 때문이다. 그리고 천황을 경찰이나 의회와 마찬가지로 '기관'이라 자리매김하는 것은 천황을 인민의 '하인'으로 생각하는 일이며, 우에스기에게는 "도저히 승복할 수 없는"(22면) 주장이었다. 이렇게 우에스기는 미노베가 말하는 헌법 및 국체론이 "만세일계의 천황이 통치한다"는 '간단명료'한 "제국 국체의 해설"(20면)과 서로 양립할 수 없다고 논파한 것이다.

이러한 두 사람의 논쟁은 단순히 헌법과 국체를 둘러싼 학설 간의 대

---

28 美濃部達吉, 위의 책 2면.

립이 아니었다. 그 배경에는 세계질서의 현상황에 대한 일종의 역사철학 인식이 가로놓여 있었고, 법이란 무엇인가에 대한 형이상학적 입장이 버티고 있었기 때문이다. 우에스기에게 국체란 유럽이나 중국과 구분되는 일본 특유의 역사와 질서 그 자체였다. 그는 유럽의 국가사상이 원래 민주제를 근간으로 한 것이며, 19세기 후반에 여러 국가들에서 헌법이 제정된 것이 그 근거라고 말한다. 그러나 일본에는 천황이 신민을 통치하는 전통적인 국체가 있었다. 우에스기에게 이 국체는 의심하거나 극단적으로 말해서 이리저리 생각할 대상이 아니었으며 '학설' 따위는 필요없었다. "우리나라 군민의 관계는 구라파 제국 및 지나에 비해 확연히 다른 것이며 국체의 정화로 삼을 요점"(37면)이었기에, "인민의 단체인 국가라는 법인 같은 대괴물이 출현하여 군주를 위협하는 일"(38면)은 불필요한 것이었다.

또한 헌정질서의 핵심인 의회에 대해서도 "제국의회가 없다고 하더라도 일본제국은 수족을 잃었다고 할 수 없으며"(38면) "군주국에서는 원래 국회 따위는 필요없고 국회가 있다손 치더라도 제국의 기초를 흔들지는 못한다"(39면)고 말했다. 이렇듯 우에스기에게 국체란 일본 국가 그 자체였으며 세계 어느 나라와도 비교할 수 없는 고유한 것이었다. 민주제에 기초한 유럽 학설의 영향은 개인주의를 조장해 이런 국체-국가를 위태롭게 만들어, 제국주의 각축이 한창인 국제사회에서 일본을 약소국가로 전락시킨다는 것이 우에스기의 진단이었다. 그러므로 그에게 '법'이란 궁극적으로는 국체-국가에 필요없는 규범체계였다고 볼 수 있다. 이와 달리 미노베는 국체에 아무런 위험도 없다는 입장을 견지한다. 그에게 국가란 일본 특유의 전통을 반영한 국체와는 어디까지나 구분되는 것이었기 때문이다.

국가란 반드시 일본에만 국한되는 것이 아니라 세계 보편의 현상이기 때문에, 국가란 무엇인가의 문제도 일본에만 특유한 정의를 내릴 수는 없고 모든 국가에 타당한 정의를 내려야만 한다. (…) 국가의 본질이 무엇이냐는 문제는 헌법이나 국체의 차이에 의해 영향을 받는 것이 아니다. (…) 문화가 유치했던 시대에는 국가라는 추상적 사상이 발달하지 못했고 (…) 국가사상이 발전하기 이전에는 국가현상을 사법상의 관계와 마찬가지로 보았다. 즉 개인과 개인의 관계, 실재하는 사람과 사람 사이의 관계를 중심에 놓고 보았기에 국가를 군주라는 한 개인이 인민을 지배하고 있는 상태로 간주하는 견해가 나타나기 쉬웠던 것이다. (211~12, 215면)

따라서 미노베에게는 우에스기의 국체-국가론이 "문화가 유치했던 시대"의 산물로 보였다. 왜냐하면 당시에도 "국가가 전국민의 공동 단체라는 사상을 국민이 명백히 자각하고" 있었기 때문이며, 국회가 법률에 협찬하는 것도, 국민이 의원을 뽑고 세금을 내고 병역의무를 다하는 것도 "모두 국민이 자각하고 있는 일"이었기 때문이다.[29] 세계의 보편현상인 국가는 이렇게 국민 한 사람 한 사람의 진보된 의식에 기초한 것이었다. 이때 국체를 국가와 동일시하는 사상은 시대에 뒤처진, 유치한 문화상태의 산물이라는 것이 미노베의 관점이었다. 그리고 이렇게 진보한 국가에서 국체란 "헌법에 규정할 수 있는 것이 아니다".(220면) 오히려 국체는 인민의 단체인 국가에 대한 추상적인 규정이 아니라 "국가가

---

29 美濃部達吉, 위의 책 59면.

성립할 수 있는 근본 조건"(218면)이었다. 즉 어느 나라와도 비교할 수 없는 국체란, 국가라는 보편현상의 본질과는 아무런 관계가 없고 "헌법보다 더욱 존귀한 것"(220면)으로, 그 기초를 이루는 것은 "황실의 존엄, 국민의 충군애국"(219면)이다. "정부가 발표한 칙어의 영역에는 〔국체를〕 fundamental character라고 옮기고 있다. 즉 국체란 나라의 근본성질이라는 정도의 의미로, 국가단결을 성립 가능케 한 기초조건이라고도 할 수 있다."(217면)

이렇게 말할 때 미노베가 국체를 헌법을 초월하는 근본 규범처럼 생각하고 있는 것은 아니다. 미노베의 의도는 어디까지나 국체란 문화적이고 역사적인 '마음'이지, 법이나 정치의 영역에 등장할 수 있는 것이 아니라는 점을 강조하는 데 있다. 즉 황실을 존경하고 나라를 사랑하는 마음이야말로 '국체'의 요체라는 것이다. 그러므로 미노베에게 국체란 법과 국가가 자리하는 근거로서의 마음이었다. 이 마음 없이 법-국가는 존립 불가능하다. 이는 대만과 조선에 헌법이 적용되지 않는다고 본 미노베의 학설에서 극명하게 드러나는 바다. "토착인이 이미 완전하게 일본에 동화해 재래의 제국신민과 구분될 수 없을 때까지는" "식민지에서 입헌정체는 이뤄지지 않으며 오늘날도 전제정치의 상태"가 계속되고 있다.[30] 즉 존황심과 애국심이 없는 식민지에 헌법은 무효하다는 것이 미노베의 주장이었던 셈이다.

미노베에게 국체에 대한 불안은 없었다. 미노베가 볼 때 헌법을 통해 통치가 이뤄지는 입헌국가가 진보한 세계의 표준이었으며, 일본 국가는 그 표준에 따라 진보한 상태였기 때문이다. 그래서 미노베는 국체를

---

30 위의 책 547~48면.

정치화하는 일에 반대한 것이다. 국체란 법과 함께 인류의 진보된 상태를 일본에서 가능케 하는 마음이었기에 그렇다. 미노베의 이런 사상은 타이쇼오(大正) 데모크라시와 교양주의의 기초가 됐다. 이 시기를 대표하는 사상가 와쯔지 테쯔로오(和辻哲郎)는 우에스기와 같은 이들의 사상을 다음과 같이 반박했다.

최근 목소리를 높여 국체옹호, 국민도덕진흥을 외치는 이들이 있다. 그들은 국체가 위험에 처해 국민의 도덕사상이 퇴폐했다고 인정하고 있는 것이다. 그러나 우리가 볼 때 우리 국체에는 아무런 위험도 없다. 우리는 (…) 태어나면서부터 존황사상을 갖고 있다기보다는 오히려 존황본능을 갖고 있다. 현대의 청년은 모두 그렇다. 그런 청년들에 대해 위험사상을 예방한다고 말하면서 존황사상을 설파하다니 무슨 일인가? 존황본능을 가진 자에게 어떤 사상도 국체에 누를 끼치지 않는다. 국체는 영원히 안고하다.[31]

이 인용문을 과격한 천황제 옹호론과 동일시해서는 안 된다. 오히려 타이쇼오 데모크라시와 교양주의의 적자들은 국체를 공적 논의의 대상에서 축출하려고 시도했기 때문이다. 그들은 국체를 개개인의 마음에 이미 존재하는 것으로 간주함으로써 정치적이고 사회적인 논의의 맥락에서 제거하고자 했다. 미노베가 법질서나 통치제도라는 '정치'의 영역에서 국체 논의를 배격하고자 한 것도 같은 맥락이었다. 하지만 여기서의 관심은 미노베로부터 비롯돼 와쯔지로 이어지는 일본의 주류 보수

---

31 和辻哲郎「危險思想を徘す(1919)」, 『和辻哲郎全集』 20권, 岩波書店 1963, 355면.

주의 자체가 아니다. 중요한 점은 미노베나 와쯔지 등 전제주의를 비판하던 이들이 천황을 마음에 가두면서까지 천황제를 옹호할 수밖에 없었다는 사실이다. 이는 결코 단순한 전통 옹호가 아니다. 이는 어디까지나 위에서 살펴본 천황제가 법체계로 번역되는 과정에서 발생한 문제가 낳은 결과이기 때문이다.

미노베나 와쯔지 등으로 대변되는 일본의 주류 보수파가 왜 천황을 숭배했는지는 피로감만 더하는 추측이 될 것이기에 언급하지 말도록 하자. 다만 이들이 천황제를 문화적이고 전통적인 아름다움으로 분식할 수밖에 없었던 것은 바로 위에서 언급한 서구의 헌법체계로 천황제를 번역할 때 발생한 문제 때문이라는 점을 다시 한번 확인해두자. 천황이 신화적 권위를 가진 존재인 한에서, 국체가 정치영역에 자리하게 되면 입헌체제는 붕괴되기 마련이다. 그것은 1935년의 국체논쟁을 기점 으로 이후에 전개된 전체주의에서 증명되는 바였다. 그렇기에 이들은 필사적으로 천황과 국체를 무해한 '문화'와 '전통'에 가둬버리고자 한 것이다. 바로 여기에 근대 일본의 정치적 사유의 외연이 있다. 그것은 주권을 신화적 권위로 정당화함으로써 설정된 사유의 한계라고도 할 수 있다. 그리고 이 문제는 패전 후 다시 한번 큰 논쟁을 불러일으키게 되는데, 그것은 인민주권이 명시된 패전 후 헌법에서 과연 천황을 어떻게 규정할 것이냐를 둘러싸고 전개됐다. 이제 패전 직후로 시계 바늘을 돌려볼 차례다.

4. 국체논쟁 II: 단두대 없는 혁명과 법 너머의 노모스

1945년 8월 15일, 라디오를 통해 신의 목소리가 들려왔다. 그때까지 한번도 천황의 목소리를 들은 적이 없었던 사람들은 방송의 내용도 내용이거니와 무엇보다도 소프라노 조의 쇳소리에 놀랐다고 한다. 한달 반이 지난 9월 27일, 천황은 일본의 새로운 절대권력자가 된 더글러스 매카서(Douglas MacArthur)를 만나러 간다. 천황과 매카서가 나란히 찍힌 사진은 새로운 권력자의 위풍당당함과 천황의 왜소함과 나약함이 대비돼 천황의 신화적 권위를 실추시키기에 충분했다. 그리고 이듬해 1월 1일에 발표된 '쇼오와 21년 연두칙서'에서는 자신이 '아라히또가미'가 아니라 '인간'일 뿐이라는, 이른바 '인간선언'을 천황 스스로가 천명한다.

짐과 그대들 국민 사이의 유대는 시종 상호 신뢰와 경애에 바탕을 둔 것으로, 단순한 신화와 전설에 의해 지탱되고 있는 것이 아니다. 천황을 아라히또가미로, 일본 국민을 다른 민족보다 우월한 민족으로, 나아가 세계를 지배할 사명을 갖는 것으로 생각하는 가공(架空)의 관념에 토대를 둔 것이 아닌 것이다.

연두칙서의 이 구절은 훗날 인간선언으로 알려진 내용을 담고 있는 부분이다. 여기서 천황은 6개월 전만 하더라도 제국 전체를 짓누르던 광기어린 국체명징운동을 아무렇지도 않게 부정하고 있다. 이미 언급한 바 있지만 국체명징운동은 미노베의 천황기관설을 탄압하면서 등장한 군부 중심의 사상전이었다. 이는 천황-국체를 정치영역의 전면에 내세우고자 한 운동이며, 역사와 전통문화 영역에 천황을 가둬두고자 했던 일본의 주류 보수파에 대한 비판이기도 했다. 천황이 아라히또가 미로 규정돼 메이지헌법 제1조와 제3조의 규정이 신화적 권위에 의거함을 못 박은 것은 이 국체명징운동에 의해서였으며, 미노베와의 논쟁에서 패배한 후 잊혔던 우에스기의 헌법론이 다시 부활한 것도 이때였다.[32]

천황은 황조황종의 어심을 이어받아 우리나라를 통치하시는 아끼쯔미까미(現御神)이시다. 이 아끼쯔미까미 혹은 아라히또가미라고 함은 소위 절대신이라든가 전지전능의 신이라든가 하는 의미의 신과 전혀 달라, 황조황종이 그 후손이신 천황의 몸을 통해 현현하시어 천황과 황조황종이 한 몸이신 것이며, 영원히 신민·국토 생성발전의 본원이신 것이며, 한 없이 존귀하고 위엄있는 분임을 나타내는 것이다. 제국헌법 제1조에 "대일본제국은 만세일계의 천황이 통치한다"라거나 제3조에 "천황은 신성하여 침범해서는 안 된다"고 한 것은 천황의 이런 본질을 명백히 한 것이다. 따라서 천황은 외국의 군주와 달라 국가 통치의 필요상 세워진 주권자도 아니시고, 지력·덕망을 바탕으로 신민으로부터 선출된 군주도 아니시다.[33]

---

32 논쟁에서 패배한 후 민간 우익과 학생들을 중심으로 국체보존운동을 이어가던 우에스기는 1928년 사망한다. 우에스기는 그의 헌법 강좌를 계승할 제자를 길러내지 못했고, 결국 토오꾜오제국대학 법학부에서 우에스기 헌법론은 명맥이 끊긴다. 참고로 만주 지배의 브레인으로 활약했고 전시에는 상공장관으로 총동원체제를 이끌어 A급 전범으로 기소된 키시 노부스께(岸信介)는 우에스기의 수제자로 학교에 남아 강좌를 계승할 것을 권유 받았으나 이를 거절했다. 키시는 1960년 수상으로서 미일 안보조약 개정을 날치기로 통과시켜 일본의 대미종속을 확실한 것으로 만든 인물이다.

이렇게 천황의 신화적 권위는 헌법 조항을 통해 설명됐다. 아라히또가미는 헌법상의 규정으로 해석된 것이다. 1946년의 연두칙서는 바로 이런 국체명징운동의 헌법해석을 부정하고 다시 일본 주류 보수파의 천황관을 채택한 결과였다. 천황이 '상호 신뢰와 경애'를 바탕으로 한 국민과의 유대를 강조하면서 아라히또가미로 대변되는 신화적 권위에 의한 절대지배를 부정했기 때문이다. 여기서 알 수 있듯이 근대 일본의 정치적 사유를 한계지어온 천황에 대한 규정은 다시금 크게 선회한디. 패전으로 인한 군부의 몰락은 미노베를 위시한 문화적 천황론 주창자들이 정치적 헤게모니를 탈환했음을 의미하는데, 이때 가장 중요한 일은 천황에 대한 규정을 원래대로 되돌려놓는 것이었던 셈이다. 그러나 연두칙서가 발표된 지 한달여 만에 문화냐 권위냐를 놓고 사유되던 천황론에 결정적 전기가 도래한다. 2월 13일, 연합군최고사령부가 작성한 헌법초안이 일본 정부에게 전달된 것이다.

매카서는 1945년 10월에 전 수상 코노에 후미마로(近衛文麿)에게 헌법개정을 위한 초안 작성을 지시한다. 코노에는 쿄오또(京都)제국대학 법학부 사사끼 소오이찌(佐々木惣一) 교수에게 초안 작성을 의뢰해 한 달 만에 완성된 초안을 천황에게 제출했으나 코노에가 갑작스럽게 전범으로 기소되는 바람에 이 초안은 묻히고 만다. 이후 당시 개헌 담당 마쯔모또 조오지(松本烝治) 국무대신에 의해 천황의 통치권을 그대로 남긴 개헌안이 1946년 2월 연합군최고사령부에 제출되지만 매카서는 이를 승인하지 않고 연합군최고사령부의 군인들과 민간 전문가들에게

---

33 文部省 編『國體の本義(1935)』23~24면.

헌법초안 작성을 명령해 2월 13일 일본 정부에 전달한다. 3월 6일 일본 정부는 영어로 된 초안을 일본어로 번역해 발표했고, 10월 7일 국회 승인과 10월 29일 국회에서 헌법개정 절차를 거친 다음 11월 3일 발포하기에 이른다. 이로써 메이지헌법은 효력이 정지돼 폐기되고 말았다. 이때의 충격을 토오꾜오제국대학 헌법 담당 교수(미노베의 후임자였다) 미야자와 토시요시(宮澤俊義)는 다음과 같이 술회한다.

국민 모두가 죽어도 국체(國體)는 지키라는 목소리가 컸던 상황이었고, 그것이 전후에도 지속되는 분위기였죠. 그래서 헌법을 개정한다고 해도 반년 남짓으로 지금과 같은 것이 나오리라고는 상상도 하지 못했습니다. (…) 이런 와중에 매카서 초안이 등장한 것입니다. 그래서 정말 한심한 이야기지만, 이 초안을 보고 헌법연구회 위원들도 이렇게까지 가도 된다면 지금까지 한 이야기는 접고 이렇게 가자고 한 겁니다. 나중에 생각해보니 포츠담선언 수락 등 여러 정황으로 미뤄봤을 때 거기까지 나가도 됐다고 하면 할 말은 없지만, 토오꾜오대 헌법연구회 사람들도 거기까지 생각한 사람은 없었습니다. 그래서 매카서 초안을 보고 매우 기뻐하며 열정적 지지자가 됐습니다.[34]

미야자와는 1935년 여름학기에 미노베로부터 헌법 강좌를 승계했다. 아직 학생이었던 마루야마 마사오는 이 학기 미야자와의 헌법 강좌에 참석했는데, 거기서 들은 미야자와 헌법해석의 참신성을 다음과 같이 회고했다. "헌법 제3조 '천황은 신성하여 침범해서는 안 된다'는 조항

---

[34] 每日新聞社 編『昭和思想史への證言』, 每日新聞社 1968, 168면.

을 미야자와 선생은 '천황은 형사소추의 대상이 아니라는 뜻'이라고 강의했습니다. 매우 신선했죠. 하지만 겨울학기부터는 강의에서 이런 해석을 들을 수 없었습니다. 이해 여름의 천황기관설 탄압과 국체명징운동의 전개 때문이었죠."[35] 국체명징운동에서는 신화적 권위를 나타내는 것이라고 해석된 구절을 미야자와는 철저하게 법리적으로 해석한 것이다. 그런 미야자와도 상상조차 하지 못했다고 말할 정도로 매카서 초안은 급진적이었다. 그 이유는 바로 '국민주권'을 헌법에 명기했기 때문이다.

'일본국 헌법'의 전문(前文)에는 '주권이 국민에게 있음을 선언'함으로써 국민주권의 원리를 천명하고 있으며, 제1조에서 "천황은 일본국의 상징으로 일본 국민통합의 상징이며, 이 지위는 주권이 있는 일본 국민의 총의에 토대를 둔다"고 천황을 규정하고 있다. 익히 알려져 있듯이 이 헌법을 둘러싼 주된 논쟁은 연합군최고사령부 주도로 작성된 헌법이 과연 일본의 자주적 헌법인지와, 제9조에서 규정된 전쟁포기 조항에 관한 것이었다. 하지만 헌법이 발포된 직후에 일어난 논쟁에는 그런 쟁점이 없었다. 연합국 점령하에서 연합군최고사령부에 의해 제시된 헌법에 이의를 표명할 수 있는 사람은 없었고, 전쟁포기 규정은 당시에 열렬한 환영을 받았기 때문이다. 발포 직후에 커다란 논쟁을 불러일으킨 것은 헌법개정 절차와 국체 문제였다.

　신헌법은 형식상 구헌법 제73조의 절차에 의해 제정된 것이지만, 그렇다고 해서 신헌법의 효력이 구헌법에 기초를 둔다고 오해해서는 안 된

35 松澤弘陽·植手通有 編『丸山眞男回顧談』下, 岩波書店 2006, 126면.

다. 신헌법은 그 전문에 명시되어 있듯이 일본 국민이 이를 제정한 것이며, 국민이 그런 권력을 소유한다는 사실은 구헌법에서는 절대로 인정되지 못하는 것이기 때문에, 신헌법이 구헌법에 기초하여 제정된 것이 아니라는 점은 명백하다. 국민은 구헌법에 의해서가 아니라 포츠담선언 수락에 기초하여 새롭게 나라의 최고권자로서 신헌법을 제정할 권력을 부여받은 것이다. 즉 포츠담선언의 수락은 이 점에서 구헌법을 뒤집은 혁명적 행위로 간주돼야 하며, 만약 헌법에 규정된 절차에 의존하지 않고 헌법을 파괴하는 행위를 '혁명'이라고 칭한다면, 포츠담선언의 수락에 의해 명백하게 혁명이 수행된 것으로 생각해야만 한다. 국민은 신헌법에 의해 처음으로 주권을 획득한 것이 아니라 항복에 의해 이미 주권을 보유한 것이기 때문에 신헌법은 이 기성의 국민주권에 기초하여 제정된 것이다.[36]

메이지헌법 제73조는 "장차 이 헌법 조항을 개정할 필요가 있을 때에는 칙명을 통해 의안을 제국회의의 논의에 부칠 것"이라고 헌법개정 절차를 규정하고 있었다. 이 조항에 따르면 헌법의 개정은 어디까지나 주권자(혹은 주권의 담지기관)인 천황의 권한이었던 것이다. 여기서 문제가 발생한다. 과연 헌법을 제정한 힘(constituting power)으로서의 주권이 스스로를 폐기하는 권한까지를 갖고 있는지의 문제다. 메이지헌법은 천황에 의해 제정됐다. 그 헌법의 범위 내에서 적법한 절차를 거쳐 헌법을 개정할 수 있다고 할 때, 주권의 소재까지를 변경할 수 있는지의 물음은 신헌법의 정당성이 어디에 있는지의 물음과 동일한 것이었다.

---

36 美濃部達吉, 宮澤俊義 증보·개정〔補訂〕『日本國憲法原論』, 有斐閣 1952, 105~06면.

만약 신헌법의 국민주권이 천황의 권한에 기초한 것이라면, 국민주권을 제정한 천황의 권위를 인정하는 꼴이 된다. 이는 지고의 권한을 뜻하는 주권 위에 상위의 권한이 있음을 가정하게 되므로 법리적으로 인정될 수 없다. 미노베가 '혁명'을 거론한 것은 이 때문이며, 이 학설은 미노베의 제자 미야자와가 주장한 것이었다.

1946년 5월, 그러니까 연합군최고사령부의 헌법초안이 발표된 직후 미야자와는 잡지 『세까이(世界)』에 「8월혁명과 국민주권주의」라는 논문을 발표한다. '8월혁명'이라는 용어는 토오꾜오대 헌법연구회에서 마루야마 마사오가 처음 사용한 것으로, 미야자와는 이를 차용해 신헌법 성립의 법리해석을 시도했다.

일본은 패전으로 인해 그때까지의 신권주의를 버리고 국민주권주의를 채택함으로써 변화했다. 이런 변혁은 일본 정부가 합법적으로 할 수 있는 일이 아니었다. 천황의 의지라 하더라도 합법적으로는 불가능한 일이었다. 따라서 이 변혁은 헌법상으로 보자면 하나의 혁명으로 생각돼야 한다. 물론 평온함 속에서 이뤄진 변혁이다. 그러나 헌법이 예상하는 범위 내에서, 헌법이 규정하는 절차에 의해 이뤄질 수 없는 변혁이라는 의미에서 그것은 헌법적으로 혁명이라고 해야만 한다. 항복에 의해 하나의 혁명이 일어난 것이다. 패전이라는 사실의 힘에 의해 그때까지의 신권주의가 버려져 새롭게 국민주권주의가 채택된 것이다. (…) 이 혁명—8월혁명—은 그런 의미에서 헌법사의 관점에서 보자면 실로 메이지유신 이래의 혁명이다. 일본 정치의 근본 전제가 여기서 코페르니쿠스적 전회를 이룬 것이다.[37]

이것이 미야자와가 주장한 8월혁명이며, 이후 헌법에 대한 정통 해석이 된다. 이 논리에 따르면 메이지헌법 제73조의 절차를 거친 것은 단순한 '형식'에 지나지 않으며, 그 의례 자체도 헌법행위였다기보다는 국민주권에 의거한 상징적 절차로 해석됐다. 이렇게 픽션의 혁명을 상정함으로써 신헌법은 법리해석을 획득하게 됐는데, 여기서 중요한 문제는 해석의 타당성보다는, 이 해석으로 말미암아 촉발된 논쟁이다.[38] 미야자와는 8월혁명설을 통해 신헌법의 법리해석을 시도함과 동시에 '국체'가 변혁됐음을 주장했는데 논쟁은 여기서 비롯했다. 그는 국체라는 말을 천황주권으로 해석하든 아니면 단순한 천황제로 이해하든, 과거의 국체는 변한 것이라 말한다. 국민주권의 원리는 천황주권을 부정하는 것이며, 천황제를 신화적 권위가 아니라 국민의 의지에 바탕을 둔 것으로 규정하는 것이기 때문이다.[39] 이런 미야자와의 입장에 반대하고 나선 이가 오다카 토모오(尾高朝雄)라는 법철학자였다.

오다카는 경성제대 법학부 교수를 역임한 뒤, 패전 후 토오꾜오제국대학 법학부 교수로 자리를 옮긴 인물이다. 그는 토오꾜오대 법학부를 졸업한 후 쿄오또대 철학과에서 수학한 이력에서도 알 수 있듯이, 쿄오또학파의 영향권 아래에서 법철학을 연구했고, 경성제대에서는 완강한

---

37 宮澤俊義『憲法の原理』, 岩波書店 1967, 384면.

38 이 시기의 헌법-국체논쟁은 다양하게 전개된 바 있다. 이에 대한 개괄을 위해서는 針生誠吉·橫田耕一『國民主權と天皇制』, 法律文化社 1983, 222~38면 참조. 이하에서 살펴볼 미야자와-오따까 논쟁 외에 반드시 살펴보아야 할 논쟁으로는 위에서 언급한 헌법학자 사사끼 소오이찌와 철학자 와쯔지 테쯔로오 간에 벌어진 논쟁을 들 수 있지만 이에 대한 자세한 분석은 다음 기회로 미룰 수밖에 없다. 이 논쟁은 와쯔지의 일본문화론을 사정거리에 두고 분석돼야 하기 때문이다. 이 논쟁의 개략에 대해서는 스즈키 마사유키, 앞의 글 참조.

39 針生誠吉·橫田耕一, 앞의 책 387면.

황국론을 펼친 것으로 유명했다.[40] 그런 그가 천황 중심의 국체를 옹호한 것은 어찌 보면 당연한 일이었지만, 그의 논법은 단순히 예전의 천황주권을 옹호하거나 문화로서의 천황을 주장하는 것이 아니었다. 그는 미야자와를 중심으로 전개된 국체변혁론에 법리적으로는 동의하면서도, 이에 대한 역사철학적 비판을 통해 전혀 다른 헌법해석을 내놓으려 했다. 즉 기존의 법리로 따지면 국민주권에 의해 국체가 변혁된 것이지만, 오다까는 기존의 법리 자체가 안고 있는 문제점을 근본적으로 비판함으로써 천황제의 의의를 적극적으로 살리려 했다. 그것이 오나까의 '노모스(nomos) 주권론'이다. 그것은 우선 국민주권주의와 전통적 천황제를 어떻게 조화시킬 것인지라는 문제의식에서 출발한다.

신헌법이 한편에서는 혁신적인 국민주권주의를 채택하면서도 다른 한편에서 전통적인 천황제를 존치한 것은 (일본의 건전한 갱생)을 위한 것임에 틀림없다. 그러나 만약 이 두 계기가 서로 대립하는 형태로, 특히 전통의 요소가 혁신의 요소에 의해 사실상 배척당하면서 명목상 남아 있다는 형태로 단순히 병존하는 것에 머문다면, 일본의 재건은 출발점부터 어두운 그림자가 드리워져 있다고 해야 할 것이다. 따라서 신헌법을 둘러싼 해석론상의 최대 문제 중 하나는 어떻게 국민주권주의와 천황제의 조화를 꾀하느냐에 있다.[41]

---

40 경성제대 재직 시절의 오다까에 대해서는 石川健治「コスモス: 京城學派公法學の光芒」, 酒井哲哉 編『帝國日本の學知』第1卷, 岩波書店 2006, 171~230면 참조.

41 尾高朝雄『國民主權と天皇制(1947)』, 青林書院 1952, 127면. 이하 이 책으로부터 인용은 본문 내에 (면수)로 표시.

사실 미야자와가 설파한 8월혁명설은 일본 주류 보수파의 천황관과 매우 잘 어울리는 학설이었다. 천황이 국민통합의 상징이라는 신헌법의 규정은 천황을 탈정치화하고 문화화하는 데 안성맞춤인 규정이었기 때문이다. 그러나 오다까가 보기에 이런 천황제 해석은 매우 소극적인 것이었다. 천황이 단순히 국민통합을 상징하는 존재라면, 국기(國旗)나 국가(國歌) 혹은 국화(國花)와 다를 바 없게 되기 때문이다. 그래서 오다까는 문제설정을 변경한다. 바로 '주권' 자체에 대한 비판으로 나아가는 것이다. "주권이 군주에게 있는지, 국민에게 있는지는 물론 큰 문제다. 그러나 긴급 절실한 오늘날의 근본문제는 지금까지 정치상의 절대권처럼 이해돼온 주권개념을 법의 이념하에 제대로 개조하는 일에서 찾아야 한다."(56면)

그렇다면 오다까가 주권개념 자체를 비판하는 까닭은 무엇일까? 그 것은 주권이 법을 만들어내는 힘인 한에서, 과연 법을 초월한 힘의 절대성을 인정하는 것이 옳은지에 대한 물음에서 비롯된다. "주권은 법을 초월한 힘이다. 법 아래에서 법을 따르는 힘이 아니라 '법의 위'에 있는 힘이다."(46면) 그런데 과연 "주권이 모든 헌법을 그 의도대로 만들 수 있는 만능의 의지력인 것은 옳은 것일까?"(48면) 이것이 오다까의 물음이었다. 이 물음에 바탕해 오다까는 국민주권주의로 인해 천황이 주권자로서의 지위가 상실됐다는 것은 인정하지만, 천황을 주권자로 하는 헌법 자체가 폐기돼 국민주권주의와 상징천황제를 중심으로 하는 헌법이 제정된 것은 주권이라는 개념이 역사적 소명을 다했기 때문이라고 해석했다. 그의 말을 들어보자.

주권의 개념, 특히 주권을 최고 절대의 힘으로 보는 개념이 역사상 큰 역할을 했음을 인정하는 일은 그것이 '역사적' 역할이었음을 인정하는 일이어야만 한다. 전제군주의 주권을 최고 절대의 것으로 보는 사고방식은 근세 초 이래 국민국가 발달상 큰 역할을 했다. 그러나 이 군권 절대주의의 주권개념은 그 강조를 필요로 한 역사적 사정이 변화함으로써 과거의 유물이 됐고, 미합중국의 독립이나 프랑스혁명을 커다란 전기로 국민주권주의로 바뀌었던 것이다. 그런데 이 국민주권의 개념도 그것이 모든 법 위에 군림하는 절대적 힘으로 포착되는 한 역시 역사의 산물이며, 전제주의 타도라는 역할을 다하면 역사와 함께 사라져야 할 운명에 놓여 있는 것이다. 따라서 오늘날 만약 주권이 국민에게 있다고 해서 국민의 의지로 모든 것이 가능하다고 생각한다면 그것은 하나의 시대착오나 다름없다. (54면)

이렇게 오다까는 주권이 서양 근대의 산물임을 강조하면서, 주권 중심의 법해석과 정치사상을 비판한다. 그것은 홉스(T. Hobbes)에서 루쏘(J. J. Rousseau)에 이르기까지 근대 정치사상을 지배하던 주권론에 대한 비판이며, 하나의 통일된 '인격'의 절대적 힘에 법체계의 근원을 두려는 힘 중심의 세계관에 대한 비판이었다. 여기에 과거 쿄오또학파의 역사적 세계나 세계사의 세계 등이 주장한 '근대초극'의 의지가 잘 드러나 있음은 말할 필요도 없다. 그런 의미에서 그의 법철학은 '근대초극'이라는 언설의 장에서 비롯된 것이라 할 수 있지만, 여기서 이 문제를 깊숙이 추적하는 일은 접어두자. 여기서 주목해야 하는 점은 바로 이 주권 비판이 상징천황제 옹호로 나아가는 논리전개다.

오다까가 주권개념 비판에 대항해 제시하는 사상은 핀다로스의 '노모스가 왕이다'(nomos vasileus)라는 언명에 의거한 '노모스 주권론'이다. 노모스 주권론이란 "법의 올바름을 결정하는 것은 단지 법의 객관적인 이념 뿐"(67면)임을 주장하는 것으로, 그 객관적 이념을 인간생활의 역사 흐름 속에서 형성된 '인간 공동생활 근본의 올바름으로서의 노모스'라고 간주한다. 즉 "모든 것 위에 있다는 최고성이 주권의 본질이라면, 주권의 최후 규준은 법의 이념에서 찾아야 한다"(67면)는 주장인 셈이다. 이는 기존의 주권개념이 군주든 국민이든 하나의 인격주체——집합적으로 구성된 픽션이어도 됨——에 귀속되는 힘인데 반해, 비인격적인 이념에 최고의 권위를 둠으로써 인위적인 힘으로 올바름을 결정하지 못하도록 하는 사유라고 할 수 있다. 오다까는 국민주권을 바로 국민 모두가 합의한 올바름을 법의 근원으로 삼는 발상이라고 하면서, 이 지점에 상징천황제의 의의가 있다고 본다.

항상 올바른 것은 아마도 현실에서는 절대로 있을 수 없다. 만약 그런 것이 있다면 그것은 '신'일 터다. 그래서 천황의 이념화는 천황의 신격화와 일치한다. 천황은 언제나 올바른 마음의 소유자로 숭배된 까닭에 신으로 생각됐으며, 신이기 때문에 한점의 사심도 없는 공공성의 극치로서 흠모를 받아온 것이다. (…) '만세일계의 천황의 통치'나 '주권은 천황에게 있다'는 말은 (…) 현실정치는 모두 '항상 올바른 천황의 마음'에 따른 것이어야 한다는 이념의 표현과 마찬가지다. '국체'란 여기서 더이상 현실정치의 근본구조가 아니라, 이념으로서의 정치의 근본적 존재방식을 뜻한다. 천황이 직접 통치를 했던 경우에도 현실의 통치 의지 위에는 '이념으로서의 천황의 마음'이 군림해야만 했다. 그것은 천황이라는 구체적 형상에 연결됐다 하더라도 실은 영원히 변하지 않는 법의 올바름을 향한 의지이며 '노모스 주권'의 민족적 파악 방식이었다. (150~51면)

이로써 오다까의 사변은 완성된다. 8월혁명설이 국체의 변화를 주장한 데 대해 오다까는 주권개념 자체를 비판, 초극함으로써 응답한 것이다. 그 위에서 오다까는 천황의 마음을 이념화해 절대적 올바름이야말로 법을 초월해 인간 공동생활의 근저를 이룬다고 봤다. 그리고 그 근본적 올바름을 체현하는 존재로서 상징천황을 긍정할 수 있었다. "어떤 변화에도 불구하고 국가의 자기동일성이 반드시 가정된다. 그것이 국가의 '전체성'이다. (…) 그러나 이런 국가의 전체성은 눈으로 보고 귀로 들을 수는 없다. 개개의 국민활동이나 변화는 눈에 보이지만 국가 전체는 감성 지각의 대상이 될 수 없다. 왜냐하면 국가의 전체성은 국가를 하나의 국가로서 존립시키고 있는 '의미'이자 '이념'이기 때문이다. 따라서 사람은 그런 이념적인 전체성을 형태 있는 것으로 구현해, 눈에 보이는 모습을 통해 항상 불변의 이념을 언제 어디서나 확실히 붙잡을 수 있도록 요구한다. 그것이 '상징'이다."(182면) 국가의 전체성은 불변의 이념이며, 그것이 구현된 것이 '상징'이다. 그러므로 결국 신헌법은 천황이 국가의 전체성을 구현하는 불변의 이념임을 규정한 헌법이라는 것이 오다까의 주장이었다.

미야자와의 헌법해석은 근대 사회계약설이나 주권론에 매우 충실했다. 그것은 헌법을 구성하는 힘이 합법적으로 스스로를 폐기하는 힘이 될 수 없다는 전제 위에서, 국민주권을 규정한 신헌법이 혁명을 전제하지 않고서는 법리적으로 타당성 근거를 상실한다고 본 합리적 견해였다. 그러나 오다까는 이에 대해 역사철학적 사변으로 대응했다. 그는 주권개념 자체가 역사적으로도 규범적으로도 문제를 내포한다고 비판함으로써, 상징천황제가 규정하고 있는 국민통합이라는 규정을 노모스

주권론을 통해 적극적으로 해석했다. 과연 어느 쪽의 견해가 올바른지는 여기서의 관심이 아니다. 중요한 것은 신헌법이 제정돼 폐허로부터 국가재건을 논의할 때도 예전 메이지헌법 제정 당시의 '번역' 문제가 다시금 고개를 들고 있다는 사실이다. 이번에는 '주권' 개념 자체를 둘러싸고 논쟁이 벌어졌는데, 반드시 강조돼야 할 문제는 미야자와가 군주의 머리를 베어버린다는, 실제로 일어나지 않은 가상의 혁명을 전제할 수밖에 없었던 까닭, 그리고 오다까가 '노모스 주권론'이라는 궤변으로 국체의 불변성을 주장할 수밖에 없었던 까닭이 바로 '천황'이라는 존재 때문이라는 사실이다. 미야자와는 아무리 국민주권주의를 통해 합리적으로 신헌법을 해석하려 해도 상징천황의 존재에 대해서는 결국 예전과 마찬가지로 개개인의 마음에 가둬버려 문제를 봉합하는 수밖에 없었다. 오다까는 아예 법의 합리적 해석을 저버리고 사변으로 일관하면서까지 천황이라는 존재의 정당성을 적극적으로 옹호하려 했다. 이렇듯 패전 직후 헌법논쟁에서도 저 '번역'의 문제는 일본의 법적이고 정치적인 사유를 한가운데에서 규정했다. 이제 이런 근대 일본의 '철창'과도 같은 한계영역을 주권론 일반과 대조해 생각해보면서 마무리하도록 하자.

5. 주권과 천황: 모더니티의 근원적 불가능성

미셸 푸꼬(Michel Foucault)는 '왕의 머리'를 베어냈지만 여전히 주권의 패러다임에 갇혀 있는 서구 근대의 정치적 상상력을 비판했다.[42] 그것은 물론 권력의 미시적 테크놀로지에 주목하면서 '생명정치'(biopolitique)의 패러다임을 적극적으로 문제화하려는 시도였지만, 푸꼬의 통찰에서 주목해야 하는 것은 기존의 정치적 상상력을 대체하는 새로운 문제틀의 제시만이 아니다. 푸꼬의 통찰에서 알 수 있는 것은 '왕의 머리'가 잘려나가도 여전히 '왕의 머리가 있던 자리'는 남아 있다는 사실이다. 즉 푸꼬가 보기에 군주주권으로부터 인민주권으로의 이행은 '왕의 머리'를 잘라냈을지언정 그 자리를 무언가가 채워야 한다는 생각은 변하지 않았기 때문이다. 그래서 푸꼬는 군주주권과 인민주권 사이를 본질적으로 구분하려는 시각을 거부했다. 그는 이 주권의 위상학이 잔존하는 한 새로운 권력분석의 패러다임은 불가능하다고 본 것이다.

여기서 생각해봐야 하는 것은 군주든 국민이든 '주권'의 패러다임이 내포하는 어떤 본질적이고 근원적인 구조다. 이때 카를 슈미트(Carl Schmitt)의 주권론은 그 구조를 생각하기 위한 실마리를 제공한다. 슈미트는 말한다. "주권자란 예외상태에 관해 결정하는 자다. (⋯) 주권자는 평시의 현행법 질서 바깥에 서 있으면서도, 헌법이 일괄적으로 효력 정지될 수 있는지 없는지를 결정하는 권한을 갖기 때문에 현행 법질서의 내부에 있다."[43] 이 유명한 정식화는 이후의 주권론 및 철학논의들이 하나의 참조점으로 삼아온 것이다. 하지만 여기서 이 정식화에 주목하고자 하는 까닭은 최근에 유행하는 주권자의 애매하고도 매혹적인 공간적 존립 방식 때문이 아니라,[44] 이 정식화가 신학과의 유비를 통해 가능했다는 사실 때문이다. 즉 슈미트가 보기에 근대적 주권이란 철저하

---

42 Michel Foucault, *The History of Sexuality I*(1976), tr. R. Hurley, Vintage 1990, 88~89면.

43 Carl Schmitt, *Politische Theologie*(1934), Dunker & Humblot 2004, 13~14면.

44 이에 대해서는 조르조 아감벤, 박진우 옮김『호모 사케르』, 새물결 2008 제1부; 조르조 아감벤, 김항 옮김『예외상태』, 새물결 2009 제4장 참조.

게 신학의 논리를 차용함으로써 성립 가능한 법리적 체계인 것이다.

이 유비에 따르면 주권자는 신에, 예외상태는 기적에 대응한다. 모세가 파라오에게 유일신의 존재를 증명하기 위해서는 신의 질서에 따라 만들어진 투명한 물을 벌겋게 바꿔야만 했다. 즉 규칙을 벗어나는 예외야말로 유일신의 존재를 증명해주는 것이었던 셈이다. 이와 마찬가지로 주권자는 그가 만들어놓은 법을 배반하는 예외상태가 존재함을 결정해야만 스스로의 존재를 증명할 수 있다. 그런 의미에서 주권자란 신학적 모델을 바탕으로 한 초월자이며, 그것이 순수하게 법체계 바깥에 초월적으로 존재할 수 없는 이유도 여기에 있다. 신이 지상에 현현하기 위해서 예수라는 아들의 신체를 필요로 했던 것처럼, 주권자도 법체계 내부에 단일한 인격체라는 구체적 재현물을 가져야만 하기 때문이다. 예외상태에 대한 결정이란 바로 이 구체적 재현물을 인민에게 가시화하는 것이다. 그래서 군주주권 이후에 도래하는 국민주권은 결코 개개인의 의지가 지고의 힘을 갖는 체제가 아니다. 19세기 유럽의 여러 헌법들이 인민주권(people's sovereignty)이 아니라 국민주권(nation's sovereignty)을 명기하고 있는 것도 바로 이 때문이다. 국민주권이란 유한한 생명을 가진 구체적인 개개인이 법체계의 근원을 이루는 지고의 힘을 가졌다고 전제하는 관념이 아니라, '국민'이라는 죽지도 사라지지도 않는 픽션이 지고의 힘을 담지하고 있음을 가정하는 관념이다.[45] 그런 의미에서 개개인의 의지는 국가 구성을 변화시키지 못하며 전복하지도 못한다. 어디까지나 실체 없이 존재하는 국민이라는 픽션적 관념만이 국가 구성의 변화와 전복에 기초가 될 수 있다. 그런 의미에서 국민주권

---

45 이에 대해서는 杉原泰雄『國民代表の政治責任』, 岩波書店 1977, 121~25면 참조.

이란 헌법이 제정된 이후 마치 그것에 선재(先在)하기라도 한 것처럼 상기(想起)되는 신비한 관념이다.

이때 국민은 마치 교회가 예수의 신비로운 신체(body mystique)로 불렸던 것처럼, 주권의 신비로운 신체라고 해도 무방한 매우 신학적인 관념이라고 할 수 있을 것이다. 에른스트 칸토로비치(Ernst Kantorowicz)의 기념비적인 중세신학 연구인 『왕의 두가지 신체』(The King's Two Bodies)를 참조할 때,[46] 세속 주권권력의 아포리아란 중세의 교회법 연구자들이 고민해왔던 핵심문제, 즉 사라질 육체를 가진 예수의 신격(神格)과 교회 사이의 관계를 어떻게 설정할 것인지의 문제에서 비롯됐음을 알 수 있다. 여기서 '교회-예수의 몸'은 '주권-군주의 육체'라는 유비하에 파악되며, 전자가 지고의 권력이 자리하는 픽션적 재현물인 한에서 육체의 유한성은 극복된다. 예수가 죽어도, 한 군주의 생명이 다해도, 교회와 주권이라는 '자리'(구체적 재현물)가 있는 한 신이 지상에 군림해 지고의 권력을 행사한다는 세속적 주권은 영원할 것이기 때문이다. 즉 '왕의 두가지 신체'란 바로 영속하는 군주의 신비한 육체(body mystique)와 사라지고 말 자연적 육체(body natural)이며, 이 두가지 신체의 구분을 통해 주권의 법적 합리화가 가능해진 셈이다. 국민이란 픽션은 바로 이러한 교회법의 합리화를 계승한 매우 신학적인 관념이다. 국민을 구성하는 개개인 중 누가 죽어도 국민은 영속한다. 달리 말하자면 '주권-군주의 육체'는 바로 '국민-개개인의 생명'과 유비관계에 있으며, 이는 결국 '교회-예수의 육체'라는 기독교 관념의 번역과 같다. 국민주권의 원리가 성립하기 위해 요청된 저 다양한 언어 및 이미지 상

---

46 이에 대해서는 Ernst H. Kantrowicz, *The King's Two Bodies*(1957), Princeton UP 1997.

징물은 이런 까닭에 소환됐으며, 매우 근대적인 개념이면서 동시에 매우 '전근대'적인 발상이 만들어낸 법적 픽션이 바로 '국민'인 셈이다.

그런 의미에서 프리드리히 마이네케(Friedrich Meinecke)나 마루야마가 기대했던 전 시대와 깨끗이 단절한 '근대' 혹은 '모더니티'란 애초에 불가능한 것이었는지도 모른다. 근대 고유의 특질이라 생각된 온갖 것들은 사실 전근대적 질서, 규범, 관념의 차용 없이는 성립 불가능하기 때문이다. 특히 법학의 온갖 개념들과 국민 등의 픽션은 모두 기독교 신학의 관념이나 제도 없이는 탄생할 수 없었던 것들이다.[47] 그런 의미에서 슈타인이나 그나이스트 같은 수많은 법학자들이 법을 세속의 역사 속에서 내재적으로 설명하려 한 시도는 실패할 수밖에 없었다. 슈미트가 자연법, 법실증주의, 역사학파 등을 논파한 것은 근대의 법체계에 필연적으로 각인돼 있는 정치신학의 영향을 이들 조류가 지워내려 했기 때문이다. 슈미트의 주권-예외상태론은 이에 대한 강력한 반발이었고, 푸꼬의 생명정치는 여전히 정치적인 것을 둘러싼 언설이 사로잡혀 있는 신학적 모델을 계보학적으로 벗어나보자는 주장이었던 것이다.

그래서 근대 일본의 헌법과 주권은 단순히 기괴한 이식의 산물이 아니었다. 그것은 근대적 법체계에 각인돼 있는 기독교적 제도의 구조가

---

47 물론 이에 대한 강력한 반대 학설도 있다. 하버마스 계열의 계몽-합리주의를 옹호하는 사회철학적 입장이 그러하고, 더욱 중요하게는 카를 뢰비트나 슈미트의 이른바 '세속화' 테제를 사상사적이고 문화사적으로 반박한 입장도 있다. 후자의 대표적인 연구이자 여전히 현대사상의 난제(難題)로 남아있는 문헌으로 Hans Blumenberg, *Die Legitimität der Neuzeit*(1966), Suhrkamp 1988을 들 수 있다. 블루멘베르크의 작업을 살펴보는 것은 이 글의 범위를 뛰어넘을 뿐 아니라, 이 글의 기본 논지 자체를 근본적으로 변경하는 일을 초래하게 될 텐데, 이는 서두에서 언급한 유대계 망명지식인들의 사상사적 위치를 포괄해 정면으로 다뤄야 할 커다란 과제라고 할 수 있다.

극적인 형태로 가시화된 사례라고 할 수 있다. 뢰비트가 일본인들이 이 층집에서 살고 있다고 말한 것은, 그런 의미에서 일층과 이층을 구분 못 한 채 단층에서 살고 있다고 착각해온 유럽의 자가당착을 부지불식간 에 드러낸 것이다. 그래서 주권자로서의 천황을 결코 합리적인 법해석 으로 해결하지 못한 채, 마음에 가두거나 전제적인 신으로 간주하거나 노모스로 이념화하는 논법은 주권론 일반에 근대적 합리성으로 해석 불가능한 아포리아가 있음을 이야기해주는 증좌인 셈이다. 따라서 천 황은 '예외적 예외'로 규정돼야 한다. 슈미트의 말대로 주권자가 법체 계에서 예외 존재라면, 그리고 "통상 사례는 아무것도 증명하지 못하 고 예외가 모든 것을 증명한다"[48]면, 천황은 주권자로서 예외 존재임과 동시에, 주권론 일반이 가진 아포리아를 극명하게 설명하는 예외 사례 이기 때문이다. 천황을 둘러싼 근대 일본의 주권-헌법논쟁은 모더니티 가 유럽과 비유럽, 그리고 근대와 전근대의 뫼비우스의 띠 속에서 결코 자기완결적으로 존립할 수 없음을 보여주는 '예외 사례'인 것이다.

---

48 Carl Schmitt, 앞의 글 21면.

3장

주권의 표상 혹은 공백의 터부
: 미시마 유끼오의 텐노오*와 미

1. 미시마 유끼오와 방패의 모임

현재 방위성(防衛省)이 자리하는 토오꾜오 신주꾸구(新宿區) 이찌가야(市ヶ谷)는 구(舊) 일본군부터 현재의 자위대에 이르기까지 육군의 주요 기관이 자리해온 장소다. 1874년부터 1879년까지는 육군사관학교가 있었고, 그 이후에는 육군성과 윤군참모본부가 자리했으며, 1930년에서 1945년까지의 아시아 태평양전쟁 때는 대본영(합동참모본부에 해당) 육군부가 있었다. 1930년대 해군주도의 5·15쿠데타(1931)와 육군주도의 2·26쿠데타(1936)의 주된 무대도 이곳 이찌가야였다. 패전 후에는 '극동군사재판'의 장소로 사용됐는데, 전쟁 지휘본부였던 곳에서 지휘

---

* 이 장에서는 '天皇'를 일본어 명사 그대로 '텐노오'라 표기한다. 한국에서는 '천황'이라는 표현이 기피된다는 사정을 감안했다기보다는(보통 미디어에서는 일왕이란 칭호를 사용), 미시마 유끼오 고유의 관념인 '텐노오'의 독특성을 강조하기 위함이다.

자들이 전범으로 법정에 서는 극적인 장면이 연출되기도 했다. 그런 의미에서 이곳은 일본 육군의 흥망성쇠를 상징하는 장소라 할 수 있다.

이 상징적 장소에 1970년 11월 25일 오전 10시경, 당대의 유명 작가 미시마 유끼오(三島由起夫)는 '방패의 모임(楯の會)' 회원 4명과 함께 육상자위대 동부방면 총감인 마시따 카네또시(益田兼利)를 방문한다. 방패의 모임은 1968년 가을에 미시마가 조직한 민병대(民兵隊)로서, 회원 100명 남짓의 대학생으로 이뤄진 조직이었다. 이들의 목표는 자위대 훈련에 참가하거나 자체 군사훈련을 통해 "일본의 진통"인 "상무(尚武)와 사무라이 전통"을 부활시키는 일이었는데,[1] 미시마는 이날 우수대원을 마시따 총감에게 소개하기 위해 이찌가야를 방문했다. 사건은 방문 직후에 일어났다. 이들은 미시마가 사전에 약속된 행동 개시 신호를 보내자 총감에게 재갈을 물려 구금한 후 외부의 참모들에게 다음과 같은 자신들의 요구사항과 약속을 전달했다. "오전 11시 반까지 이찌가야 주둔지의 자위대원을 본관 앞에 집합시킬 것. (미시마의) 연설을 경청할 것. (…) 자위대는 오후 1시 10분까지 두시간 남짓 동안 일체의 공격을 하지 않을 것. 조건이 지켜져 두시간이 경과하면 총감은 안전하게 원상복귀하게 될 것. 조건이 지켜지지 않거나 그럴 징후가 보일 때 미시마가 즉시 총감을 죽이고 자결하게 될 것."[2]

육상 자위대 참모들이 요구조건을 수락하자 방패의 모임 회원들은 발코니 바깥으로 플래카드를 내걸고 미시마는 집합한 800명 남짓의 자위대원을 앞에 두고 10분 동안 격렬한 어조로 연설을 이어갔다. 미시마

---

1 三島由起夫 「「楯の會」のこと(1969)」, 『三島由起夫全集』 35권, 新潮社 2003, 723면.
2 http://ja.wikipedia.org/wiki/%E4%B8%89%E5%B3%B6%E4%BA%8B%E4%BB%B6

는 이 연설과 자위대원들에게 뿌린 격문(檄文) 속에서 "헌법 제9조 2항이 있는 한 자위대가 위헌적 존재"일 수밖에 없다고 단정하면서, 좌우를 막론한 정치권의 제9조 해석은 "일본인의 영혼을 부패시키고 도의를 퇴폐시키는 근본원인이자 악질 기만"이라 규탄했다. 그러면서 그는 자위대원들에게 "제군은 무사이지 않은가? 무사라면 자신을 부정하는 헌법을 왜 지키려는가?"라고 절규했다. 또 그들이 뿌린 격문 속에는 다음과 같이 쓰여 있었다. "오로지 생명존중만 중요한가? 영혼은 죽어도 되는가? 생명 이상의 가치 없이 뭐가 군대인가? 지금이야말로 우리는 생명존중 이상의 가치가 있음을 제군의 눈앞에 보여주겠다. 그것은 자유도 민주주의도 아니다. 일본이다. 우리가 사랑하는 역사와 전통의 나라, 일본이다."[3]

10분 동안의 연설 뒤 "텐노오(天皇) 폐하 만세"를 세번 외치고 미시마는 다시 총감실로 돌아와 준비했던 의식(儀式)을 거행한다. "총감에게 원한은 없습니다, 텐노오 폐하께 자위대를 돌려드리기 위해서 이렇게 할 수밖에 없었습니다"라고 유감을 표한 뒤, 미시마는 상의를 벗고 미리 지참했던 단도를 꺼내 할복 의식을 거행한다. 그가 복부를 찌르고 왼쪽으로 배를 가름과 동시에 뒤에 대기하던 '방패의 모임' 대원이 카이샤꾸(介錯, 할복한 자를 돕기 위해 검으로 목을 베는 일)로 의식을 마무리했다. 함께한 네명의 대원 중 한명이 미시마를 따라 자결했고 나머지 세명은 곧바로 체포돼 경찰로 이송됐다. 총감실에는 동체에서 떨어진 두 사람의 머리가 덩그러니 남았고, 즉시 출동한 경찰이 현장을 검증한 후 시체의 동체와 머리를 재봉합해 가족에게 보냄으로써 사건은 일단락된다.

---

3 위의 싸이트 참조.

이것이 일본 사회 전체를 충격으로 몰아넣었던 '미시마 사건'의 간략한 전말이다. 현실정치의 차원에서 보자면 이 사건은 오해의 여지없이 극우파의 광기 어린 테러와 자해극이다. 당시 많은 이들은 미시마의 행동이 법치를 무시하고 파괴하려 한 허황된 쿠데타 기도라고 비난했다. 하지만 근대적인 법치나 제도정치라는 인식틀을 정지한 다음, 미시마 고유의 예술관 속으로 재전위하면 이 사건으로부터는 전혀 다른 의미를 읽어낼 수 있다. 그 실마리를 미시마 자신의 방패의 모임에 대한 정의에서 도출해보자.

내가 조직한 '방패의 모임'은 회원이 백명이 채 안 되고 무기를 보유하지 않은, 세계에서 가장 작은 군대다. (…) 회원이 되기 위해서는 대학생일 것이 좋다. 이유는 젊고 시간이 많다는 것, 그뿐이다. (…) 그것은 무기 없는, 단련된 근육을 가진, 세계 최소의, 게으른 자들의, 정신적인 군대다. (…) 나는 일본 전후의 위선이 지긋지긋하다. 나는 결코 평화주의를 위선이라 생각하지 않지만, (…) 일본만큼 평화주의가 위선의 대명사가 된 나라는 없다고 믿는다. (…) 일본에서 문학인으로 살면서 나는, 모든 말이 가벼워져 플라스틱으로 만든 가짜 대리석처럼 되고, 하나의 개념이 다른 개념을 숨기기 위해 사용되며, 어디로든 도망갈 알리바이로 사용되는 것을 지겹도록 봐왔다. (…) 문학인으로서 내가 믿는 말은 문학작품 속의, 완전무결한 픽션 속의 말뿐이다. (…) 행동을 위한 말이 모두 더럽혀졌다면, 다른 하나의 일본 전통, 즉 상무와 사무라이의 전통을 부활시키기 위해서는 말없이, 무언으로, 모든 오해를 감수하면서 행동해야 한다. 'Self-justification'은 염치없는 일이라는 사무라이적 생각이 내 속에는 원래 숨겨져 있었다.[4]

미시마에 따르면 방패의 모임은 무기 없는 세계 최소의 군대다. 따라서 방패의 모임은 실제 무력행동을 일으키고자 결성된 테러조직이 아닐뿐더러, 엄밀하게 말하면 '적'의 습격에 맞서 자기 고장을 지키는 민병대도 아니다. 인용문에서 알 수 있듯이, 이 군대는 현실의 언어가 부패하고 있으며 부패한 언어가 현실의 행위를 분식하는 알리바이로 전락한 상황을 비판하기 위해 결성된 것이기 때문이다. 즉 미시마는 언어를 다루는 작가로서 현실에 개입하기보다는, 언어와 절연한 행위를 통해 현실과 마주하려 한 셈이다.

그렇다고 이 행위가 어떤 목적을 달성하기 위한 과정이나 수단으로 간주될 수는 없다. 미시마는 1969년 여름 훈련에서 어떤 대원 하나가 연주한 일본 전통피리 소리를 회상하며 다음과 같이 말한다. "나는 이 피리 소리에 마음을 빼앗겼다. 지금 눈앞에 전후 일본이 한번도 실현하지 못했던 것, 즉 우아(優雅)와 무사 전통의 행복한 일치가 완전히 성취된 것을 느꼈다. 그것이야말로 내가 오랫동안 마음으로부터 원해온 순간이었다."[5] 군사훈련 뒤에 피리 소리를 함께 듣는 그 순간의 행복, 만약 그것이 방패의 모임이 추구한 것이었다면, 미시마의 점거와 할복은 어떤 목적을 달성하기 위한 행위로 간주될 수는 없을 것이다. 그것은 오히려 행위 그 자체로서 완성될 모종의 낭만적 시공간의 출현을 희구하는 것이기 때문이다. 그렇다면 왜 미시마는 이 낭만적 희구를 극단적 테러와 극적인 할복을 통해 실현하려 한 것일까?

---

4 三島由起夫, 위의 책 720~23면.
5 三島由起夫, 앞의 책 727면.

아래에서는 이 물음에 답하기 위해 패전 직후 시작되는 미시마 작품 활동의 모티브를 확인하고, 이에 바탕해 1960년대 이후 전개될 텐노오와 미(美)에 관한 그의 언설과 행위를 해석하도록 한다. 이를 통해 미시마 유끼오의 25년 남짓에 걸친 예술적 영위가 텐노오에 응축된 근대 일본의 강박과 불안을 돌파하려는 장대한 행위예술(performing art)이었음이 논증될 것이다. 그리고 결론을 앞당겨 말하자면 할복 퍼포먼스는 이 행위예술의 피날레를 장식하는 무대였다. 우선 미시마 유끼오에게 '패전'이란 무엇이었는지를 검토하는 것으로 시작해보자.

2. 삼등석에서 보는 연극: 패전과 미의 불가능성

"나중에야 깨달은 사실인데 전쟁이란 에로틱한 시대였다. 지금 항간에 범람하는 지저분한 에로티시즘의 단편들이 모두 하나의 커다란 에로스로 빨려들어가 정화된 시대였다. 당시에는 이 사실을 깨닫지 못했기 때문에 전쟁 중에 죽었더라면 나는 완전한 무의식 속에서, 자족적인 에로스 속에서 죽을 수 있었다는 아쉬움을 금할 길 없다. (…) 그런데 전후 시대란 나에게 삼등석에서 보는 연극이라고나 할까? 어디에도 진실이 없고 겉모습뿐이며 공감할 희망도 절망도 전혀 없었다. 이것이 나의 정직한 감상이다."[6]

미시마가 삼등석에서 보는 연극이라 표현한 패전 직후 일본의 분위

---

6 三島由起夫「私の戰爭と戰爭體驗: 二十年目の八月十五日(1965)」,『三島由起夫と戰後』, 中央公論新社 2010, 22면.

기는 어떠한 것이었을까? 다소 길지만 어느 해군 귀환병의 수기를 인용해보면 상황이 이해될 수 있다.

1945년 9월 4일

"텐노오 폐하가 처형당할지도 모른다"는 소문이 마을에 퍼져 있다. (…) 참으로 하늘 무서운 줄 모르는 소문이다. 텐노오 폐하라면 "신성하시어 범하여서는 아니되는" "일천만승(一天萬乘)의 대군"이시며, "아라히또가미(現人神)"이시며, 이 나라의 "원수" 아니시던가. 그 텐노오 폐하가 소문이라 할지라도 교수형을 당하신다니, 생각만 해도 불경스러운 일이 아닐 수 없다. 물론 이렇게 큰 전쟁을 마무리 짓기 위해서는 언젠가 적으로부터 어떤 형태로든 결정적 보복을 받겠지만, 텐노오 폐하께 누를 끼쳐드리는 일만은 무슨 일이 있어도 피해야만 한다. 그것은 무엇보다도 "신성한 옥체"를 더럽히는 일이 될 테니까 말이다.

1945년 9월 30일

텐노오가 매카서를 방문(9월 27일). (…) 어떻게 이럴 수가 있는가. 이런 일이 가당키나 한가. "방문"이라 하면 듣기는 좋다. 하지만 텐노오가 지금까지 자기 발로 누군가를 방문한 일이 있었던가. 일본인이든 외국인이든 메이지 이래 그런 일은 한번도 없었다. 알현은 언제나 "궁중알현"이었다. (…) 그런데 이번에는 텐노오 쪽에서 상대를 방문했다. 게다가 방문한 상대는 우리가 얼마 전까지 목숨을 걸고 싸웠던 적의 총사령관이다. (…) 이런 굴욕이 또 있을까? (…) 내가 이런 텐노오를 원수(元首)로 받들어 모셨던 일본인의 한 사람인 것이 참을 수 없이 부끄럽다. (…) 나에게 "텐노오 폐하"는 이날로 죽었다. 그렇게라도 생각하지 않으면 이 충격은 가시질 않는다.

1945년 10월 7일

최근 신문의 변모를 보면 놀라울 따름이다. 어떻게 이렇게까지 바뀔 수 있을까? 라디오도 마찬가지지만 얼마 전까지 "성전완수"라느니 "일억 불포탄"이라느니 "신주불멸"이라느니 공언한 주제에, 항복하자마자 이제는 "전쟁은 처음부터 군벌과 재벌과 관료가 결탁해서 시작한 것이고, 성전은커녕 정의도 없는 침략전쟁이었다"고 쓰거나 떠들고 있다. (…) 또 걸핏하면 미국 민주주의를 본받자고도 떠들어댄다. 일본이 평화로운 문화국가로 되돌아가기 위해서는 이제 과거의 잘못된 관계를 버리고 미국과 손을 잡아 사이좋게 지내야 한다고 말한다. 이런 고식적인 순응주의를 짓밟힌 개의 비굴한 순종이라 할 것이다. 그렇게 사이좋게 지내야 한다면 처음부터 전쟁 따위 하지 않았으면 될 것 아닌가. 무엇보다도 미국을 적이라 여겨 싸우다 죽은 이들은 어떻게 되는가. 신문이나 라디오 종사자들은 이들을 한번이라도 생각한 적이 있는가?[7]

이 수기의 주인공은 15세에 해군지원병으로 전장에 끌려나가 4년간의 군복무 후 1945년 9월 소집해제돼 귀향한 인물이다. 인용문에서 알 수 있듯이 귀향 직후 이 소년은 여전히 텐노오에 대한 충성심을 간직하고 있었지만, 한달 남짓한 기간 동안 텐노오와 전쟁에 대한 배신감과 원한이 극한에 다다른다. 그 까닭은 패전 직후 언제 그랬냐는 식으로 탈바꿈한 텐노오와, 전쟁 책임을 일부 과격한 군지도자에게만 국한한 채, 평

---

7 渡邊清『碎かれた神: ある復員兵の手記(1981)』, 岩波書店 2004, 1, 35~36, 46~47면.

화와 문화를 사랑하는 미국식 민주주의의 토착화를 외치는 언론의 몰염치 때문이었다. 처음 수기를 쓰기 시작한 지 1년이 채 못 된 1946년 4월 20일, 이 소년은 해군 복무시절 텐노오에게서 받은 수당과 물품을 장황하게 나열한 뒤, 물품을 액수로 환산하고 수당과 합산해 전액 되돌려준다는 편지로 울분에 찬 마음의 기록을 마감한다. "이상이 내가 '당신'의 해군에 복무할 때 '당신'으로부터 받은 금품의 전부입니다. 총액 4,281엔 5전입니다. 꼬리를 사사오입하여 4,282엔을 여기에 반환합니다. 받아주십시오. 이제 이것으로 나는 '당신'에게 아무런 빚이 없습니다."[8]

미시마가 삼등석에서 보는 연극이라 표현한 패전 이후의 일본은 이런 상황에서 출발한다. 그것은 군복을 입고 늠름하게 대군을 이끌던 군통수권자 텐노오가 연미복을 입은 초라한 초로의 신사로 거듭나 적군의 원수를 '알현'하고 국민을 만나러 나가는 장면에서 시작한다. 온 세상이 망각의 약을 복용한 듯 전쟁시기에 자신들이 무엇을 입에 담았고 어떤 마음으로 하루하루를 살았는지 깡그리 잊어버린 것을 넘어서서, 언어표현과 신체행위의 차원에서 적극적으로 그 시기를 지우려고 연기를 시작한 것이다. 미시마는 전쟁시기에 깨닫지 못한 전쟁의 의미, 즉 커다란 에로스 안에서 자족적으로 생을 마감할 수 있었다는 전쟁의 의미를 패전 후의 삼류 연극과의 대비를 통해 의식할 수 있었다. 그 안에서 결코 깨달을 수 없었던 충만한 에로스는 상실을 매개로 해서만 언어화되고 표현될 수 있었으며, 그런 의미에서 미시마의 작품세계는 자족적인 아름다움과 진실됨이 더이상 불가능한 세상 속에서 이뤄진 것이라 할 수 있다. 그에게 패전 후 일본은 인간들 사이의 온갖 관계나 언어

---

8 渡邊清, 앞의 책 336면.

나 행위들이 결코 충만한 의미를 가질 수 없는 '에로스 이후'의 공간이었기 때문이다.

그렇다면 미시마가 말하는 전쟁 중의 충만한 에로스나 그 안에서 가능했던 아름다움이란 무엇이었는가? 그는 자신의 전쟁 체험을 담은 희곡 「젊은이여 되살아나라(若人よ蘇れ)」(1954)에서 그것을 형상화한다. 이 희곡은 전쟁 말기 해군공창에 근로동원된 젊은 학생과 공습을 피해 소개(疏開)해온 여학생 사이의 순진무구한 사랑을 소재로 한 것이다. 그들의 만남은 언제 공습으로 자신들의 목숨까지를 포함해 모든 것이 파멸을 맞이할지 모르는 절체절명의 상황에서 이뤄진다. 그래서 언제나 이들의 만남은 처절할 정도로 안타까울 수밖에 없다. 그러던 중 패전을 맞이해 토오꾜오로 돌아가게 돼 재회를 재촉하는 여학생에게 주인공은 이렇게 말한다.

잘 들어. 우리는 얼마 전까지 상대의 마음 따위 문제 삼은 적 없었어. 상대가 어떻게 생각할지 따윈 말야. 예를 들어 다음 주 금요일에 네가 나올 마음이 있는지 없는지를 걱정하지 않았단 얘기야. 수학으로 말하자면 마음은 상수였어. 절대 움직이지 않는, 다른 조건을 바꿔도 움직이지 않는 일정한 수치였던 거지. 너도 아마 내 마음 따윈 생각해본 적 없었을 거야. 약속한 날에 만날 수 있을지 없을지는 모두 하늘의 섭리에 달려 있었으니까. 그러니까 인간 사이의 약속이 아름다운 것은 아마 그런 상태에서 뿐일 거야. 약속이 지켜질 기약이 없는 상태, 게다가 지키지 못하는 일이 결코 사람 때문이 아닌 그런 상태, 그런 상태에서만 약속이 아름다울 수 있어. (…) 나도 달은 좋아해. 벚꽃도 좋아해. 하지만 전쟁 중의 달이나 벚꽃이 얼마나 아름다웠는지! 달은 등화관제 때문에 눈부시게 빛났고, 벚꽃은 꽃구경하는 인간들 따위에 방해받지 않고 그저 혼자 흐드러지게 피었지. 속세의 지저분함과는 아무런 관계도 없었어. 그래서 내가 놀라는 건 네가 전쟁 중의 달과 지금의 달을 똑같은 달이라 생각하며 보고 있다는 사실이야.[9]

이렇듯 주인공은 그녀에 대한 사랑이 '전쟁과 죽음'이라는 "하나의 커다란 에로스로 정화된" 것이었다고 말한다. 이 커다란 에로스는 젊음과 죽음 사이의 거리가 한없이 가까워졌다는 자의식에서 비롯된다. "평화로운 시대의 사치는 아무것도 아니야. 그렇지만 지금 일본에서는 원하면 수돗물처럼 쓸 수 있고 사치의 극치를 맛볼 수 있는 물건을 팔지. 바로 죽음이야. 나는 내가 죽는다고 생각하면 청춘의 특권에 취해버려. (…) 젊은 놈들의 죽음만이 호기롭고 사치스러운 거야. 남은 일생을 한번에 다 써버리는 거니까. 젊은 놈들의 죽음만이 아름다운 거야. 그건 일종의 예술이지. 가장 자연에 반하는 일이면서도 자연의 한 상태니까."[10] 이것이 미시마가 말하는 전쟁 중의 충만한 에로스였다. 전쟁의 승패 따위와는 상관없이 죽는 일, 젊어서 죽는 일, 이것이야말로 미시마에게 아름다움의 극한이었던 셈이다. 이러한 미시마의 아름다움에 대한 생각이 유려하고 고전적인 문체로 형상화된 것이 『금각사(金閣寺)』(1956)라는 작품이다.

이 소설은 1950년 7월 2일에 실제 일어난 '금각사 방화사건'을 소재로 했는데, 금각사[11]의 아름다움에 마음을 빼앗긴 주인공 소년이 속세

9 三島由起夫「若人よ蘇れ(1954)」, 『三島由起夫全集』 22권, 新潮社 2003, 92면.

10 三島由起夫, 앞의 책 84면.

11 금각사는 쿄오또 시내 서쪽에 위치한 사찰로, 14세기 무로마찌(室町)막부 전성기에

와 절대적 미 사이에서 정신적 방황을 거듭하다가 궁극에는 금각사를 태워버린다는 줄거리로 이뤄진다. 주인공은 말더듬이이고 허약한 신체의 소년으로, 자신의 선천적 약점 탓에 언제나 주눅 든 채 세상을 살아간다. 군인이 최고의 남성형으로 추앙받던 전쟁시기에 말더듬이에 왜소한 체격의 주인공은 친구들 사이에서뿐만 아니라 이성 관계에서도 언제나 멸시와 소외를 경험한다. 그렇게 속세에서 버림받은 이 소년에게 유일한 위로는 금각사였다. 그에게 금각사는 이 세상의 온갖 지저분하고 저열한 욕망이나 허위를 비웃고 부정할 수 있는 초월적 아름다움 그 자체였다. 즉 금각사의 절대적 미에 비춰보면 자신을 배제하고 멸시하는 저 속세의 인간세계 따위는 하찮기 그지없는 공간이었던 것이다.

하지만 금각사를 보며 속세로부터 받은 상처를 치유할 수 있었던 주인공은, 다른 한편으로는 친구의 과감한 탈선행위나 어머니의 은밀한 사랑 따위를 보며 속세에 대한 강력한 유혹을 느낀다. 세속의 지저분한 욕망이나 행위를 초월하려 하지만, 속세에서 이뤄지는 온갖 육체적인 쾌락이나 환희를 희구하는 자신으로 인해 신음하게 되는 것이다. 이 신음과 방황 속에서 주인공은 마음속으로부터 동경해 마지않는 금각사와 자신이 결코 동일한 세상에 살 수 없음에 절망한다. 이 이중구속의 상황에서 주인공은 금각사가 저편의 절대적 세계에, 자신은 이편의 지저분하고 너저분한 세상에 산다는 사실을 실감할 수밖에 없었다.

세상의 모든 것을 태워 없애버리는 공습은 주인공이 이런 절망적 상황에서 벗어날 수 있는 계기였다. 공습은 주인공이 금각사와 같은 세상에 살고 있음을 느끼게 해줬기 때문이다. "나를 태워 없애버릴 불이 금

건립된, 전체가 금박으로 뒤덮인 화려한 건물이다.

각사도 함께 태워 없애버릴 것이라는 생각은 나를 도취시켰다. 똑같은 재해, 똑같이 불길한 불이라는 운명 아래 금각사와 내가 사는 세계는 동일한 차원에 속하게 됐다. 내 위약하고 추한 육체와 마찬가지로 금각사는 딱딱하지만 타기 쉬운 탄소의 육체를 갖고 있었다."[12] 그러나 쿄오또에 공습은 결국 도래하지 않았다. "패전의 충격, 민족적 비애 따위를 금각사는 초월해 있었다. 혹은 초월을 가장하고 있었다. 어제까지의 금각사는 이렇지 않았다. 결국 공습으로 타버리지 않았다는 사실, 오늘 이후 그런 위험은 없으리라는 사실, 그런 사실들이 금각사로 하여금 다시 '나는 예전부터 여기 있었고 앞으로도 영원히 여기 있을 것'이라는 표정을 되찾게 한 것이다. (…) 금각사와 나의 관계는 끊어졌다고 나는 생각했다. 이로써 나와 금각사가 같은 세계에 살고 있다는 몽상은 무너졌다. 또 원래의, 원래보다 더 희망이 없는 사태가 시작된다. 아름다움이 저쪽에 있고 나는 이쪽에 있다는 사태. 이 세상이 계속되는 한 변하지 않는 사태가."[13]

이렇게 주인공은 미의 세계에서 완전히 추방됐다. 그때까지 쿄오또를 암흑으로 뒤덮던 등화관제는 해제됐다. 이편의 세상이 미와 격리됐음을 명징하게 드러내는 쿄오또의 야경을 보면서 주인공은 "전쟁이 끝나고 이 불빛 아래 사람들은 사악한 생각에 사로잡혀 있다"고 말하면서 "내 마음 속의 사악함이 번식해 (…) 내 마음의 암흑이 이 무수한 불빛을 끌어안은 밤의 암흑과 똑같이 되게 해주시길!"이라 기도한다.[14] 이 순간 소년은 금각사와 완전히 격리된 이 사악함과 위선으로 가득 찬 세

---

12 三島由起夫 『金閣寺』, 新潮社 1999, 51면.
13 三島由起夫, 앞의 책 68~69면.
14 三島由起夫, 앞의 책 76면.

상에서 살아가리라 다짐한다. 하지만 그에게 그런 삶은 허용되지 않았다. 금각사가 "부탁하지도 않았는데" 그를 "지키기 위해" 속세와 그 사이에 개입하기 때문이다.[15]

주인공은 패전 후 쿄오또에서 난생 처음으로 여자와 육체적 접촉을 경험한다. 그 과정에서 전쟁이 한창이던 때 조우한 기묘한 장면을 떠올리게 되는데, 그것은 한 여인이 전장에 나가는 남편에게 젖을 주는 장면이었다. 패전 후에 경험하게 된 여자와의 육체적 접촉은 이 장면과의 재회였고, 이 경험은 주인공이 그토록 원해 마지않았던 속세의 지저분한 욕망과 행위였다. 하지만 그 사악함과 암흑 속으로 주인공이 진입하는 순간 금각사가 소년을 가로막는다. "〔유방이 눈앞에 나타나자마자〕미의 불감(不感)의 성질이 부여됨으로써 유방은 내 눈앞에 있으면서도 서서히 그 자체의 원리 속으로 숨어들어갔다. (⋯) 나에게 미는 뒤늦게 온다. 다른 사람보다 늦게, 다른 사람이 미와 관능을 동시에 찾는 것보다도 훨씬 늦게 온다. 점점 유방은 전체와의 연관을 회복해 살을 넘어서서 질감을 느끼지 못하는, 절대 소멸하지 않는 물질로서 영원으로 이어지게 됐다. 내가 말하고자 하는 바를 이해해주면 좋겠다. 또 거기에 금각사가 출현한 것이다, 라기보다는 유방이 금각사로 변모한 것이다."[16] 소년은 세속의 욕망에 충실하려 했지만 금각사가 그것을 방해한다. 욕망에 이끌려 유방을 탐하려 했지만, 그것을 아름답다고 느끼자마자 유방은 이편이 아니라 저편에 있는, 자신과 절대적으로 격리된 곳에 존재하는 영원한 물질이 돼버리고 만다.

---

15 三島由起夫, 앞의 책 164면.

16 三島由起夫, 앞의 책 163면.

주인공은 금각사에게 증오의 말을 퍼붓는다. "또 이렇다. 금각사는 왜 나를 지키려고 하는가? 부탁하지도 않았는데, 왜 나를 인생으로부터 격리하려 하는가? (…) 언젠가 반드시 너를 지배하고 말 것이다. 다시는 방해하지 못하게, 언젠가 반드시 너를 내 것으로 만들 것이다"[17]라고 결심한다. 결국 그는 금각사를 태워버린다. 그리고 그 방화의 순간 주인공에게는 '미'라는 영원 속에서 생을 마감할 단 한번의 기회가 남아 있었다. 금각사와 함께 자신을 태워버리면 영원히 금각사가 있는 저편의 세상으로 갈 수 있기 때문이다. 하지만 금각사에 불을 붙이고 정상에 있는 방으로 들어가고자 한 주인공을 금각사는 끝끝내 거부한다. 그 방의 문은 굳게 닫힌 채 열리지 않았던 것이다. 소년은 열리지 않는 문을 뒤로한 채 금각사로부터 벗어나 산등성이에서 불타오르는 금각사를 보면서 담배를 문다. "주머니 속에 담배가 있었다. 일을 마친 사람들이 그러듯 담배를 한모금 빨면서, 살아야겠다고 생각했다."[18]

소설 『금각사』는 이렇게 끝난다. 일본의 저명한 평론가 코바야시 히데오(小林秀雄)는 이 결말을 두고 『금각사』를 소설로 볼 수 없다고 비평하면서 "왜 주인공을 죽이지 않았는가"라고 미시마에게 물었다. 코바야시가 보기에 주인공은 금각사와 함께 타 죽음으로써 영원한 미를 성취해야 했으며, 그것이 근대소설의 문법이라고 생각했다. 이 물음에 미시마는 답하지 못한 채 말을 얼버무렸다.[19] 왜냐하면 그 질문은 미시마 자신에게 "왜 지금까지 살아있는가?"라고 묻는 것과 다름없었기 때문이다.

---

17 三島由起夫, 앞의 책 165면.
18 三島由起夫, 앞의 책 278면.
19 小林秀雄·三島由起夫「美のかたち」, 『小林秀雄對話集』, 講談社文藝文庫 2005, 87면.

『금각사』의 마지막 장면, 즉 미의 소실 이후에 살아야겠다고 생각하는 것은 삶에 대한 의욕에 찬 결심이 아니다. 오히려 금각사가 타버린 이후의 삶이란 주인공 소년에게 '삶 이후의 삶'을 사는 일이라 할 수 있다. 헤겔적으로 말하자면 이 삶은 '역사 이후의 삶'이 될 텐데, 그것은 세속의 모든 의미와 투쟁이 끝난 뒤에 사는 삶이다. 하지만 미시마의 역사 이후는 헤겔의 그것과 다르다. 헤겔에게 역사의 종언이 자아와 자연 및 타자와의 완전한 화해라고 한다면, 미시마에게 역사의 종언은 "자족적인 에로스 속에서 죽는" 일이었다. 따라서 미시마의 역사 이후의 삶이란 '죽지 못한' '뒤늦게 살아남아버린' 삶이었다.

이것이 미시마의 패전이었다. 그가 말하는 삼등석에서 보는 연극이란 미와 세상이 완전히 단절된 상황, 더이상 미가 삶의 공간에 나타나지 못하는 상황이다. 그렇다면『금각사』의 주인공은 금각사를 태워버린 후 미의 방해 없이 속세의 사악하고 어둡고 지저분한 욕망 속에서 삶을 즐기게 될까? 결코 그럴 수 없다. 왜냐하면 주인공이 속세의 삶을 사악, 암흑, 불결 등의 '의미'로 파악할 수 있었던 것은 절대적 미와의 관계 속에서였기 때문이다. 미의 가능성이 완전히 사라져버린 이제, 속세는 모든 의미를 망실한 채 사물과 육체가 무질서하게 난립하고 조우하는 공간일 뿐이다. 삼등석에서는 무대 위에서 무엇이 상연되는지 잘 안 보이고, 그 연극은 그저 의미없는 인물들과 무대장치의 병존으로 보이기 마련이다. 미시마가 따분하기 그지없다고 말한 패전 후의 일본이라는 무대가 바로 그랬다.『금각사』를 비롯한 미시마의 작품들은 이 무대를 그려내기 위한 밑작업이었고, 여기서 그의 퍼포먼스가 시작된다. 그리고 육체와 텐노오에 위탁한 그의 퍼포먼스는 필연적으로 죽음과 직결될 수밖에 없었다. 이제 미시마의 행위예술로 눈을 돌려보자.

3. 육체, 텐노오, 미: 죽음으로 완수되는 행위예술

소설가 다자이 오사무(太宰治)는 패전 직후에 쓴「토까똔똔(トカトントン)」(1947)에서, 일할 때도 연애할 때도 운동할 때도 어디에선가 들려오는 '토까똔똔'이라는 망치로 치는 듯한 소리 때문에 의욕을 잃어버린 젊은이들을 형상화했다.[20] 젊은이들이 왜인지는 모르지만 삶의 의욕을 느끼지 못하는 이 상황은 미시마가 말하는 패전 후 일본과 닮아 있는 듯 보일 수 있다. 하지만 평론가 하나다 키요떼루(花田淸輝)는 미시마의 데뷔작『가면의 고백(假面の告白)』(1949)에 대한 비평에서 다음과 같이 말한다.

다자이 오사무가 (…) 철두철미 반어적으로, 독으로 독을 제압하려 했고, 허구로 허구를 죽여가며, 가면을 쓴 채 가면을 역이용함으로써 얼마나 집요하게 스스로의 진짜 얼굴을 보이려 했는지는 잘 알려진 바다. 하지만 이런 비극은 미시마 유끼오와 아무런 관련이 없다. 내 생각에 아무리 다시 볼 수 없는 얼굴일지라도 가면 밑에 진짜 얼굴이 있다는 자의식 속에서 살아가는 인간은 행복할 터다. 오히려 선망의 대상이 될 수 있을 정도다. 그러나 다자이 세대와 비교하면 미시마 세대는 한층 더 비극적이다. 그들은 자신들의 진짜 얼굴이 어떤 것인지 모르며, 가끔 얼굴 그 자체가 진짜로 있는지조차 의심하면서, 그저 가면만을 믿고 한걸음 한걸음 얼굴 쪽으로 다가갈 수밖에 없기 때문이다. '로스트 제너레이션'은 스스

---

20 www.aozora.gr.jp/cards/000035/files/2285_15077.html

로의 얼굴을 잃어버린 세대이며, 얼굴 대신에 그들이 소유하는 것은 차갑고 딱딱한 가면뿐인 셈이다.[21]

하나다가 보기에 다자이의 「토까똔똔」은 반어적 가면이다. 즉 의욕을 상실한 젊은이들은 의욕을 가져야만 하는 젊은이들의 반어적 형상인 것이다. 하지만 처음부터 가면 말고는 가진 게 없는 미시마는 허무로부터 지켜야 할 얼굴, 즉 육체를 가지지 못한 존재라 할 수 있다. 그래서 『가면의 고백』에서 가면은 민얼굴을 지키기 위한 기면도 아니고 민얼굴에 대한 가짜 얼굴이라는 의미의 가면도 아니다. 그것은 고백을 위해서 필연적으로 요청되는 장치다. 미시마는 말한다. "가면의 고백이라는 얼핏 보기에 모순된 제목은, 나라는 인물에게 가면이란 육화된 가면이며 그런 육화된 가면 말고는 진실된 고백이 있을 수 없다는 역설에서 비롯된다. (…) 이 작품을 쓰기 전에 내가 보내던 생활은 좀비(死骸)의 생활이었다. 이 고백을 씀으로써 내 죽음이 완성됐고, 그 순간에 삶이 회복됐다."[22]

여기서 말하는 죽음과 동시에 회복된 삶이 무엇인지 『금각사』를 참조하면서 이해해보자. 전쟁이 끝난 후 세속적 욕망 속에서 살겠다고 결심한 주인공은 금각사로 인해 좌절을 경험한다. 여성의 육체를 탐닉할 때도 '아름답다'는 생각이 들자마자 그녀의 몸은 저편의 세계, 즉 미의 세계로 퇴각하기 때문이었다. 전쟁 이후 주인공은 아름다움을 이편의 세계에서 만지거나 느낄 수 없는 처지에 놓였다. 속세의 지저분하고 너

---

21 花田清輝「聖セバスチャンの顔」,『文藝』1950.1.

22 三島由起夫「作者の言葉」,『假面の告白』, 河出書房新社 1996.

저분한 욕망에 탐닉함으로써 금각사, 즉 절대적 미의 세계와 철저히 대립하리라 다짐하던 주인공의 결심은 여기서 산산조각나고 만다. 텐노오에게 돈을 되돌려주며 숭고하다고 믿었던 전쟁과 인연을 끊은 해군 귀환병과 달리, 이 주인공은 공습 아래에서 금각사와 함께 타 죽을 수 없었다는 절망을 증오심과 복수심으로도 극복할 수 없었던 것이다. 그래서 주인공은 금각사를 태워버린다. 이는 미의 세계를 지워버리는 일, 전쟁시기 공습을 계기로 하나가 될 수 있다고 믿은 '충만한 에로스'에 대한 희구를 단념하는 일을 뜻한다. 그 이후에 주인공은 그야말로 '좀비'가 될 수밖에 없었다. 금각사를 태워버렸다고 속세의 지저분한 욕망에 충실하게 살 수도 없었던 것인데, 속세의 욕망에 충실한 삶은 금각사에 대한 증오심과 복수심 없이는 아무런 의미도 없었기 때문이다.

여기서 가면의 고백이 요청된다. 즉 좀비가 돼버린 주인공의 "살아야겠다"는 결심은 주인공이 현실에서 얼굴, 즉 진실된 감정이나 의미를 저버리고 살아야겠다는 고백과 같다. 왜냐하면 절대적 미를 동경하는 마음도, 그것을 증오하고 복수하겠다고 결심하는 마음도, 이 주인공은 어느 하나도 진실되게 소유할 수 없기 때문이다. 다시 말해 그의 입에서 나온 발화는 인공적인 세계와 의미를 창출하겠지만, 그 세계와 의미가 결코 발화주체로 환원될 수 없는 기묘한 상황이 연출되는 셈이다. 이렇게 소생한 삶이란, 언어가 현실과의 접점을 상실한 위에서 성립하는 삶이다. 미시마의 문체와 작품세계는 이런 전제 위에서 성립한 것이었다.

그런데 언어로 살아가는 미시마에게 '육체'의 문제는 심각했다. 언어는 철저히 인공적이고 진공적일 수 있지만, 살아 숨쉬는 육체가 현실과의 접점 없이 사는 것은 불가능했다. 육체 자체가 현실 속에서 질감을 가진 물체이기 때문이다. 그래서 미시마는 육체까지 인공적으로 가공하기 시작한다. 그는 언어와 육체 모두를 인공화해서 현실과의 접점을 없애려 했다. 이것이 그의 "예도(藝道)"다.

　예도란 무엇인가? 그것은 '죽음'을 통해 비로소 성취할 수 있는 일을 살면서 성취하는 길이라 할 수 있다. 거꾸로 말하자면 예도란 불사신의 길이며, 죽지 않아도 되는 길이며, 죽지 않아도 '죽음'과 똑같은 허망의 힘을 통해 현실을 전복하는 길이다. 동시에 예도에는 '아무리 마음을 먹어도 죽지 않는다' '진짜 목숨을 건 행위가 아니다' 등의 부끄러움이나 비겁함이 있을 수 있다. 예도는 현실세계에 사는 인간이 어떤 순간에 도달할지도 모르는 숭고한 인간적 아름다움의 극치 따위를 영원한 픽션이라 간주하기에, 그런 것은 예도가 결코 도달할 수 없는 경지로 남는다.[23]

이 글은 카부끼(歌舞伎) 배우 이찌까와 단조오(市川團藏)의 자살 직후 쓰인 것이다. 미시마는 그의 자살을 보며 "진정한 '인간의 끝'이란 어때야 하는가를 당당하게 몸소 보여준, (…) 결코 슬픈 최후 따위가 아니라, 훌륭한 최후"라 평가하면서 "그의 죽음 속에는 올곧은 윤리감이 팽팽할 정도로 펼쳐져 있다"고 극찬했다. 여기서 말하는 올곧은 윤리감이란 인간의 말과 행위가 현실 속에서 의미를 갖는 유일한 순간이다. 즉 윤리적 순간은 바로 '죽음의 순간'임을 깨닫는 것이다. 인간이 죽음을 통해 성취할 수 있는 극한의 과제를 예도는 죽지 않고 성취하려 한다. 그런 한에서 그것은 매우 인공적이고 픽션적인 행위다. 어디까지나 스펙터클인 셈이다. 그래서 예도가 추구하는 윤리의 극한은 진짜 죽음이

---

23 三島由起夫「藝道とは何か(1966)」,『三島由起夫の美學講座』, ちくま文庫 1999, 196면.

다. 여기서 예도는 처음으로 현실 속에서 자족적 의미를 획득한다. 누군 가가 보는 대상이나 장면이 아니라, 그 말과 행위가 처음이자 마지막으 로 현실적 질감과 가치를 획득하게 되는 것이다.

미시마의 이런 사유는 이미 할복이라는 피날레를 예견하고 있는 것 처럼 보인다. 자신의 예도가 죽음으로 마감될 것임을 미시마는 충분히 사유하고 있었다. 그렇다면 미시마의 과제는 이 윤리감을 훌륭히 완수 하기 위한 길을 닦는 데 있다. 그저 육체를 소멸에 이르게 하는 자살로 는 윤리감을 표현할 길이 없다. 그것으로는 삼등석에서 보는 따분한 연 극과 대척점에 있는 픽션을 연출해내지 못한다. 미시마의 육체와 텐노 오는 이런 맥락에서 가면의 고백의 피날레를 장식하기 위한 궁극적 픽 션화의 장소이자 대상이 됐다. 그는 평화의 상징이 된 텐노오와 고리타 분한 문화를 내세운 패전 후 일본과 대척점에 서서 극적인 행위예술을 시작하려 했다. 패전 후 평화/문화 일본이라는 따분한 연극을 죽음으로 써 끝장내려 한 것이다.

미시마는 1955년부터 보디빌딩을 시작한다. 1952년 그리스 여행 도 중 태양 빛에 매료된 이후, 그는 태양 아래에서의 삶을 작가적인 밤의 삶과 대비시키면서 육체를 가꾸는 일에 열중했다. 그런데 이 경우 밤과 낮은 단순한 대립이라기보다는 미시마의 예도에서 중요한 통합의 계기 가 된다.

나는 예전에 전후의 모든 가치가 전도된 시대야말로 '문무양도'라는 낡은 덕목이 부활해야 할 때라고 생각했고 사람들에게 이야기를 하기도 했다. 그뒤 얼마 동안 이 덕목에 대한 관심은 나에게서 멀어져갔다. 하지 만 서서히 내가 태양과 철로부터 —단지 말로써 육체의 윤곽을 그리는 것이 아니라——육체로써 말의 윤곽을 그리는 비법을 터득함에 따라, 내 속에서 양극성은 균형을 가지게 되었고 직류전기에서 교류전기로 바뀌었다. 내 메커니즘은 직류발전기에서 교류발전기로 바뀐 것이다. 그리고 결코 섞일 수 없는 것, 역방향에서 흘러오는 것을 자기 안에 내장해 보다 넓게 자신을 분열시키는 것처럼 보인 뒤, 사실은 언제나 파괴되면서도 재생되는 균형을 순간순간 창안하는 기구를 고안했다. 이 대극성을 자기 안으로 포섭하는 일, 항상 서로 길항하는 모순과 충돌을 자기 안에 준비하는 일, 그것이야말로 나의 '문무양도'였다.[24]

가면의 고백으로 재생시킨 삶이 작가 미시마의 삶이었다면 그것은 우선 밤의 삶이었다. 미시마 자신의 말에 따르자면 밤의 삶은 "지지 않는 꽃", 즉 "조화"를 만드는 일이다. 그것은 영원히 썩지 않는 형상을 언어를 통해 주조함으로써 소멸할 운명 아래에 있는 현실을 이념 속으로 포섭하는 과정이다. 미시마는 이 인공언어로부터 지시체, 즉 자연적인 실재를 소거함으로써 진짜 얼굴이 없는 가면의 고백을 되풀이했다. 그의 언어가 만들어내는 조화는 이미 의미나 규범이 파국을 맞이한 공간 속에 있었기에 그 어떤 현실과의 접점도 가질 수 없었기 때문이다.

미시마가 '문무양도'를 말하는 것은 이 맥락에서다. 그는 육체에 대한 사변을 전개한 『태양과 철』 첫머리에서, "내가 '나'라고 말할 때, 그것은 엄밀하게 나에게 귀속될 수 있는 '나'가 아니라, 나로부터 비롯된 말이 모두 내 내면으로 환류할 수 없는, 즉 귀속이나 환류를 벗어나는 잔해로 남는, 그런 것을 '나'라고 부를 것"이라는 전제를 달았는데, 이

24 三島由起夫『太陽と鐵(1968)』, 新潮社 2001, 55~56면.

주어 '나'로 귀속될 수 없는 잉여의 '나'야말로 좀비처럼 남은 육체라고 할 수 있다. 그의 가면의 고백이 좀비처럼 덩그러니 남은 육체를 소멸시키지 않을 유일한 방법이었다면, 이제 미시마는 그 가면의 고백을 거꾸로의 방향에서 다시 개시하려 한다. 즉 "말로써 육체의 윤곽을 그리는 것이 아니라" "육체로써 말의 윤곽을 그리는" 일을 시작하려는 것이다.

중요한 것은 여기서도 미시마가 육체에 피를 다시 흐르게 해 인간이 되려고 하지는 않는다는 점이다. 그는 태양과 철을 매개한 육체에 대한 깨달음을 통해 "표면의 깊이"를 획득하려 했기 때문이다.

누구의 눈에도 보이는 표면이 표면의 사상을 창조해 관리하기 위해서는 육체적 훈련이 사고의 훈련보다 먼저 이뤄져야 한다. 내가 원래 '표면'의 깊이에 끌렸던 그때부터 나의 육체훈련의 필요성은 예견된 것이었다.[25]

여기서 표면이 내면에 대비되는 것임은 말할 필요도 없다. 즉 표면은 가면인 셈이다. 그래서 미시마는 표면과 대비되는 내면의 사상, 가면과 대비되는 진짜 얼굴이 아니라, '표면의 사상'과 '표면의 깊이'를 내세운다. 그의 가면의 고백이 언어적 구축물인 한, 그 고백에는 언제나 말하는 주체와 진정성이라는 '내면'에 관한 물음이 제기되기 마련이었다. 미시마가 아무리 가면 아래에 진짜 얼굴이 없다고 주장하더라도 언어가 유통돼 이해의 망에 진입하자마자, 그 언어는 주인과 진정성을 따져 묻는 심문을 받게 된다. 미시마의 밤의 사고는 이 심문을 어떻게든 피해

---

25 三島由起夫, 앞의 책 28면.

가며 가면을 가면인 채로 유지해야만 했는데, 그는 "육체로써 말의 윤곽을 그리는" 일을 통해 이를 돌파한다. 즉 육체까지를 철저하게 인공물로 만듦으로써 가면 아래를 철저하게 텅 비게 만들고자 한 것이다. 그것이 그가 말하는 표면의 사상이었다. 싸드(Sade)의 소개자로 유명한 데까당스 평론가이자 미시마의 맹우였던 시부사와 타쯔히꼬(澁澤達彦)는 이에 관해 다음과 같이 말한다.

〔미시마 씨가 볼 때〕육체는 즉자적으로 육체적인 것이 아니라, 육체에 상처를 입혀 부정할 때 육체가 된다. 부정의 계기를 통해 외부와 내부가 역전함으로써 육체는 처음으로 존재감을 가진 육체가 될 수 있는 것이다. 게의 딱딱한 외피, 경화된 무감각의 외피는 이러한 부정의 계기를 처음부터 포함하지 않는 육체의 상징이다. 잘라도 피가 나오지 않는 육체가, 찢어도 장이 튀어나오지 않는 육체가 어찌 육체의 이름에 값할 수 있는가?[26]

이것이 미시마가 말한 "육체로써 말의 윤곽을 그리는" 일이다. 말이 외부세계를 "지지 않는 꽃"으로 만드는 방부제 처리를 통해 스스로의 존재를 증명한다면, 육체는 스스로가 파괴되는 지점까지 표면을 추구함으로써 존재를 실감하는 것이다. 여기서 그의 '문무양도'가 충분한 의미를 획득한다. 그가 열성적으로 보디빌딩에 힘쓴 것은 육체를 '아름답게' 가꾸기 위해서가 아니다. 그는 어디까지나 '무'라는 예도를 위해 육체를 단련한 것이다.

---

26 澁澤達彦 「三島由起夫覺書(1976)」, 『三島由起夫覺書』, 中公文庫 1986, 36면.

남자는 왜 장렬한 죽음으로써만 미와 연관되는 것일까? (…) 남자는 평상시 자신의 객체화를 절대로 용인하지 않기 때문에 최고의 행동을 통해서만 객체화될 수 있다. 그것은 아마 죽음의 순간이며 실제로 아무도 보지 않더라도 '누군가 보고 있다'는 픽션이 허용되고 객체로서의 미가 허용되는 것은 이때뿐이다. 특공대의 미가 바로 그런 것이다. 그것은 정신적일 뿐만 아니라 남성일반에게 초에로틱한 미로 인정받는다.[27]

따라서 미시마의 육체는 '특공대로서의 죽음'이라는 궁극적 예도를 위해 마련된 픽션화의 장소이며 대상이었다. 금각사가 타버리고 난 뒤, 의미없는 연극을 보는 삼등석에서 뛰쳐나오지도 못한 채, 그저 좀비처럼 삶을 영위할 수밖에 없던 그에게, 이 끔찍한 세상을 떠나는 방법은 '특공대로서의 죽음' 외에는 없었다. 이미 파괴와 죽음이 목전에 당도해 충만한 에로스를 경험했던 청년에게는 무의미한 연극을 보는 것도 좀비의 육체를 소멸시키는 것도 불가능했기 때문이다. 그에게는 '특공대로서의 죽음'에 이르는 무대장치와 치밀한 연출만이 삶을 영위하는 유일한 길이었다. 그의 소설이 무대장치를, 단련된 육체가 연출을 담당한 까닭이 여기에 있다. 그리고 마지막에 소환될 퍼포먼스의 요소가 바로 텐노오였다.

미시마가 1961년에 쓴 소설 「우국(憂國)」은 일종의 2·26사건 '외전(外傳)'이다. 1936년에 일어난 2·26사건은 청년장교들이 재벌, 관료, 정치인 등 중간 권력을 배제하고 텐노오 친정체제 구축을 통해 '농본주의

---

27 三島由起夫『太陽と鐵』61~62면.

사회주의체제'를 건설하자고 주장하며 일으킨 군사쿠데타였다. 당시 청년장교들은 텐노오를 위한 '친위쿠데타'로 자신들의 행동을 정당화 했지만, 텐노오는 격노하며 청년장교들의 행동을 군사반란으로 규정하 고 단호한 진압을 명한다. 미시마는 이 사건을 소재로「우국」을 집필했 는데, 이 소설의 주인공은 2·26쿠데타를 주도한 청년장교 중 한명임에 도, 신혼이라는 이유로 동료들의 만류에 따라 쿠데타에 합세하지 못한 다. 주인공은 쿠데타 실패 소식을 듣고 자택에서 부인이 보는 앞에서 할 복해 목숨을 끊고, 부인도 남편을 따라 자결한다는 내용의 짧은 소설이 다. 미시마는 이 소설을 통해 대의와 사랑이 합일되는 충만한 에로티시 즘을 형상화했음을 자부하며 다음과 같은 소회를 남겼다.

「우국」은 이야기 자체로 보면 단순한 2·26사건 외전이지만, 여기에 형 상화된 사랑과 죽음의 광경, 에로스와 대의의 완전한 융합과 상승작용은 내가 이 인생에 기대하는 유일한 지복(至福)이라 해도 좋다. 하지만 슬프 게도 이런 지복은 결국 서책의 지면 외에서는 실현될 수 없는 것일지 모 른다.[28]

미시마는 "이 인생에 기대하는 유일한 지복"이 사랑하는 처가 보는 앞에서 대의를 위해 죽어가는 장면이라 말하고 있다. 이 지복이 미 그 자체임은 말할 필요도 없다. 따라서 미시마의 예도는 결국 대의를 위한 죽음을 에로스 속에서 완수하는 일이라 할 수 있을 것이다. 그래서 미시

28 三島由起夫「"花ざかりの森·憂國"解說(1968)」, 『三島由起夫全集』 35권, 新潮社 2003, 176면.

마는 퍼포먼스의 마지막 퍼즐로 텐노오를 소환한다. 「우국」에서 형상화됐듯이 단련된 육체에 군복을 입은 청년장교는 텐노오에 대한 대의와 처에 대한 사랑 속에서 절대적 미를 성취할 수 있었다. 미시마가 1961년 시점에서 이 장면을 소환한 것은 그의 퍼포먼스를 완수하기 위해 대의라는 마지막 퍼즐조각을 마련하기 위함이었다. 이후 1960년대 중후반에 접어들어 미시마는 텐노오를 입에 담으며 스스로의 '표면의 사상'을 갈고 닦는다. 그것은 좌파 학생들에 대한 단순한 대항의식이나, 범박한 우파들의 애국주의가 아니다. 미시마의 텐노오는 실체로서의 히로히또라기보다는, 그 자체가 진짜 얼굴을 가지지 않은 커다란 가면이었다.

일본의 방위는 매우 중대한 문제다. (…) 그렇다면 무엇을 지킬 것인가? 나라를 지킨다는데 그 나라란 도대체 무엇인가? (…) 지면(地面)을 지킨다는 방위는 무의미하다. 인간을 지키는 것도 무의미하다. 가족을 지키는 것도 무의미하다. (…) 〔그것은〕 일본정신을 지키는 일이다. (…) 순수한 일본정신은 눈에 보이지 않는 것이며, 형태로 제시할 수도 없는 것이기에, 이것을 지키라고 해도 매우 어렵다. 이른바 일본정신을 일본주의로 해석해 위험시하는 이들도 있지만, 그것은 너무나도 순수하게 정신화해서 생각한 결과다. 눈에 보이지 않는 것을 지키라는 것은 아무튼 사람을 구석으로 내모는 일이라서 결국에는 배를 가를 수밖에 없다. 그래서 나는 문화라는 것을 그렇게 생각하지 않는다. 문화라는 것은 눈에 보이는, 형태를 갖춘 결과로부터 판단해도 된다고 생각한다.[29]

---

29 三島由起夫「榮譽の絆でつなげ菊と刀(1968)」, 앞의 책 188~92면.

"눈에 보이는, 형태를 갖춘 결과"로서의 문화란 무엇인가? 그것은 바로 '텐노오'다. 미시마는 여기서 텐노오야말로 눈에 보이는 형태를 갖춘 일본문화의 상징임을 내세운다. 미시마에 따르면 메이지유신 이래 헌법 속에 등장하는 텐노오는 이러한 문화로서의 텐노오 개념을 희생한 위에 성립한 것이다. 그가 추구하는 것은 그런 정치로서의 텐노오가 아니라 문화로서의 텐노오인데, 즉 무력을 통해 지켜야 할 텐노오라기보다는 대의와 에로스로 지켜내야 할 텐노오인 셈이다. 그의 2·26쿠데타에 대한 해석은 이런 맥락에서 이뤄진다.

> 천황을 위한 궐기는 문화양식을 거스르지 않는 이상 용인돼야 했지만 서구적 입헌군주정체를 고집한 쇼오와의 천황제는 2·26사건의 '미야비(雅, 우아함)'를 이해하는 힘을 상실했다.[30]

여기서 알 수 있듯이 텐노오는 전쟁 전의 군국주의자들이 온 국민을 희생해서라도 지키려 했던 '국체'가 아니다. 물론 미시마가 국토도 국민도 아닌 텐노오를 지키는 것이 국가방위라고 말하고 있다는 점에서 전쟁 전의 군국주의를 반복하고 있는 듯 보일 수 있다. 하지만 중요한 점은 미시마의 '방위'란 결코 무기를 들고 어떤 실체를 지키는 행위가 아니라는 사실이다. 2·26쿠데타를 일으킨 청년장교나 「우국」의 주인공은 실체로서의 텐노오를 지키기는커녕 텐노오로부터 처형을 당한 이들이다. 또한 카미까제(神風) 특공대의 혼령이 무당에게 빙의돼, 사람이 돼버린 텐노오를 원망하는 장면을 다룬 「영령의 목소리(英靈の聲)」

---

30 三島由起夫「文化防衛論(1968)」, 앞의 책 47면.

(1965)에서도 특공대는 텐노오를 지키지 못했다. 아니 애초에 미시마가 보기에 청년장교나 특공대가 지키려 한 것은 실체적 인격으로서의 히로히또가 아니었다. 또한 그것은 법-정치적 제도로서의 천황제도 아니었다. 오히려 미시마가 청년장교와 특공대를 통해 제시한 표면의 사상은 '지킨다는 행위' 자체에 내재한 절대적 미였으며, 그 절대적 미를 통해서만 일본문화의 구체적 형태인 텐노오는 존립할 수 있는 것이다.

여기서 다시 한번 서두에서 인용한 자위대 이찌가야 주둔지의 장면으로 되돌아가보자. 미시마는 자신의 단련된 육체를 군복으로 감싸고 텐노오의 군대가 될 것을 자위대원들에게 설파했다. 그리고 그 육체를 절단함으로써 스스로 목숨을 끊었다. 이 퍼포먼스는 결국 미시마가 추구했던 가면의 고백과 표면의 사상을 완수하는 예도의 궁극이었다. 금각사만이 타버리고 덩그러니 남은 미시마의 정신과 육체는, 더이상 기댈 곳 없는 에로스와 미의 충만함을 스스로의 퍼포먼스를 통해 창출함으로써 삶을 견뎌낼 수밖에 없었다. 이제 이 퍼포먼스를 주권론 일반과 대조하면서 미시마가 전후 일본의 근원적 금기를 어떻게 드러내려 했는지 검토하려 한다.

4. 주권의 강박과 공백의 불안

미시마가 좀비처럼 살았고 해군 귀환병이 텐노오와 사회에 대한 배신감에 치를 떨고 있을 때가 바로 미야자와 토시요시가 2장에서 살펴본 '8월혁명'을 주장한 시기다. 이에 대항하는 주장이 오다까 토모오의 '노모스 주권론'이다. 헌법의 정당성을 증명하기 위해 한편에서는 일어나지 않은 혁명을 허구적으로 상정해야만 했고, 다른 한편에서는 국민에게 귀속된다고 명기된 주권을 법이념이라고 곡해해야만 했던 사정을 다시 음미해보는 일은 중요하다. 헌법학자들이 이런 힘겨운 주장을 펼칠 수밖에 없던 까닭은 바로 텐노오 때문이다. 패전 전의 텐노오는 헌법 상의 주권자임과 동시에 아라히또가미로서 신성한 존재였고, 패전 후에는 헌법상의 상징임과 동시에 하나의 인간으로 자리매김됐다. 즉 텐노오는 메이지유신 이래의 근대 일본에서 언제나 법질서의 안과 바깥에 걸쳐 있는 존재였던 셈이다. 1888년 이또오 히로부미가 헌법제정을 위해 유럽 외유를 다녀와 "헌법을 제정하고자 할 때 우리나라의 기축이 무엇인지 확정해야만 한다. 우리나라에서 기축이 될 수 있는 것은 오로지 황실 뿐"이라고 말한 것도 같은 맥락이다.

이또오가 볼 때 유럽의 헌정체제가 유지되는 것은 무엇보다도 종교 덕분이었다. 기독교가 사람들의 마음을 통일해주기에 헌법이 국가 통치의 기초가 될 수 있었다는 것이다. 명민한 정치행정가였던 이또오의 후각은 자유민주주의라는 역사적 이념보다는 세속을 초월하는 믿음의 체계야말로 국가 통치를 유지하는 근간임을 예리하게 간파한 셈이다. 물론 이또오의 후각이 얼마나 근대 유럽의 통치체제를 깊이있게 이해 했는지는 여기서의 논점이 아니다. 중요한 것은 텐노오라는 존재가 헌법제정 당시에 법적인 주권자임과 동시에 절대적인 종교적 권위였다는 사실이다. 주권자이자 아라히또가미였고, 상징이자 인간인 텐노오라는 존재는 일본을 근대국가로 탈바꿈할 때 요청된 분열상이었다.

미야자와가 국민주권을 정당화하기 위해 가상의 혁명이 있었다고 말하면서도 상징천황에 대해서는 함구했던 까닭이나, 오다까가 법적인 주권이 아니라 그것을 초월하는 이념으로서의 노모스 주권을 말했던 까닭이 바로 여기에 있다. 이들은 텐노오라는 기묘한 존재를 시작부터 내포한 근대 일본의 헌정체제를 법리 안에서만 사유할 수는 없었던 것이다.

미시마 유끼오의 텐노오도 이런 언설구조를 고스란히 반복했다. 1969년 토오꾜오대 전공투(全共鬪)와 토론을 마친 뒤 그는 이렇게 썼다.

　나는 관념적, 공상적 또는 이상적인 텐노오를 문화적 텐노오로 명명하고, 이것의 수호와 유지를 나의 정치이념의 중핵으로 놓고 있는 것이다. 이 점에서 나의 정치적 사고는 전쟁 전의 킨끼(錦旗)혁명[31]의 사상에 가깝다. 그리고 킨끼혁명의 사상에서 만약 텐노오라는 두 글자를 없애버리면, 즉시 직접민주주의라는 관념적인 정치 형태에 가까이 갈 것이다. 나는 그들(전공투)이 텐노오라는 두 글자를 삽입함으로써 일본의 역사와 전통과 일본인의 심층의식에 뿌리내린 혁명이론을 올바르게 파악할 것을 바랐다. (…) 내가 생각하는 혁신을 요약하자면, 정치에 대해 철저한 논리성을 엄격하게 요구함과 동시에 한편으로 민족적 심성(Gemüt)의 비논리성이나 비합리성은 문화의 모태이므로 그러한 원천을 텐노오 개념에 집중시키는 일이었다. 따라서 국가의 로고스와 에토스는 확실히 구분되고 후자, 즉 문화적 개념으로서의 텐노오가 혁신의 원리가 된다.[32]

미시마가 말하는 국가의 로고스는 법치로 대변되는 근대의 합리적

---

31 킨끼혁명이란 텐노오 친정을 통해 재벌, 관료, 군부, 정치인 등 중간권력을 제거해 직접 민주주의를 이룩하자는 우파 사회주의 계열의 정치운동을 말한다.

32 미시마 유키오·도쿄대 전공투, 김항 옮김, 『미시마 유키오 대 동경대 전공투 1696-2000』, 새물결 2006, 113~14면.

통치다. 그는 "일본의 역사와 전통과 일본인의 심층의식"과 "민족적 심성의 비논리성이나 비합리성"을 구현한 "문화적 텐노오"를 대립시킨다. 그리고 후자가 패전 후 일본, 아니 메이지 이래의 근대 일본을 개혁하는 "혁명이론"의 구심점이 된다. 이는 위에서 말한 법의 안과 바깥에 걸쳐 있기 때문에 강박과 불안을 야기했던 텐노오를 법으로부터 해방하자는 제안으로 이해할 수 있다.

하지만 미시마는 현실적인 개혁 프로그램 혹은 정치운동으로 이러한 비전을 생각한 것은 아니다. 그는 킨끼혁명을 주도한 민간우익이나 청년장교처럼 구체적인 쿠데타나 혁명을 통해 텐노오 친정을 도모하지 않았다. 오히려 그가 이러한 주장을 설파한 것은 주권을 둘러싼 강박과 불안을 스스로의 퍼포먼스를 위한 무대장치로 사용하기 위해서였다. 패전 후 전개된 미시마의 다양한 영위가 따분한 연극이 상연되는 극장으로부터 벗어나기 위한 것이었다면, 텐노오와 주권을 둘러싼 언설장이야말로 이 따분한 연극 그 자체였으며, 미시마는 삼등석에서 무대 위로 뛰쳐올라가 이 연극을 보다 극적인 것으로 연출하려 했다. 이런 맥락에서 「우국」의 청년장교 부부와 「영령의 목소리」의 특공대원이 소환된다. 이들은 주권과 텐노오를 둘러싼 강박과 불안을 스스로의 삶 속으로 끌어안아 극적으로 끝낸 참조점이다. 미시마는 이 일련의 무대장치와 참조점을 치밀하게 구축한 뒤, 자신의 말과 육체를 전부 내걸고 저 따분한 연극의 막을 내린 것이다.

그래서 미시마의 할복 퍼포먼스는 가장 사실적임과 동시에 더할 나위 없이 픽션적이었다고 할 수 있다. 실제 목숨을 끊었다는 점에서 사실적이지만, 그 죽음은 오로지 스펙터클로 소진된 픽션이었다. 이는 근대 일본을 관통한 하나의 절대적 터부를 침범하는 일이었다. 그것은 텐노오로 표상되는 근대 일본의 정당성이 사실과 픽션 사이에서 결정 불가능한 채로 부유하고 있음을 극적으로 보여주는 극한의 퍼포먼스였기 때문이다. 다시 말해 그의 퍼포먼스는 텐노오를 통과해야만 가능했던 근대 일본의 정체성 물음이 궁극적으로는 죽음을 통해서만 완수될 수 있다는 사실의 알레고리였다고 할 수 있다. 그가 선보인 죽음의 퍼포먼스는 텐노오와 주권으로 인한 강박과 불안이 근원적으로 죽음과 무의미를 극복 불가능한 형태로 내장하고 있음을 드러냈기 때문이다. 그런 의미에서 지금도 텐노오와 주권을 둘러싼 강박과 불안에 사로잡힌 이들에게 여전히 미시마의 퍼포먼스는 하나의 임계점으로 기억돼야 할 것이다.

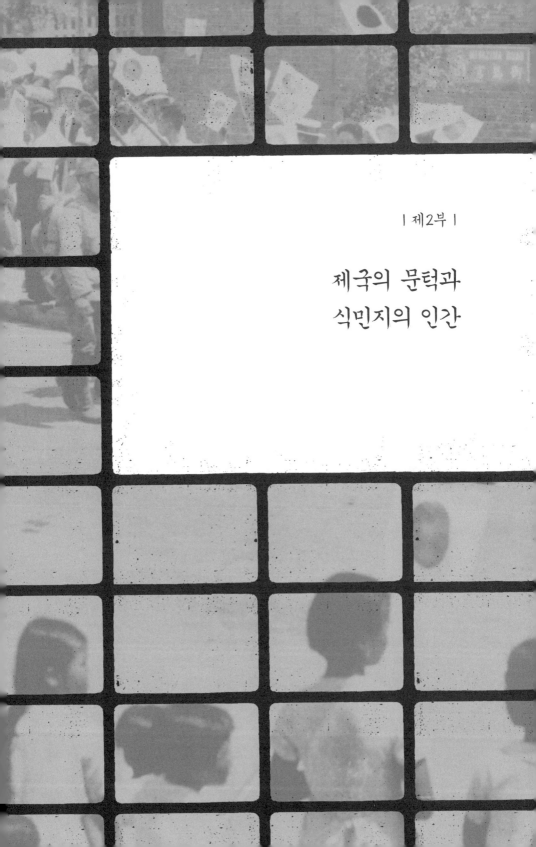

| 제2부 |

제국의 문턱과
식민지의 인간

4장
개인·국민·난민 사이의 '민족'
: 이광수 「민족개조론」 다시 읽기

1. 한반도의 민족/민족주의와 이광수

민족주의(nationalism)를 근대의 산물이라 할 때, 그것은 비교적 한정된 지역에서 언어, 생활관습, 정치제도 등을 공유하는 인간집단이 '근대에 들어와 형성됐음'을 뜻하지는 않는다. 근대의 민족주의는 어떤 인간집단을 앞에서 말한 '그런' 인간집단으로 '사념'하는(imagine) 일이기 때문이다. 다시 말하자면 민족주의의 등장 이전에도 민족이라 불릴 만한 인간집단은 '존재'해왔지만(having been), 그 집단을 민족으로 사념하고 표상하는 언설체계나 실천(민족주의/운동)의 등장 이전에 '민족'은 '실존'하지(existing) 않았다. 민족이라 불리게 될 인간집단은 많은 것을 공유하며 오랫동안 함께 살아왔지만, 민족주의 없이는 스스로를 민족으로 명명하고 사념하고 발화할 수 없었던 셈이다.

한반도의 경우도 예외일 수는 없다. 혹자는 19세기 서구 근대문명이

압도적 힘으로 동아시아를 제압하기 이전에도 한반도의 인간집단은 자기표상의 명칭을 갖고 있었다고 말할지도 모른다. 물론 그렇다. 고려나 조선 등 국명은 물론이고 동이족이라는 종족명을 한반도의 인간집단은 보유하고 사용해왔다. 그러나 이것은 원천적으로 서양으로부터의 '번역어'인 민족(nation)과는 전혀 다른 범주하에서 의미화되는 명칭이다. 왜냐하면 '민족'은 '동이족'이 의미화되는 중화질서 내의 범주가 아니라, 17세기 이래 서구에서 구축된 주권국가 단위 국제질서 내의 범주이기 때문이다. '한민족'이 의미를 가질 수 있는 공리계는 근대 유럽의 주권국가체제가 전지구적으로 확산됨으로써 성립하는 글로벌한 '민족 일반'(nation as such)이라는 범주체계하에서다. 이 범주체계 없이 '한민족'은 일본, 중국, 영국, 프랑스, 베트남 등 여러 다른 '민족들'과 동일한 지평에서 사념될 수 없다. 한반도에서 오랫동안 언어, 생활습관, 정치제도를 공유해온 인간집단은 이 국제질서하의 범주체계와 접속되는 일 없이는 '민족'으로 실존할 수 없었던 것이다.

따라서 민족주의란 한편으로 자기명명과 자기표상에 관련된 자폐적 언설구조임과 동시에, 다른 한편으로는 시작부터 전지구적인 범주체계에 접속돼야 했던 글로벌한 자기개방의 의식체계이기도 하다. 그런 의미에서 자신을 닫기 위해 자신을 여는 것이 바로 민족주의가 내포한 최대의 역설이자 동력인 셈이다. 이 지극히 변증법적인 작동원리야말로 민족주의가 무수한 도전과 위기를 딛고 특정 인간집단의 정체성의 원천으로 남을 수 있었던 원동력이다. 모든 단단한 것을 녹여버리는 자본의 확산력도, 합리적 계획을 통해 생산과 소비를 통일적으로 규율하려던 사회주의의 획일화도 개방과 폐쇄를 오가며 작동하는 이 민족주의를 녹이거나 규율할 수 없었던 까닭이다.

그래서 민족형성은 결코 일국가적 기획일 수 없다. 17세기 유럽에서 발원한 민족형성이라는 글로벌한 정치기획은 민족이 주체가 되는 하나의 국가(state)를 창설하는 일과 불가분의 관계였다. 그런 의미에서 민족형성은 철저히 일국가적 기획이라 볼 수도 있을 것이다. 그러나 이 기획은 자신을 유럽에서 발원한 글로벌한 질서체계에 접속시키는 시도였다는 점에서 시작부터 일국가를 넘어서는 것일 수밖에 없었다. 그것은 지역 내 인간집단의 의식과 행위를 언어와 역사와 문화적 표상을 통해 강력한 통일체로 집결하는 기획이었지만, 그 통일체 형성은 글로벌한 질서체계 속에서 다른 통일체와 '비교'될 수 있는 지평에 접속됨으로써만 완수될 수 있었기 때문이다. 즉 '국민/시민'(citizen)이란 언제나 '세계시민'(cosmopolitan)이어야만 했던 것이다.[1]

이런 관점하에서 19세기 말에서 20세기 초의 한반도를 생각해보면, 민족의식의 고취를 통한 독립적인 주권국가 형성에는 비록 실패했지만, 한반도 내 인간집단이 민족으로 집결하면서 동시에 스스로 글로벌한 질서에 접속하는 민족형성의 움직임이 포착될 수 있음은 부정할 수 없는 사실이다. 지금까지 한반도에서 일어난 민족형성을 다뤄온 수많은 연구 성과들은, 이 '실패'를 어떻게 평가할 것인지, 그리고 이 실패로 말미암아 불가능했던 국가창설이 민족형성 과정에 어떤 영향을 미쳤는지에 집중돼왔다. 이는 궁극적으로 식민지 경험을 어떻게 자리매김할 것인지와 관련된 연구영역을 형성해왔으며, 일일이 열거하기에도 벅찬 성과들이 다양한 분야에서 제시돼왔다.

때로는 격렬한 대립을 야기하기도 했던 이 담론의 장을 각각의 입장

---

1 이에 관한 명쾌한 논의로는 丸山眞男 「開國(1959)」, 『丸山眞男集』 8권, 岩波書店 1999 참조.

에 따라 분류하고 평가하고 성찰하는 일은 여기서의 직접적인 테마도 아니거니와 도저히 감당할 수 없는 과제이기도 하다. 다만 여기서 주목하고자 하는 바는 이 담론장에서 하나의 특권적 이름이 눈에 띈다는 사실이다. 바로 '이광수(李光洙)'라는 이름이다. 이광수는 자연스럽게 문학연구의 대상으로 생각되기 십상이다. 그러나 그 이름은 결코 문학연구에만 등장하는 것이 아니다. 문학연구의 장 밖에서도 이광수라는 이름이 등장한다는 소극적 의미뿐만이 아니라, 문학 연구자가 이광수를 다룰 경우에도 '문학연구'의 경계 바깥에서 논의가 이뤄지는 일이 허다하다는 의미에서도 그렇다.[2] 바꿔 말하자면 이광수를 통해 문학연구는 종래 '문학연구'의 경계를 허물었다고 해도 그리 틀린 말이 아닐 것이다.[3]

이는 물론 1990년대 후반 이래 한국 인문학계를 주도한 '문화연구' 계열의 영향 때문임을 부정할 수 없다.[4] 그러나 결코 그것만이 아니다. 문학연구를 넘어서겠다는 문제의식이 이광수에 주목한 까닭이기도 하

---

2 예를 들어 다음과 같은 논문을 보라. 박찬승 「20세기 한국 국가주의의 기원」, 『한국사연구』 제117권 2001; 곽준혁 「춘원 이광수와 민족주의」, 『정치사상연구』 제11권 1호 2005; 최주한 「민족개조론과 상애의 윤리학」, 『서강인문논총』 제30권 2008; 박슬기 「이광수의 개조론과 기독교 윤리」, 『한국현대문학연구』 제35권 2010.

3 후술하겠지만 식민지 시기를 대상으로 삼아 작가론과 작품론을 넘어 문학연구의 새로운 지평을 연 여러 연구 중 이광수를 논제로 삼은 연구들이 두드러진 성과로 평가받고 있음은 누구도 부인할 수 없을 것이다. 대표적인 것으로는 이경훈 『대합실의 추억』, 문학동네 2007; 김철 『식민지를 안고서』, 역락 2009; 황호덕 『벌레와 제국』, 새물결 2011 등을 들 수 있다.

4 이에 관해서는 김항·이혜령 『인터뷰: 한국인문학의 지각변동』, 그린비 2010; 권보드래·천정환 『1960년을 묻다: 박정희 시대의 문화정치와 지성』, 천년의 상상 2012의 '머리말' 및 '맺는말' 참조.

겠지만, 이광수의 텍스트들이 결코 이광수라는 작가나 작품 내적인 의미로 환원될 수 없는 복잡성과 분열성을 내장하고 있으며, 한반도에서 펼쳐진 민족형성에 대한 하나의 전형을 제시함을 여러 연구자들이 깨달았다는 점이 보다 원천적인 이유일 것이다.[5] 그런 의미에서 이광수라는 개인은 민족형성의 서사를 담지하는 상징적 페르소나였으며, 이광수의 텍스트는 그 서사를 증좌하는 말뭉치인 셈이다.

아래 논의의 목적은 선행 연구들의 이런 문제영역을 비판적으로 계승함으로써, 이광수의 텍스트 속에서 위에서 말한 민족주의 고유의 변증법, 즉 폐쇄와 개방의 상호 길항 및 지양이 어떤 식으로 이뤄졌는가를 가늠하는 데 있다. 이는 이광수가 말하는 민족이 어떤 경로를 거쳐 세계시민과 접속되는지를 추적하는 일이며, 민족과 세계시민 사이의 길항과 갈등이 어떤 양상으로 흔적을 남기고 있는지를 발굴하는 일이다. 이를 통해 이광수라는 페르소나에 투영된 한반도 민족주의에 대한 (탈)서사화의 한계를 적시함과 동시에, 한반도에서 펼쳐진 민족형성을 글로벌-동아시아 차원의 중층질서 속에 재정위하는 것이 아래의 논의가 의도하는 바다. 이를 위해 우선 1960년대의 문제의식을 간직한 김윤식(金允植)의 이광수론과 1990년대 후반 이래 지속된 이광수 독해의 쟁점을 김철(金哲)의 논의를 중심으로 간략하게 개괄한 뒤, 이광수의 「민족개조론」을 식민정책학과 사회심리학이라는 맥락 속에서 재독해함으로써 한반도에서의 민족주의 기획이 내포한 원천적 임계를 추출하도록 한다.

---

5 이를 가장 집약적으로 나타내는 관점은 『무정』 독해를 작가론이나 작품론으로 국한하는 대신, "내가 누구인지 말할 수 있는 자는 누구인가?"라는 민족형성에 관한 물음으로 전환한 김철의 논의다. 김철 「"내가 누구인지 말할 수 있는 자는 누구인가?": 『무정』을 읽는 몇 가지 방법」, 앞의 책 267~81면.

2. 이광수라는 페르소나 혹은 텍스트: '사소설'과 '국가'로서의 일본

확실히 이광수는 하나의 스캔들이었다. 그는 현대 한국어 글쓰기의 원형을 창조했고, 최초의 온전한 한국어 근대소설을 썼으며, 만주·토오꾜오·상하이 등 동아시아의 전방지대를 전전하며 세계를 체험했다. 또한 그 와중에 이광수는 격렬한 반식민 민족주의 투쟁의 선봉에 서기도 했고, 그토록 혐오하던 전통적 혼인관계를 스스로 저버리면서 자유연애의 모범을 보였으며, 민족을 위해 민족을 해체한 후 탈바꿈하겠다는 위태로운 언설행위에 깊숙이 관여했다. 그랬기에 후대의 문필가들이 그를 통해 한반도의 민족형성과 관련된 모종의 서사나 서술성을 확보하려 한 것은 자연스러운 일이었다. 그는 민족을 저버린 친일파의 대표격으로 단죄됐고, 식민지 치하에서 떳떳하지 못했던 이들의 허물을 대속하기 위한 희생양이 되곤 했다. 동시에 그는 한반도의 민족형성 과정에서 표출된 복잡성과 다양성과 이질적 요소들의 절합(articulation)을 보여주는 텍스트이기도 했다. 즉 이광수는 한반도의 민족형성을 온몸에 짊어진 페르소나이자, 그 과정의 복잡한 양상을 기록하고 있는 고고학적 텍스트로 읽혀온 것이다.

여기서 이광수 개인의 친일을 단죄하는 입장은 검토를 요하지 않는다. 개인으로서의 이광수가 이 글의 관심이 아닐뿐더러, 친일이라는 전제 위에서 식민지 치하의 정치·문화·사회 상황을 이해하는 것은 민족이 민족주의 없이는 실존할 수 없음을 인식하지 못한 채, 민족을 민족주의에 앞서 존재하는 불변의 실체로 간주하는 도착적 의식에 기초해 있기 때문이다. 다시 한번 반복하지만 민족은 오래전부터 가치와 제도를 공유하며 살아온 인간집단을 민족으로 사념케 하는 민족주의라는 실천을 통해 비로소 실존할 수 있으며, 그런 의미에서 이광수의 친일은 한반도에서 펼쳐진 민족주의의 한 양상이지 반민족행위가 아니다.[6] 그의 친일이 한반도에서 민족이 실존하기 위한 사념을 나름의 방법으로 전개했기 때문이다.[7]

이광수가 민족을 위해 친일했다고 주장하는 것은 구차한 자기변명이 아니다. 민족개조 입장에서 행한 극단적인 '반민족행위'(전시동원)마저도 민족을 사념하는 방식을 일관되게 내장한 언설체계였다. 따라서 이광수의 반민족행위는 한반도에서의 민족형성을 '부(負)'의 방향에서 주조해온 계보라 할 수 있다. 즉 그의 민족주의는 반민족의 언설이라기보다는, 규범적 민족주의의 그늘에 가려 보이지 않았지만 20세기 초 이래 현재까지 면면히 이어지는 한반도 민족주의의 한 단면인 '자기혐오'의 계보를 보여주는 전형적인 언설체계다.

기존의 이광수 독해 가운데 이 계보를 명확하게 주제로 삼은 것은 드물지만, 규범적이고 때로는 도착적이기까지 했던 '편향적 민족주의'[8]에

---

6 애초에 '반민족'이라는 범주 자체가 심각한 문제를 내포한 개념이라 할 수 있다. 이 글의 맥락에서는 '반민족'조차도 민족형성의 동력으로 삼는 것이 민족주의의 강력한 변증법적 힘이기 때문이다.

7 물론 개인의 영달을 위해 통치권력에 이웃을 팔아넘기거나, 그것을 등에 업고 잔악한 폭력을 행사한 행위는 정치적으로도 역사적으로도 윤리적으로도 단죄받아야 한다. 다만 그것이 반드시 민족의 이름으로 행해져야 할 필연성은 없다. 사족으로 덧붙이자면 앞으로의 역사인식 및 민족주의 연구의 과제는 지배·피지배 혹은 폭력·희생의 관계 및 책임 문제를 다양한 적대의 선을 중첩시킴으로써 탈-민족이라는 실천적 과제 속에서 계승하는 일일 것이다. 그것은 민족의 이름으로 반식민의 역사를 서술해온 기존 패러다임의 폐기가 아니라 적극적인 계승의 한 형태다.

맞서 이광수의 민족담론을 리얼하게 재구성하려는 시도는 꾸준히 있었다. 김윤식과 2000년대 이후의 문화연구 계열의 이광수 독해가 그랬다. 이들의 독해는 민족이 민족주의에 앞서 존재하는 실체라는 도착적 인식에서 벗어나 이광수의 텍스트를 포착했으며, 이광수의 민족담론을 한반도의 민족주의, 즉 민족형성 사념체계의 전형이자 집약으로 파악했다. 물론 두 독해 사이에 간과할 수 없는 차이가 존재하지만, 이광수의 텍스트를 그 어떤 전제된 규범체계로도 환원하지 않고 그 자체로 읽어내려 한 점에서, '반민족의 상징으로서 이광수'가 아니라 '민족형성의 고고학적 지층으로서 이광수 텍스트'라는 문제영역을 개척한 시도로 자리매김할 수 있다. 이 문제영역에서 중요한 지점은 '일본'을 민족주의 서사에서 말소하는 것이 아니라, 거꾸로 민족형성에 뿌리 깊게 드리워진 일본의 그림자를 추적하고 적출하는 것을 과제로 삼았다는 사실이다. 그래서 민족형성의 편력을 묻는 이 문제영역에서 핵심이 되는 물음의 대상은 '일본'이다. 우선 김윤식의 독해부터 살펴보도록 하자.

'사소설'과 민족의식: 이광수와 일본 1

김윤식의 이광수 독해는 곧바로 식민지 독해였으며, 궁극에서는 한반도에서의 민족주의 언설에 대한 검토였다. 김윤식은 무엇보다 이광수의 '고아 의식'에 집중했다. 이광수는 11세 때 양친을 여읜 실제 고아이면서 동시에 '시대의 고아의식'을 간직한 페르소나였다.[9] 그런 의미에서 김윤식의 이광수 독해는 '이광수와 그의 시대' 독해여야만 했으

---

8 한반도 민족주의의 규범적 편향에 대한 최초의 문제제기 중 하나로는 임지현 『민족주의는 반역이다』, 소나무 1999 참조.

9 김윤식 『내가 읽고 만난 일본』, 그린비 2012, 714면.

며, 이광수를 통해 식민지 시기 민족형성의 담론장을 드러내는 일이었다. 이광수와 그의 시대가 고아 의식으로 표상될 수 있다면, 이때의 시대정신은 가족으로부터 내버려져, 즉 기존 전통과 질서와 규범이 무너져 새로운 자기정체성의 준거를 찾아 헤매는 것일 터이기 때문이다. 이런 틀 위에서 김윤식이 추출한 이광수 민족주의의 특징이란 다름 아닌 '밤의 논리'로서의 민족주의다.

밤의 논리는 이광수의 민족의식을 상징하는 김윤식의 조어이며, 당연히 '낮의 논리'와 대비된다. 김윤식의 설명을 인용해보자면, 우선 낮의 논리는 "인간의 이성이 그 최고의 수준을 향해 나아가는 합리주의에 기반을 둔 것이며, 이 빈틈없는 진보주의는 결코 멈추거나 속도를 줄이지 않는다". 이에 반해 밤의 논리는 제국주의의 합리주의와 진보주의를 따라잡기 위한 "아무런 방도가 없는 상태인데도 교육과 산업만 준비하면 모든 것이 절로 될 듯 외쳐댄" 춘원과 육당의 "심정적 세계"를 말한다.[10] "사상가로서의 춘원의 비극"이었던 이 밤의 논리는 "춘원의 장년기는 물론 전생애에 걸쳐 변함이 없다".[11] 그런 한에서 이 밤의 논리는 식민지 시기 민족형성 담론의 주저음(主低音)을 이루는 톤이었다.

김윤식이 보기에 이광수를 비롯한 그 시대의 민족주의는 이 '심정적 세계'를 벗어나지 못했고, 그런 한에서 냉엄한 당대의 세계정세를 조망할 수 있는 "제3의 시점"을 결코 획득할 수 없었다. 이 제3의 시점 없이 한반도의 민족주의가 심정적 낭만주의를 벗어나 인간집단을 집합적 통일체로 구성하기는 불가능했다. 이광수에게는 교육, 산업, 언론, 심지어

---

10 이상의 인용은 김윤식 『이광수와 그의 시대』 1권, 한길사 1986, 324면.
11 김윤식, 앞의 책 275면.

전쟁이라는 극한의 인간행위마저도 스스로의 심정적 세계를 드러내는 외적 징표에 지나지 않았는데, 이러한 개인 심정적 차원의 사념은 집단적 통일성이나 글로벌한 질서와는 접속할 수 없다고 본 것이다. 김윤식은 이광수를 통해 본 식민지 시기의 민족주의가 이러한 심정적 폐쇄성에 갇혀 있었음을 담담하게 기록했다.

그래서 김윤식의 기록은 심정적 세계에 갇혀버린 이광수의 민족주의를 단죄하거나 비난하지 않는다. 오히려 그는 이광수의 민족주의를 보다 넓은 맥락에 위치시켜 '비극'이라 부른다. 이런 태도는 예컨대 1960년대의 이광수론과는 전혀 다르다. 1960년대의 논자들은 "민족의 자존을 방해하는 모든 것에 대해 직접 투쟁하기를 그치고 〈구구한 정치문제 같은 것에 잡혀서는〉 못 쓴다라고 선언하고, 도덕적 교양주의에 떨어져 버린"이로 이광수를 규정하며, 이런 "정치의식의 결여는 국권·민권과 문화를 별개의 것으로 인정하게 하였고, 문화의 내실을 민족 역량의 충실로 착각하게 만든 것"이라고 단죄한다.[12] 그러나 김윤식은 이런 정치의식의 결여와 심정적 도덕주의가 국권의식이 없기 때문이라고 파악하지 않는다. 그는 이광수의 심정적 민족주의가 하나의 '운명'이라고 보고 있다.

김윤식이 운명이라고 한 이유는 제국주의 질서하의 제국-식민지 혹은 선진-후진 사이의 뒤집을 수 없는 위계질서 때문이다. 식민지나 후진국이 실력양성으로 제국이나 선진국을 따라잡는 것은 제국-선진국이 정지해 있다는 전제하에서만 가능한 이야기인데 그럴 리는 만무하다. 제국-선진국은 몇배 빠른 속도로 나아가기 때문이다. 그래서 "우리

---

12 김윤식·김현 『한국문학사(1973)』, 민음사 1996, 198, 202면.

는 꼴찌에서 영영 벗어나지 못하게 된다. 절망인 것이다".[13] 김윤식은 이 운명을 자각한 극한의 피식민-후진의 사상으로 루쉰(魯迅)을 언급한다. 루쉰은 노예상태에서 벗어나는 길은 주인이 되는 것이 아니라 노예의 식을 끝까지 밀고나가는 것이라고 설파했다. 노예로서의 저항만이 '길 없는 곳의 길'을 개척해 운명으로부터 벗어나는 새로운 길을 열 수 있다고 생각했기 때문이다.[14] 그것은 절망을 절망으로서 뼈 속 깊숙이 각인하는 일이었으며 이광수에게는 없었던 제3의 시점이었다.

그렇다면 이광수가 루쉰과 같은 제3의 시점을 얻거나 철저한 절망을 깨달을 수 없었던 이유는 무엇인가? 바로 '일본' 경험이다. "동경의 마권에서 벗어나면 독립사상이 머리를 드는 것이며, 동경의 마권으로 접근하면 이미 품은 독립사상도 눈 녹듯 사라지는 것"[15]이라는 김윤식의 서술에서도 알 수 있듯이, 절대적 운명 같은 글로벌 질서가 일본에 가려 보이지 않았던 것이다. 그래서 김윤식은 다음과 같이 말했다. "이광수에 있어 일본이란 무엇인가. 내가 당초부터 내내 시달린 것은 이 물음이었다."[16] 김윤식이 일본어 작품 「사랑인가」(1909)와 「만영감의 죽음」(1936)을 이광수 문학의 원점으로 놓는 것은 의미심장하다. 그것은 이광수가 일본을 통해서 세계를 바라봤다는 사실명제의 내적 회로를 파고드는 파악이기 때문이다.

여기서 결정적인 것은 이광수의 처녀작(「사랑인가」)과 일본 문단에 대한 자기를 건 답변(「만영감의 죽음」)이 '사소설'의 형식을 취했다는 사실

---

13 김윤식, 앞의 책 324면.
14 이에 관해서는 6장 참조.
15 김윤식 『이광수와 그의 시대』 2권, 한길사 1986, 601면.
16 김윤식 『내가 읽고 만난 일본』 741면.

이다. 사소설이란 일본 근대소설 특유의 형식으로, 작가가 바라본 외부 풍경에 심정의 상태를 싣는 전형적인 자기고백의 서사다. 김윤식이 볼 때 이광수에게 일본이란 결국 이 사소설이었다. 이광수와 그 시대의 민족의식은 바로 이 사소설에서 한걸음도 나아가지 못했다는 것이 김윤식의 판단이었다. 그래서 그는 이광수와 그의 시대를 "매우 허술하고, 수미일관되지 못하며, 군데군데 금이 갔고, 한마디로 비합리적인 것 또는 '착란의 논리' '밤의 논리'에 속했던 것"이라면서 "춘원이 살았던 시기는 망국에서 해방까지 이르는 기구한 역사의 '괄호 속'"이라 위로한 것이다. 김윤식이 바라본 이광수와 그 시대의 민족의식이란 일본으로 인해 글로벌 질서에 대한 인식이 차단당해, '밤과 착란의 논리'로 점철된 '괄호 속'의 민족의식인 셈이다. 그리고 이 괄호 속 민족의식을 보다 세밀하고 깊이 있게 마주함으로써 이광수 시대의 민족의식 형성이 '민족사'의 예외시기가 아니라 민족형성의 근원적인 구성 계기였음을 설파한 것이 바로 2000년대 이후의 문화연구적 패러다임이다. 이제 김철의 입론을 중심으로 그 전개를 살펴보자.

고고학적 기록으로서의 이광수: 이광수와 일본 2

확실히 "2000년대 이래의 문화연구(또는 문화론적 연구)는 4·19세대의 지적 유산을 우회한 방법"이었다.[17] 4·19세대는 다음과 같은 앞선 세대의 의식을 뛰어넘는 것을 스스로의 과제로 삼았다. "한국어 말살 정책에 의해 일본어를 국어로 알고 성장한 세대(50년대 문학인들─인용자)는 급작스러운 해방 때문에 문장어를 잃어버린다. 그래서 한글로 개개인

---

17 권보드래·천정환『1960년을 묻다』552면.

의 사고와 감정을 표현해야 한다는 어려움에 부딪힌다. 사물에 대해 반응하고, 그것을 이해하고 비판하는 작업은 일본어로 행해지는데, 그것을 작품화할 때는 일본어 아닌 한글로 행해야 한다는 어려움, 그것은 사고와 표현의 괴리 현상을 낳는다."[18] 그래서 4·19세대의 지성이란 한국어로 생각하고 한국어로 쓰는 문장의 확립을 모토로 삼은 세대 단절 의식의 발로였고, 김윤식이 말한 '괄호 속'의 시대를 말 그대로 괄호 속에 묶어 한국 민족사의 '예외'로 삼는 역사관을 전면에 내세웠다. 즉 탈식민이야말로 4·19세대 지성이 지향한 목표였다.

이런 탈식민의 과제는 자연스럽게 '민족사'나 '한국문학사'의 확립으로 연결됐다. 그 흐름 속에서 민족이나 한국문학은 한반도 민족서사의 궁극적 주체/주어로 자리매김됐고, 이 강력한 주체/주어 아래에서 역사의 모든 흔적과 기록은 민족을 중심으로 재배치됐다. 2000년대 이래의 문화연구는 이런 주체/주어와 중심에 가렸던 역사의 주변부를 되살렸고, "제도·담론·표상이라는 미개척 분야를 답사해 식민지 시대 사회·문화에 대한 새로운 상을 가시화"했다.[19] 아는 탈식민이라는 목표가 민족을 마치 화석처럼 굳어진 실체인 양 신성시하는 편향된 민족주의를 낳은 것에 대한 비판이었다. 이 패러다임을 주도한 국문학자 김철의 회고는 이를 확증해준다.

80년대 말~90년대 초의 세계사적 변화와 그 충격 속에서 저 자신도 아주 심한 갈등을 겪었습니다. (…) 민족문학사 같은 걸 더이상 못 가르치

---

18 김현 「테러리즘의 문학: 오십년대 문학소고」, 『문학과지성』 1971년 여름, 241면.
19 권보드레·천정환, 위의 책 552면.

겠더라는 말이에요. (…) 그러다 보니까 결국 식민주의나 식민성 문제에 천착하지 않을 수 없지요. 기왕의 민족저항사적 관점이라든가 민족문학 사적 관점으로는 전혀 해소될 수 없는 문제들이 등장하고, (…) 그것이 아마 기존의 내셔널리스트들에게는 심히 마음 불편한 것이었을지도 모릅니다.[20]

김철은 '기존의 내셔널리스트'의 기원으로 4·19세대를 염두에 두고 있다. 그가 보기에 4·19세대는 "시민지적 흔적을 지우고 민족주체의 내러티브만으로 역사를 설명하려는 욕구"를 가진 "한글세대"였으며, "한국근대문학의 식민성을 지우고 자신을 하나의 보편으로 상승시키기" 위한 역사서술을 의도한 이들이었다.[21] 이랬을 때 식민지 시기는 '괄호 속'의 시대로 망각되고, "식민주의의 실체"를 알 수 없게 된다.[22] 그러나 이 식민주의의 실체를 알지 못한다면 한반도에서 '민족'으로 명명된 인간집단은 "내가 누구인지 말할 수 있는 자는 누구인가?"라는 물음에 답할 수 없을 뿐 아니라, 그런 물음조차도 제기할 수 없게 된다. '내가 누군지 말할 수 있는 자는 누구인가'는 한반도에서 언어와 문화를 공유했고 폭력과 지배의 경험을 함께한 이들을 어떻게 하나의 민족으로 여겨 왔는지에 대한 물음이다. 식민주의를 괄호 속에 묶어 유폐해버리면, 한반도의 민족이란 "오인(吾人)은 이 강토에 강림한 신종족(新種族)"[23]이라는 신화적 사유의 대상이 되면서 이 물음을 망실할 것이기 때문이다.

---

20 김항·이혜령 「김철과의 인터뷰」, 『인터뷰: 한국 인문학의 지각변동』 27~28, 31면.
21 김항·이혜령, 앞의 책 34면.
22 김항·이혜령, 앞의 책 34면.
23 김항·이혜령, 앞의 책 27면.

이런 관점하에서 김철은 이광수를 독해한다. 그는 『무정』에서 주인공 이형식을 중심으로 한 계몽의 서사 대신에 아주 사소하고 부차적인 사건, 인물, 장면 등에 초점을 맞춰 읽을 것을 제안하거나, 생뚱맞게 '기차'를 주인공으로 삼아 독해해볼 것을 제안한다. 그랬을 때 『무정』은 "한국의 풍부한 풍속사전으로서의 흥미를 제공하는 기록물"이 되거나, 낯선 타자와 만나는 익명의 공간인 기차가 "20세기 식민지 조선의 새로운 공공영역을 표상하는 물체"라는 새로운 시점을 만날 수 있다.[24] 또한 김철은 이 소설에 등장하는 '경찰'에 주목함으로써 근대국가의 물리적 지배력과 일상의 삶이 만나는 원초적 장면을 읽어내거나, '한문식과 영문식'이라는 소설의 대당(對當)이 문명의 위계라는 글로벌 질서가 제국의 변방 한반도에 남긴 흔적이라는 식의 독해방식을 제안한다. 결국 이 모든 것은 '식민지를 통한 근대 경험'이 "내가 누구인지 말할 수 있는 자는 누구인가?"를 밝혀내기 위해 탐사돼야 할 고고학적 지층임을 내세우는 방법론적 의식인 것이다.

이 의식을 통해 이광수의 텍스트는 문명의 글로벌한 위계질서가 식민지 지배라는 굴절을 거쳐 한반도에 각인되는 풍경을 그려낸 기록물로 자리매김된다. 김철은 『흙』을 독해하면서 '한국학 또는 한국적인 것'이 '민족 일반'이라는 글로벌한 범주에 접속될 때만 확정 가능함을 논증한다. "'김치는 음식 중에 내셔널 스피릿'이라는 발화에는 기묘한 굴절이 존재한다. 서둘러 말하면, 이 발화는 '김치'로 상징되는 '민족정신'이 '내셔널 스피릿'이라는 번역을 매개함으로써만 존재할 수밖에 없는 사정을 가장 압축적으로 제시하고 있는 것이다."[25] 그래서 김철에게

---

24 김철 「내가 누구인지 말할 수 있는 자는 누구인가?」, 『식민지를 안고서』 268~72면.

이광수의 텍스트란 한반도의 민족형성, 즉 "정체성의 자각"이 "이질적인 것(foreignness)과의 조우, 타자(others)라는 거울을 통한 반사 없이는" 불가능했음을 보여주는 증거다.

그렇다면 이때 식민지배의 주체 '일본'은 어떤 위상을 가진 존재였을까? 그것은 민족의 '경쟁자'인 '국가'로서 등장한다. 김철은 1930년대 중반 이후의 식민사회를 염두에 두면서 『흙』의 한 장면을 의미심장한 것으로 분석한다. 고향 '살여울'에서 농촌운동을 벌이던 중 살인 누명을 쓰고 심문을 받는 장면에서 변호사 허숭과 일본인 주재소장은 다음과 같은 대화를 주고받는다.

"대관절 너는 왜 이곳에 왔느냐" 하고 소장은 화제를 돌린다.

"애써 고학을 해서 변호사까지 되어 갖고 무슨 까닭에 이 시골 구석에 와서 묻혔느냐 말이다."

"상여울은 내 고향이니까 고향을 위해서 좀 도움이 될까 하고 와 있었소. (…) 글 모르는 사람 글도 가르쳐주고 조합을 만들어서 생산, 판매, 소비도 합리화를 시키고, 위생 사상도 보급을 시키고 생활 개선도 하고, 그래서 조금이라도 지금보다 좀 낫게 살도록 해보자는 것이오."

"무슨 다른 목적이 있는 것 아닌가. **지금 그런 일은 당국에서도 다 하고 있는 일인데, 네가 그 일을 한다는 것은 당국이 하는 일에 대해서 불만을 갖고 당국에 반항하자는 것이 아닌가.**"[26] (강조는 김철)

25 김철 「'결여'로서의 국(문)학」, 『식민지를 안고서』 21면.

26 김철, 앞의 글 34면. 원래 이 부분의 분석은 다음 논문에서 인용한 것이다. 이경훈 「『흙』, 민족과 국가의 경합」, 『대합실의 추억』, 문학동네 2007.

여기서 민족개조 의식으로 가득 찬 허숭의 농촌계몽운동은 법률과 합법적 무력으로 지배하는 국가 통치, 즉 '당국'에 대한 반항으로 여겨진다. 이는 경찰이 조폭을 용납하지 않고 범죄 집단으로 간주하는 것과 같은 이치다. 트러블을 해결한다는 명목으로 상인들에게 '상납금'을 뜯어가는 조폭이나, 범죄를 예방하고 단속하면서 '세금'을 걷는 국가-경찰이나, 현상학적으로 봤을 때 동일한 집단이지만 그 차이는 '합법' 여부에 있다. 그래서 허숭의 농촌계몽운동은 똑같은 목적을 갖고 있더라도 '불법'이다. 아니 불법에 그치는 것이 아니라 무언가 수상한 '의도'를 지닌 것으로 간주된다. 국가란 조폭이든 농촌계몽운동이든, 자신과 경합하는 실천집단에 대해 불법의 올가미를 씌워 단속하면서 합법적 폭력을 독점하는 기구이기 때문이다.

그래서 이광수의 민족주의는 이미 언제나 패배와 실패를 운명으로 간직한 사념이었다. 이런 맥락에서 보자면 1940년 이후 이광수의 친일 행각이란, 국민으로 자기전화를 할 수 없었던 피식민 민족의 운명을 극명하게 보여주는 일이었다. "'국가'와의 경쟁에서 '민족'은 패배하기 십상이었을 터"[27]이기에 그렇다. 그래서 이광수에게 일본은 민족개조라는 이상을 좌절시키는 국가라는 '장벽'이면서 동시에, 민족개조가 '국민(citizen)되기'라는 활로를 모색하게끔 해주는 '기회'이기도 했다. 2000년대의 문화연구 패러다임은 이광수를 독해함으로써 한반도에서 민족주의가 '국민되기'로 수렴하는 원초적 장면을 탐사한 것이다.[28]

---

27 이경훈, 앞의 책 101면.
28 그 과정에서의 생명정치(bio-politics)적 함의를 집요하게 탐구한 연구성과로, 황호덕 『벌레와 제국』, 새물결 2011을 참조할 수 있다.

3. 식민정책학, 존황심, 사회심리학: 「민족개조론」의 분절과 재맥락화

　김윤식과 김철은 한반도에서 펼쳐진 근대문학 및 민족형성의 파노라마를 이광수라는 페르소나 혹은 텍스트를 통해 제시하려 했다. 그 이유를 문학으로 한정하자면, 이광수를 '선배'로 전제하면서 한반도의 '근대문학'이라는 제도(문단)가 탄생했기 때문이며,[29] 보다 넓은 맥락에서는 한반도 내부의 민족 사념이 이광수라는 페르소나와 이광수의 텍스트에 집약적으로 각인돼 있기 때문이다. 결국 이광수는 한반도의 민족주의 ─ 편향된 민족주의에서 말하는 '반민족'까지를 포함하는 ─ 가 스스로를 육화하고 기록하는 특권적 이름인 셈이다.

　이때 '일본'은 이광수의 이름을 특권화하는 중요한 계기가 된다. 김윤식은 이광수의 일본 체험을 들며 한반도의 민족형성이 '사소설' 형식을 취한 '밤의 논리'에 침윤됐음을 위로했고, 김철은 합법적 폭력을 행사할 수 있는 유일한 기구로서의 '국가' 체험이 한반도에서 일본을 통해 시작됐음을 설파했다. 즉 한반도에서 민족형성은 한편에서 고백하는 내면으로, 다른 한편에서 국민되기의 열망과 좌절로 서사화될 수 있는 것이다. 이광수는 이 두가지 벡터를 1940년대 전쟁시기에 하나로 통합했는데, 그것이 바로 그의 '친일행각'이다. 일제의 대동아공영권 건설 슬로건에 동조한 한반도의 지식인 대부분이 그랬듯이, 이광수는 "내선일체 및 황민화 정책의 완전한 실현"을 위해 "조선인뿐만 아니라 일

---

29 이경훈 「춘원과 『창조』: 근대 문단 형성의 한 양상」, 『대합실의 추억』 45~71면.

본인 쪽의 철저한 자기갱신과 반성을 촉구하는" 에세이와 소설을 발표했다.[30] 이는 '제국'의 인민들이 철저한 자기 내면의 고백과 반성을 통해 새롭게 '국민'으로 거듭나는 일을 뜻했다. 즉 이광수는 내면 고백을 통한 자기반성 및 도덕을, 건설 중인 제국의 국민과 결합함으로써 내면으로 침잠하지도 않고 국가와 길항하지도 않는 '민족개조'의 꿈을 이룰 수 있다고 믿었던 것이다.

이렇듯 민족개조라는 이광수의 '미망(迷妄)'이 '국민되기'의 열망으로 귀결됐음은 엄연한 사실이다. 그렇기에 김윤식은 식민지 시대를 '괄호 속'이라 명명하면서, 식민지배에 대한 협력 외에는 '국민되기'의 길이 원천적으로 차단된 시대의 운명에 깊은 공감과 동정을 보냈고, 김철은 이광수와 식민지 시대 지식인들이 일본이라는 거울을 통해 굴절된 '국민되기'의 욕망을 드러낸 것이라 읽었다. 이들이 보기에 이광수의 비극과 미망은 식민지 시기 일본으로 인해 중층적인 굴절을 겪은 한반도 내부의 '국민되기' 열망에 뿌리를 둔 것이었다. 사소설 형식으로 민족을 고백하고 도덕화할 수밖에 없었던 까닭과 '내지의 국민'마저도 스스로를 초극해 새로운 '국민'으로 탈바꿈하라고 요청할 수밖에 없었던 까닭이 여기에 있다. 개인 내면과 제국 국민의 철저한 창신이라는 양극 속에서 이광수의 비극과 미망은 요동치고 있었던 셈이다.

그러나 그것은 과연 "일찌감치 예비되어 있었던"[31] 것일까? 진정 이광수에게 민족개조란 '국민되기'를 목표로 한 것이었을까? 이광수는 민족을 개인과 국민 어느 한쪽으로 환원해서 사념할 수밖에 없었던 것

---

30 김철 「동화 혹은 초극」, 앞의 책 215면.
31 이경훈, 앞의 책 101면.

일까? 아마도 그럴 것이다. 그러나 그 까닭은 단순히 김윤식이 말하는 것처럼 "14세에 첫 일본유학을 한 춘원에겐 그의 모든 지식과 세계관의 틀이 이때 잡혀버렸"[32]기 때문도 아니고, 김철이 말하는 것처럼 "'조선'이 '국가'의 결여태로서 존재하는"[33] 현실 때문도 아니다. 물론 두 사람의 주장은 전적으로 타당하다. 그러나 그 타당성이야말로 문제가 자리하는 지점이다. 그 명백한 타당성 때문에 눈에 띄지 않게 봉쇄된 일종의 모호한 회색지대가 남기 때문이다.

김윤식 말대로 이광수 초기의 논설 및 『무정』에 드러나는 계몽주의는 20세기 초, 일본식 시대구분으로는 메이지 말기에서 타이쇼오 시기 (1900~1920년대) 일본의 지적 분위기에 많은 영향을 받았다. 또한 김철이 말한 대로 식민지 조선이 주권과 영토와 인민을 구성요건으로 하는 '국가'를 결여했음도 말할 필요없는 사실이다. 그러나 이광수의 민족 사념을 이 두가지 명백한 사실로 환원하기 이전에 물어야 할 것은, 과연 그 시기 일본의 지적 분위기와 식민지 조선의 국가 결여가 어떤 관계를 갖고 있는지다. 개인의 내면과 국가 사이에 어떤 지대가 펼쳐져 있는지가 문제인 것이다.

이는 내면으로 침잠하는 순수한 '개인'과 강제적인 권리나 의무의 형태를 띤 법률로 정의되는 '국민' 사이의 위상학적 관계를 묻는 일이다. 즉 민족이 개인과 국민 사이에 있는 것이라고 할 때, 순수하게 개인도 아니고 법률적으로 국민도 아닌 이 '(조선) 민족'을 개인과 국민 어느 한쪽으로 환원하는 일 없이 ── 그것이 개조를 통해서든 결여를 통해서

---

32 김윤식 『이광수와 그의 시대』 2권, 600면.
33 김철, 앞의 책 35면.

든— '민족'을 개인과 국민이 중첩되는 회색지대에 정위시켜보자는 것이다. 이런 맥락에서 「민족개조론」(1921)은 이광수의 민족 사념이 개인으로도 국민으로도 환원할 수 없는 회색지대를 지시함을 드러낸다. 동시에 이 회색지대야말로, 동아시아에서는 굴절된 형태로 나타난 제국주의-식민지라는 글로벌 질서가 어떻게 정치적 사유의 임계점을 한반도에 각인했는지 보여준다. 서두의 맥락을 환기하자면, 「민족개조론」은 사람을 보편적 인간(a cosmopolitan)이자 특정 국가의 국민(a citizen)으로 주조해야 했던 근대의 민족형성 일반에 내재한 정치적 위상학이 한반도에서 어떤 식의 굴절을 거쳐 뿌리내렸는지를 보여주는 "고고학적 필름"[34]인 것이다.

「민족개조론」의 분절점: 르 봉, 반혁명의 사상가[35]

「민족개조론」이라는 텍스트의 톤은 개조를 외치는 주장에 비해서는 매우 차분하다. 이미 조선 문단과 언론계에서 이름을 날리며 명사의 지위를 얻어가던 이광수의 자신감이 묻어나는 문장력이 돋보이기도 한다. 그런데 이 차분함과 자신감이 개인의 역량에서만 비롯된 것은 아니다. 「민족개조론」 서두에서 "태평양회의가 열리는 날에"[36]라고 밝히고

---

34 최인훈 『최인훈 전집』 3권, 문학과지성사 1994, 9면.

35 아래에서 「민족개조론」의 주요 주장과 이광수의 다른 텍스트들과의 관계는 주된 논의 대상으로 삼지 않는다. 이미 수많은 깊이 있는 연구들이 제시됐기에 그보다 모자란 논의를 덧붙일 이유가 없기 때문이다. 이 텍스트의 주요 주장에 대한 핍진한 고찰로는 김현주 「논쟁의 정치와 『민족개조론』의 글쓰기」, 『역사와 현실』 제57집 2005 참조. 또한 이 텍스트와 1910년대의 다른 텍스트군(특히 「대구에서(1916)」) 사이의 연속성을 분석한 글로는 김현주 「식민지에서 '사회'와 '사회적' 공공성의 궤적」, 『한국문학연구』 제38권 2009 참조.

36 빠리강화회의에 실망한 조선 지식인들이 이 회의에 큰 기대를 건 것은 익히 알려진

있듯이 이 텍스트는 1차대전 종결 이후 국제정세의 자장 안에서 집필됐는데, 이때는 19세기 이래 변함없이 지속된 제국주의 열강에 의한 세계 분할, 즉 식민통치에 모종의 변화가 오리라는 전망이 충분히 가능한 시기였기 때문이다. 1919년 2월 토오꾜오 유학생의 독립선언서 집필 이래 상하이 망명정부를 거쳐 서울로 돌아온 이광수는 이런 국제정세가 조선민족의 점진적 계몽과 개조를 실현할 호기라고 여겼다.[37]

1차대전 이후 미국 대통령 윌슨이 주창한 '민족자결'의 원칙과 국제연맹 결성은 전지구의 식민지 지식인들에게 큰 희망을 안겨주는 선언이었다. 결론적으로 이 원칙과 국제조직이 유럽 바깥 지역의 정치질서에 실질적 변화를 당장 초래한 것은 아니었지만, "구주대전[1차대전]이 끝나고 빠리에서 평화회의가 열렸을 때에 우리는 이를 세계를 개조하는 회의라 하였습니다"[38]라는 이광수의 말에서 알 수 있듯이, 1918년에

사실이다. 하지만 미국 주도로 태평양 지역의 질서를 재편하려는 목적에서 개최된 이 회의에 조선의 자리나 몫은 애초부터 없었다. 이 회의가 '태평양회의'나 '워싱턴회의'라고 한국어로는 통칭되지만, 영어 정식 명칭은 'Washington Naval Conference'인 데서도 알 수 있듯이, 이 회의의 주요 목적은 당대 지배적 조류였던 군축 조약이었다. 아울러 열강들의 핵심 이해관심이었던 중국 문제의 처리도 주요 의제였다. 결국 이 회의를 통해 결정된 사항은 미·영·일 구축함 비율의 재조정(5:5:3), 동남아 식민지의 현상유지, 그리고 대중국 9개 조약이다. 이 회의에 대한 식민지 조선의 반응을 연구한 것으로는 고정휴 「『한국인민치태평양회의서』(1921)의 진위 논란과 서명인 분석」, 『한국근현대사연구』 제58집 2011 참조.

37 물론 당대의 조선 내 지식인들이 이광수를 의심했듯이, 이 텍스트가 이광수의 총독부에 대한 순종 서약을 보여주는 것일 수도 있다. 이에 관해서는 김윤식 『이광수와 그의 시대』 2권, 3~10장 참조.

38 이광수 「민족개조론」, 『이광수전집』 17권, 삼중당 1962, 169면. 이하 이 글로부터의 인용은 본문 안에 면수만을 표기하고, 원 텍스트의 한자표기는 특별한 경우가 없으면 한글로 표기한다.

서 1920년대 초에 걸친 시기가 국제질서에 모종의 변화가 생기리라 예감하는 분위기로 가득 차 있었음은 충분히 감지할 수 있다. 특히나 이광수에게 중요했으리라 추측되는 것은 1차대전 종결 직후인 1919년, 일본에서 잡지『카이조오(改造)』가 창간된 일이다. 인류 최초의 총력전과 러시아 사회주의 혁명이라는 미증유의 사건이 일어난 무렵 창간된 이 개혁잡지가 이광수에게는 세계의 분위기를 집약하는 하나의 상징이었을 것이다.

> 「지금은 개조의 시대다!」하는 것이 현대의 표어이요, 정신이외다. 제국주의의 세계를 민주주의 세계로 개조하여라, (…) 생존경쟁의 세계를 상호부조의 세계로 개조하여라, 남존여비의 세계를 남녀평권의 세계로 개조하여라 (…) 이런 것이 현대의 사상계의 소리의 전체가 아닙니까.
> (170면)

이렇게 전제를 단 뒤 이 텍스트는 민족개조를 위해서는 계획과 목표가 중요함을 설파한 후 역사적인 민족개조운동을 고대 그리스로부터 일본의 메이지유신에 이르기까지 섭렵한다. 이광수는 이 역사적 개조운동에서 단체형성이 중요하다고 강조하는데, 갑신년 이래의 조선 개조운동이 단체를 결여하거나 그 형성이 미흡했던 탓에 실패하기에 이르렀다고 냉정한 어조로 진단하면서 상(上)편을 마무리한다. 이어지는 중편에서 이광수는 "내가 제창(차라리 소개)하려는 민족개조론의 본론"으로 들어간다. 여기서 주목하고 싶은 점은 민족개조의 본론과 개조라는 "현대의 표어" 혹은 "정신"이 이질적인 사상계보 사이의 절합으로 이뤄졌다는 사실이다. 이 절합이야말로「민족개조론」에 각인된 글로벌한 정치질서의 중층적인 굴절을 보여준다.

민족개조의 본론을 이루는 중편은 '민족개조는 도덕적일 것' '민족성의 개조는 가능한가' 그리고 '민족성의 개조는 얼마나 시간을 요할까'로 구성돼 있다. 그 장황한 논설의 내용에 앞서 본론의 이론 토대로 귀스타브 르 봉(Gustave Le Bon)이 인용됐다는 점에 집중해보자. 르 봉이 이광수에게 큰 영향을 미쳤다는 점은 이미 여러 연구에서 지적된 바 있지만, 주로 사회심리학이라는 관점에서 다뤄져왔다.[39] 그러나 이광수가 분명히 1910년대 일본을 경유해 르 봉을 접했음을 연두에 둘 때, 그 영향관계에서 사회심리학의 측면만을 강조하는 것은 '개조'로 대변되는 (이광수가 파악한) 당대의 시대정신과 호흡하며 서술된 「민족개조론」의 맥락화를 위해서는 부족한 감이 있다. 이를 보충해 보다 넓은 맥락에서 이 텍스트를 이해하기 위해서는, 르 봉이 1910년대 및 1920년대 일본에서 어떻게 수용됐는지에 주목할 필요가 있다. 이 지점에 주목하다 보면 민족개조의 '본론'과 개조에 호응하는 '서두'의 문제설정이 왜 이질적인지 드러난다.

르 봉은 '대일본문명협회'가 1910년 8월에 출간한 『민족발전의 심리(民族發展の心理)』라는 책을 통해서 처음 일본에 소개됐다. 이 책은 원저 *Les Lois Psychologiques de l'évolution des peuples*(1894)을 번역한 것이다. 그후 이 협회는 1910년 12월에 연이어 발간한 『군중심리』(*Psychologie des foules*, 1895)와 앞의 글을 합본해, 1915년 『민족심리 및 군중심리(民族心理及び群衆心理)』라는 책을 출간한다. 이광수가 읽은 텍스트가 어떤

---

[39] 대표적인 것으로 김현주 『이광수와 문화의 기획』, 태학사 2005; 이재선 「이광수의 사회심리학적 문학론과 '퇴화'의 효과: 문사와 수양을 중심으로」, 『서강인문논총』 제24권 2008.

것인지는 확실하지 않지만, 「민족개조론」에는 『민족발전의 심리』가 참조되고 있으며 이광수는 이 책의 4장 부분을 번역해서 『개벽』(1922.4)에 「국민생활에 대한 사상의 세력」이라는 제목으로 발표하기도 했다.[40]

이 책을 번역하고 소개한 대일본문명협회는 1908년에 발족한 단체다. 정계의 거물이자 와세다대학 창립자인 오오꾸마 시게노부(大隈重信)가 회장이었으며, 회칙에 "구미의 최근의 명저 중 가장 건전하여 우리나라에 추천하기에 적당한 것을 선택"하자고 명기한 데서 알 수 있듯이, 서구의 최신 사상을 번역해 회원들에게 배부하는 회원제 단체였다. 발족 당시 회원은 5천명에 이르렀는데 '민권파' 및 대학교수 등 지식인 상당수도 포함돼 있었다. 르 봉 번역은 당시 러시아 대사였던 모또노 이 찌로오(本野一郞)가 르 봉과 빠리에서 만난 뒤 몇권의 책을 이 협회에 추천함으로써 이뤄졌다.[41] 1915년에 출간된 『민족심리 및 군중심리』 서두에서 모또노는 다음과 같이 르 봉의 학설을 소개하는 까닭을 밝히고 있다.

세상 사람들이 프랑스 사상계의 현상에 대해 오판하여 현재 루쏘 일파가 주창하는 18세기 철학의 감화 아래 생활하고 있어 국민은 여전히 혁명사상의 굴레를 벗어나지 못하고 있는 감이 없지 않아 있다. (…) 〔그런 와중에〕 18세기 철학의 오류가 논격(論擊) 파타(破打)되는 현상도 일어나

---

40 이재선, 앞의 글 257면. 이 글은 『이광수전집』 17권, 263~71면에 실려 있으며, 르 봉 원저의 4장 1편을 번역한 것으로 4장 전체의 소제목은 '종족의 심리적 성격은 여하히 변화하는가(種族の心理的性格は如何にして變化するか)'다. 이 번역이 「민족개조론」의 본론 세개 절 중 뒤 두 절의 이론적 토대가 됐음을 알 수 있는 대목이다.

41 小熊英二「差別卽平等」, 『〈日本人〉の境界』, 新曜社 1998, 175면.

는데, 귀스타브 르 봉 박사는 그런 사람 중 하나다. (…) 저 18세기 철학에 의해 창도된 인종 및 개인평등의 사상은 유럽 국민에게 이미 확정 부동의 진리로 인정됐고, 그 영향이 크기 때문에 유럽의 구사회는 근저부터 동요하여 이래 한세기 반 사이에 그 변혁을 끝냈다. 오늘날 유럽 국민 사이에 전파되고 있는 사회주의 따위도 그 바탕을 따지자면 이 평등사상 외에 없다. (…) 그러나 근세과학의 연구가 진행됨에 따라 그 결과는 명백히 이 평등사상의 오류를 보여주었다. 용감하게 이 사상을 정면에서 공격하는 자는 아직 없다. 르 봉 박사는 이 비판을 감행한 용자 중 하나이다.[42]

여기서 알 수 있듯이 르 봉은 일본에 '반혁명'의 사상가로 소개됐다. 르 봉이 대변하고 있는 사상조류는 모든 인간이 평등하다는 프랑스혁명의 보편인권사상을 부정하는 보수주의였고, 이 논리를 뒷받침하는 것은 인간은 인종이나 민족에 따라 위계화될 수 있다는, 19세기 실증주의 과학관에 기초한 인종주의였다. 이는 러일전쟁 이후 서구 열강들과 어깨를 나란히 했던 메이지 후기 일본의 분위기가 어땠는지를 전해주는 사례가 될 수 있다. 가령 르 봉이 소개된 1910년, 우에스기 신끼찌는 『부인문제(婦人問題)』라는 저서를 통해 남녀평등 주장이 "대안[유럽]의 화재, 세균, 전염병, 병환"이라며 강한 거부감을 나타낸 바 있다.[43] 또한 토오꾜오제대 철학과 교수이자 대일본문명협회의 회원이기도 했던 이노우에 테쯔지로오(井上哲次郎)는 프랑스혁명에서 발원한 개인주의로

---

42 大島居棄三『民族心理及び群衆心理』, 文明書院 1916, 1~7면.
43 上杉愼吉『婦人問題』, 三書櫻 1910, 10~11면.

인해 일본 고유의 전통이자 도덕의 기초인 가족주의가 침윤당해 국민 윤리가 황폐해졌음을 경고하기도 했다.[44]

이런 혁명사상에 대한 거부감은 러일전쟁 이후 전개된 가족주의 대 개인주의 논쟁에서 이미 예견된 것이다. 이 논쟁은 러일전쟁 승리가 일본 전통의 가족주의 덕분인지 개인의 자각에 힘입은 것인지를 놓고 벌어졌는데, 전자의 세력이 메이지 중반기의 국권파를, 후자의 세력이 민권파를 대변했다. 이 논쟁 구도가 1910년대 들어 양극으로 극단화돼 우에스기나 이노우에를 위시한 천황주의-보수주의와 이른바 타이쇼오 데모크라시를 주도했던 민주주의-교양주의의 대립으로 고착화된다.[45] 르 봉이 소개된 맥락은 일차적으로 이 담론장하에서라고 할 수 있다.

그런 의미에서 르 봉 이론이 지탱하는 「민족개조론」의 본론과, 1차대전 이후의 '개조'를 현대의 지표로 삼아 "제국주의에서 민주주의로, 생존경쟁에서 상호부조로, 남존여비에서 남녀평권으로" 나아가자는 서두의 전제는 서로 이질적인, 아니 양극에서 대치되는 사상계보의 절합이었다. 그럴 일은 없었겠지만 만약 르 봉이 자기 사상을 프랑스혁명에서 이어지는 계보의 틀 안에 위치시킨 「민족개조론」을 읽었다면 어떤 표정을 지었을까? 그 심정을 알 길은 없지만, 분명히 위화감을 느꼈을 것이다. 그렇다면 개조라는 시대정신과 르 봉의 반혁명 사상을 절합한 연결고리는 무엇이었을까? 그것은 식민정책학의 담론장이다. 그리고 식민정책학을 경유한 르 봉의 사유는 '사회와 마음'의 일체화를 이루려는 존황심에 기초해 개조사상과 이질적 절합을 이루기에 이른다.

---

44 井上哲次郞「國民道德と倫理學說」,『丁酉倫理會倫理講座集』90호 1910.

45 이에 관해서는 金杭『帝國日本の閾』, 岩波書店 2010, 100~10면 참조.

식민정책학과 존황심: 탈정치를 통한 도덕의 개조

르 봉이 장 가브리엘 드 따르드(Jean-Gabriel de Tarde)와 함께 군중심리학과 사회심리학을 통해 현대사회의 우중화(愚衆化)를 근대성 비판의 핵심으로 삼아 이름을 떨쳤음은 널리 알려진 사실이다.[46] 그러나 르 봉은 19세기 말에서 20세기 초 유럽 및 미국 사회과학계의 식민정책학 계보 속에도 자리매김되는 중요한 사상가다. 그의 반혁명 사상은 이 계보 위에서 보다 구체적이고 입체적인 함의를 드러낸다.

르 봉이 식민정책학으로 이름을 떨치게 된 계기는 1889년 빠리 만국 박람회의 일환으로 개최된 '빠리 국제 식민지 회의'(Congrés Colonial Internationale de Paris)다. 이 회의에는 스페인, 뽀르뚜갈, 벨기에, 네덜란드 대표가 참석했는데, 이때 르 봉과 카리브 제도 출신 프랑스 상원 부의장이었던 알렉산드르 이삭(Alexandre Isaac) 사이에 벌어진 논쟁이 유명하다.[47] 프랑스의 식민정책이 전통적으로 '동화주의'(assimilation)를 채택해왔음은 익히 알려진 사실이다. 물론 시기와 지역에 따라 동화주의를 일률적으로 적용한 것은 아니었고 결코 완벽한 동화주의가 실현된 적은 없었지만 말이다. 그러나 실제 운용이나 전개와는 달리 19세

---

46 르 봉의 생애 및 사상적 영위에 관해서는 Jaap van Ginnen, *Crowds, Pcychology, & Politics 1871-1899*, Cambridge UP 1992; Josep R. Llobera, *The Making of Totalitarian Thought*, Berg 2003 참조.

47 이하 이 회의와 논쟁에 관해서는 Martin Deming Lewis, "One Hundred Million Frenchmen: The 'Assimilation' Theory in French Colonial Policy," *Comparative Studies in Society and History Vol.4 No.2* 1962, 137~52면의 내용을 참조했다. 또한 프랑스 식민정책학의 역사적 전개에 관해서는 Raymond F. Betts, *Assimilation and Association in French Colonial Theory, 1890-1914*, Columbia University/Univ. of Nebraska Press 1961/2005; *France and Decolonisation 1900-1960*, Macmillan 1991 참조.

기 말 이후 프랑스에서 벌어진 식민정책을 둘러싼 논쟁은 이 '동화주의'를 중심으로 이뤄졌다. 르 봉과 이삭의 논쟁은 그 구도를 명백한 형태로 제시한 최초의 사례라고 할 수 있다.

이삭은 식민지 출신 상원부의장이라는 이력에서도 알 수 있듯이, 식민지에서 본국과 동일한 교육과 제도를 더 철저히 뿌리내려야 한다고 주장했다. 이는 프랑스혁명의 보편인권개념을 바탕으로 한 전통적인 동화주의 정책을 계승하는 주장이었다. 이에 대해 르 봉은 「식민지 이민족에 대한 교육과 유럽 제도의 영향에 대해」라는 제목 아래 동화주의를 비판하는 포화를 퍼부었다. 르 봉은 이민족에게 유럽인과 마찬가지 교육을 하게 되면 식민지 이민족이 유럽인과 같은 문명화되고 진보된 사상이나 도덕을 갖추기는커녕, 오히려 식민지가 처한 차별적 처우를 인지함에 따라 유럽 식민본국에 대한 적대감을 갖게 될 것이라고 지적했다. 따라서 본국과 동일한 통치방식 및 본국민들과 동일한 권리를 보장하는 동화주의의 길은 결코 현명한 식민정책이 될 수 없다고 주장했다. 이런 르 봉의 주장을 뒷받침한 것이 각 민족은 차등화된 심리발달단계로 나뉘며, 그 차이는 결코 전복될 수 없다는 그의 '민족심리학'이었다. "문명된 인민들에게만 적합한 종류의 교육은 반쯤 문명화된 인민들이라 할지라도 그들에게는 전혀 적합하지 않다"는 것이 르 봉의 철저한 반동화주의였다.

이에 대해 이삭을 비롯한 동화주의 동조자들은 혁명 후 100년의 세월이 흘렀고 구체제 일소에 가장 큰 힘이 된 교육이 어떻게 무용할 수 있느냐고 반문하면서, 현재의 식민지 이민족들이 혁명 당시의 하층민과 똑같은 처지에 있음을, 그래서 그들을 교육을 통해 인간적 삶의 영위자로 만들어야 한다는 혁명전통의 강조로 맞받아쳤다. 그러면서 현재 수

많은 식민지에서 실시되고 있는 일종의 예외적 통치방식인 '법령통치' (rule by decree)는 본국의 정상적인 법치로 점차 해소돼야 한다고 목소리를 높였다.

이 회의에서 르 봉을 지지한 이들은 소수였다. 1875년의 제3공화정 성립을 계기로, 혁명원리의 철저화가 당대 프랑스 사회의 기본 기조였기 때문이다. 그러나 르 봉의 비판은 향후 전개될 동화주의 비판 계보의 중요한 출발점이 된다. 이후 동화주의 비판을 주도하면서 '협동주의'(association)를 주장한 일군의 식민정책학자들은 르 봉의 민족심리학 등을 원용하면서 반동화주의의 계보를 만들어냈다. 또한 르 봉은 미국 위스콘신대 교수이자 주중공사도 역임한 폴 라인슈(Paul Reinsch)를 경유해 일본의 초기 식민정책학에 지대한 영향을 미쳤다.[48] 그러나 라인슈를 경유해 니또베 이나조오(新渡戶稻造)를 거쳐 야나이하라 타다오(矢內原忠夫)에 이르는 동화주의 비판의 계보는 미국과 일본에서 반혁명의 전통과는 전혀 다른 맥락으로 치환된다. 니또베와 야나이하라가 기독교 신앙에 바탕한 인도주의의 신봉자였다는 데서도 알 수 있듯이, 이들은 오히려 제국일본의 동화주의 즉 '내지연장주의' 강압통치를 비판하기 위해 반동화주의를 채택했기 때문이다.

이미 대만을 식민지화했을 때부터 일본의 식민정책학은 내재적인 동화주의 비판을 전개했다. 1906년에 민권파 저널리스트이자 중의원 의

---

48 르 봉, 프랑스 반동화주의 식민정책학, 라인슈와 일본의 초기 식민정책학에 관해서는 小熊英二, 앞의 글 173~75면; 山本有造 「植民地統治における「同化主義」の構造」, 京都大學人文科學硏究所 編 『人文學報』 第83號 2000.3; 酒井哲哉 「「帝國秩序」と「國際秩序」」, 『近代日本の國際秩序論』, 岩波書店 2007; 水谷智 「〈比較する主體〉としての植民地帝國」, 同志社大學人文科學硏究所 編, 『社會科學』 85호 2009 참조.

원이었던 타께꼬시 요사부로오(竹越與三郎)는 대만에 제국일본 헌법을 적용하지 않는 것을 골자로 한 '63법'[49]에 찬성하는 의회 연설을 하면서 대만인을 법제적으로 일본인으로 규정하지 말 것을 주장했다. 여기서 그는 혁명의 이상에서 유래하는 프랑스 동화주의를 실패한 것으로 보고, 생물학 및 인종주의에 기초한 문명의 차등을 근거로 식민지에 본국의 교육과 제도를 연장하는 일에 반대했다.[50]

이런 타께꼬시의 주장은 프랑스혁명으로부터 연원하는 보편인권이념이 서구문명의 침략주의를 은폐하는 것임을 간파했던 메이지-타이쇼오기 국제정치학의 계보와 깊은 연관이 있다. 메이지 중후반의 민권파는 '반(反)서구 제국주의'를 외쳤는데, 이들은 유럽의 정치이념이 설파하는 보편인권이 제국주의 지배를 은폐하는 분식(粉飾)의 언설체계라고 강박적으로 비판한 바 있다.[51] 타께꼬시 등의 반동화주의는 이러한 민권파의 '반(反)유럽 보편이념'의 맥락 속에서 이해될 수 있다. 르봉이 일본의 식민정책학과 결합되는 과정은 여기서 굴절한다. 유럽의

---

49 '63법'이란 '메이지 29년(1895년) 법률 제63호'의 통칭으로 대만 총독에게 입법권에 준하는 법령 포고 권한을 부여하는 규정을 말한다. 이 규정은 많은 논란을 일으켰는데, 단순히 식민정책의 실용적 문제만이 아니라, 천황·헌법·입법부 사이의 관계에 관한 원천적인 법 해석 문제와 연관되는 것이었다. 여기서 알 수 있듯이 식민지란 단순히 통치영역의 확대로 인한 본국 통치의 응용문제라기보다는, 본국 통치의 법적 근거 자체가 언제나 원천적으로 되물음의 대상이 되도록 하는 문제영역을 내포하는 지대였다. 제국일본의 법제와 식민지에 관해서는 다음과 같은 필수 참고문헌이 있다. 淺野豊美·松田利彦 編『植民地帝國日本の法的構造』및『植民地帝國日本の法的展開』, 信山社 2004.

50 小熊英二, 앞의 글 176~77면. 또 水谷智「植民地主義と〈比較のポリティクス〉: 竹越與三郎と持地六三郎の英領インド植民地政策観を中心に」(http://www.mishima-kaiun.or.jp/report_pdf/2010c/40_nh22.pdf) 참조.

51 이에 관해서는 酒井哲哉, 앞의 글 196~200면 참조.

사상계보를 평면적으로 해석한다면, 르 봉의 인종주의에 바탕한 반혁명과 반동화주의가 니또베나 야나이하라의 식민정책학과 조우한 점은 매우 기이하게 보일 것이다. 니또베는 '개조'를 체현하는 것으로 보였던 '국제연맹'의 사무차장을 역임할 정도로 이른바 '국제주의'의 입장을 견지하며 국가주권을 넘어서는 보편인권 옹호에 충실했던 인물이며, 야나이하라는 식민지자치론을 꾸준히 제기하면서 1930년대 후반 제국일본 군부에 의해 토오꾜오제대 교수 자리를 박탈당한 대표적인 '양심적 지식인'이기 때문이다.

그러므로 이들이 르 봉의 계보로 이어지는 반동화주의에 접속하는 과정에는 중층적인 굴절의 과정이 개입돼 있다. 우선 이들은 보편인권 개념을 신봉하던 인도주의자였다. 특히 타이쇼오 데모크라시의 세례를 받았던 야나이하라와 동세대 식민정책학자들은 대부분 당국의 내지연장주의를 비판하는 입장에 서 있었다. 그러나 다른 한편으로 이들은 그 보편인권개념이 서구에서 연원한 지역주의를 내장한 것으로, 유럽 지역 내에서는 평등주의를, 유럽 바깥에서는 인종주의를 내세우면서 작동하는 분열적 언설체계임을 비판적으로 알아차리고 있었다. 따라서 비서구 제국인 일본의 식민정책은 식민지 고유의 문화와 관습을 존중하면서 동시에 보편인권의 이념도 실현해야 한다는 이중의 과제를 안고 있었다. 즉 유럽의 이념이 '국제질서'와 '제국질서' 사이에서 분열을 겪었다면, 일본은 또 한번의 분열을 더 겪어야만 했던 셈이다.[52]

---

52 酒井哲哉, 앞의 글 206~20면. 여기에는 동화를 법적 권리의 측면으로 해석할 것인지를 둘러싼 복잡한 논쟁의 맥락이 있다. 여기서는 직접적으로 다루지 않겠지만, 제국일본의 식민정책학이 유럽의 식민정책을 전유할 때 핵심적인 논쟁의 장이 된 것이 바로 동화를 법과 문화 어느 측면에서 해석할 것인지의 문제였다. 결론적으로 제국일본은

이 이중의 분열을 돌파하게 해준 것은 무엇일까? 다시 말해 유럽의 보편인권이념에 기대지 않고 식민지의 문화 및 관습을 존중하면서 인종주의적 차등화 및 위계화에 빠지지 않는 길은 무엇이었을까? 그것은 바로 법-국가와는 구분되는 '사회'와 '심리'를 '존황심'에 기초해 정초하는 것이었다. 이는 타이쇼오 데모크라시의 숨은 이념이었는데, 니또베나 야나이하라를 위시한 일본의 자치주의 계열 식민정책학자들이 법적 제도를 건드리지 않고 반동화주의 민주통치를 꿈꿀 수 있는 지반이 되기도 했다.

타이쇼오 데모크라시는 타이쇼오 시기에 꽃핀 민주주의 정치문화, 언론, 교육, 문화 등을 통칭하는 개념이다.[53] 그런데 이 민주주의 문화는 프랑스혁명 이래의 유럽을 석권한 보편인권이념을 그대로 수용해 이식한 산물이 아니다. 이 문화는 위에서 말한 이중의 분열을 극복하면서 비로소 가능해졌기 때문이다. 그 분투의 흔적은 앞서 살펴본 1913년의 '국체논쟁'에도 각인돼 있다. 이 논쟁의 한쪽 당사자인 미노베 타쯔끼찌가 보수주의자 우에스기 신끼찌에게 승리함으로써 타이쇼오 데모크라시라는 시대의 추세가 거스를 수 없는 것이 되기 때문이다.

시대의 조류는 미노베 쪽의 손을 들어줬다. 천황을 내세워 온갖 민주주의적 언설 및 실천을 탄압하려는 우에스기 등의 파시즘적 보수주의는 논단에서나 대학에서나 소수파로 전락했고, 우에스기는 그런 조류

끝끝내 법적인 동화가 아니라 이데올로기를 통한 문화적 동화를 택했지만, 중요한 것은 이 식민정책의 논쟁이 글로벌한 제국질서와 국제질서가 첨예하게 굴절되고 전개되는 전선을 형성했다는 사실이다.

53 타이쇼오 데모크라시에 대한 개괄로는 마츠오 다카요시, 오석철 옮김 『다이쇼 데모크라시』, 소명 2011 참조.

가 역전되는 1930년대 중반의 천황제 파시즘──그에게는 호시절이 될 것이었다──의 성립을 보는 일 없이 1929년에 쓸쓸하게 작고했다. 미노베의 논의는 국가주권의 문제를 국가에 귀속시킴으로써 헌법해석의 논란을 잠재웠으며, 천황이라는 무소불위의 신화적 권위가 정치논쟁의 장에 등장하지 못하도록 했다. 그것은 일본인이라면 태어나면서부터 간직하고 있는 '존황심'을 전제함으로써 역설적으로 천황이 그 어떤 논쟁의 장에도 등장하지 못하게끔 하는 교묘한 논지였다. 즉 타이쇼오 데모크라시가 보수주의자들에 맞서 스스로의 민주주의를 지키는 기초로 삼은 것은 존황심이었다.

이 존황심이라는 매트릭스를 통해 제국주의와 국제주의 사이에서 분열된 유럽의 보편인권이념은 일본에 뿌리내릴 수 있었다. 보편인권이 유럽 우월주의를 은폐하면서 제국주의 지배를 정당화하는 언설의 강력한 이데올로기였다면, 그것은 비서구 제국주의 국가인 일본에서는 결코 지지할 수 없는 이념이자 정치적 논쟁을 촉발하는 요인이었다. 그것은 사회주의로 대변되는 혁명이념을 뜻했을 뿐 아니라, 인권이념을 내세운 서구 제국주의의 침략 이데올로기이기도 했기 때문이다. 프랑스혁명과 보편인권이념에 기초한 민주주의에 대한 우에스기 등의 거부감이 파시즘적 천황제 이데올로기로 정치쟁점화되는 연유였다. 그러나 미노베의 국가법인설과 천황기관설을 통해 혁명과 제국주의의 이데올로기로 여겨졌던 보편인권의 이념은 탈정치화된다. 이 이념의 제도적 상응물은 헌법과 의회(1890년 제정 및 1891년 개회)였는데, 미노베는 이것을 보편인권이라는 추상적인 외래이념이 아니라 존황심이라는 일본 전통의 '마음'을 통해 설명하는 논리를 구축했기 때문이다. 국가가 주권을 보유하고 천황은 그것을 집행하는 기관이며 신민은 모두 평등하며 자유를 누릴 수 있다는 '대일본제국헌법'의 규범은 고상한 보편이념이 아니라 일본 고유의 마음에 바탕을 두고 타당성을 획득한 것이었다.

르 봉의 반동화주의가 메이지 말기부터 타이쇼오 시기까지 일본에 수용돼 식민정책학의 계보를 주조한 것은 이러한 지반 위에서였다. 식민정책학에서 법과 통치의 기초로 사회심리나 민족심리가 주목받은 까닭도 그의 사회심리학이 원용된 결과였다. 이미 1910년대 후반부터 일본의 식민정책학자들은 국가의 법제가 아니라 사람들의 이주와 물류의 이동이라는 '사회적 차원'에 주목함으로써 제국질서를 국가질서와 다른 형태로 사념하고 기획하기 시작했다.[54] 이렇게 사회적 차원에 주목할 수 있었던 까닭은 제국신민의 정체성을 법과 정치의 영역에서 마음의 영역으로 옮겼던 타이쇼오 데모크라시라는 기반 때문이었다. 즉 주권, 개인-국민, 그리고 통치라는 정치의 영역을 철저히 탈정치화함으로써, 다시 말해 '자연화=마음화'하면서 타이쇼오 데모크라시의 보편인권이념과 르 봉의 반혁명 민족심리학은 조우할 수 있었다. 존황심이라는 일본의 전통적인 민족성격이 보편인권이념을 내장한 것이라는 논리로 말이다.

난민과 민족: 「민족개조론」이 은폐한 지평

이제 「민족개조론」의 이질적 절합이 어떤 맥락에서 가능했는지 가늠할 수 있다. 물론 이광수가 위에서 말한 모든 지성사를 속속들이 인식하고 있었다는 것은 아니다. 다만 1차대전 직후의 시대정신과 반혁명의 민족심리학을 차분하고도 자신감 있게 절합할 수 있었던 것은 이광

---

54 酒井哲哉, 앞의 글 211~14면.

수 개인 역량에 힘입은 것만은 아니다. 그것은 타이쇼오 데모크라시하의 담론장이 있었기에 가능했다. 즉 이광수가 일본에서 자신의 사유를 형성했다는 것은 사소설 형식의 체화(김윤식)나 결여로서의 국가 경험(김철)과 더불어, 타이쇼오 데모크라시 아래에서의 분열된 유럽 사상 절합을 위한 일본 지식인들의 분투를 명시적으로 인지하는 일 없이 '자연스럽게' 체득했음을 지시하는 사실이다.

그런 맥락에서 보면 「민족개조론」은 그 복잡하고도 중층적인 굴절 과정을 말끔히 마름질한 위에서 성립하는 진공상태의 텍스트처럼 보인다. 이 안에서 이광수는 자기 사상에 대한 일말의 주저도 없이 '일방적'인 설득을 감행하는데, 이는 「민족개조론」이 채택을 목표로 하는 계획 문서인 "제안서"(proposal)[55]이기 때문이다. 제안서에서는 계획, 방법, 목표를 제시할 때 일말의 망설임도 허용되지 않는다. 혁명전통의 보편 인권이념에 기초한 '개조'의 시대정신과 르 봉의 반혁명의 민족심리학이 서로의 이질성 및 대립을 딛고 매끄럽게 묶여 있는 까닭이 여기에 있다.

「민족개조론」은 메이지 말기에서 타이쇼오 시기에 이르는 일본의 담론장을 식민지 조선의 상황에 어떻게든 적용하려 애쓴 피식민자의 텍스트가 아니다. 오히려 이 텍스트는 이 시기에 이르는 일본 지성계의 분투를 마치 아무 일 없었다는 듯이 한번의 도약으로 뛰어넘는 "신종족(新種族)"의 작품이다. 그래서 이광수는 "민족개조는 도덕적일 것"이라는 슬로건을 내세울 수 있었다. 자신이 그토록 혐오해 마지않았던 조선의 구습(舊習)을 타파하라면서도 이광수는 필연적으로 생겨날 수밖에

---

55 김현주 「논쟁의 정치와 『민족개조론』의 글쓰기」 115면.

없는 갈등의 분출과 조정을 이야기하지 않는다. 이광수가 제시하는 민족개조의 길은 조선민족을 퇴폐로 이끈 민족성격의 개조다. 그리고 이것은 선각자의 심리개조가 오랜 시간에 걸쳐 많은 이들에게 전파돼 나가는 방식의 '성격개조'다. 르 봉이 말한 민족 근본성격의 변화 불가능성에는 아랑곳하지 않고, 이광수는 이런 성격개조를 통한 민족개조를 설파할 수 있었다. 성격개조는 상황에 따라 변화하기 십상인 정치와 달리, 오랜 시간에 걸쳐 숙성되는 '무실역행'으로 이뤄지기 때문이다.

> 정치적 권력이란 십년이 멀다 하고 추이하는 것이요, 민족개조의 사업은 적어도 오십년이나 백년을 소기로 하여야 할 사업인즉 정권의 추이를 따라 소장할 운명을 가진 정치적 단체로는 도저히 이러한 장구한 사업을 경영할 수 없는 것이외다. (178면)

여기서 이광수는 "정치적 단체"를 민족개조의 사업에서 배제하고 있다. 이는 미노베가 주권의 귀속처를 천황이 아니라 국가로 못 박은 것과 동일한 논리적 효과를 가진다. 미노베가 주권이 국가에 귀속된다고 한 까닭은 주권의 발원지가 군주인지 국민인지를 두고 벌어지는 정치논쟁을 봉인하기 위해서였다. 그는 주권이 국가라는 법인에 귀속된다고 하면서, 이 법인으로서의 국가, 즉 제국일본이 고래로 존황심을 공유한 민족공동체의 마음에 자리한다고 설파했다. 이 논법 덕분에 타이쇼오 데모크라시는 고상하게 꽃피울 수 있었다. 주권의 정당성을 놓고 벌어진 유럽의 피비린내 나는 혁명과 반혁명의 정치투쟁을 회피할 수 있었으며, 이 투쟁 없이 보편인권이념을 제국일본의 판도 내에서 확보할 수 있었다. 이광수가 르 봉의 책에 명백히 드러나 있는 민족성격 불변의 원칙을 전혀 의식하지 않은 채 '열등인종 조선'의 민족성격개조를 설파할 수 있었던 까닭이 여기에 있다. 이광수에게 민족개조는 그 어떤 정치논쟁이나 투쟁과도 동떨어진, 도덕과 수양과 실천으로 이뤄진 심리와 성격, 즉 마음의 영역에서 이뤄지는 일이었기 때문이다.

그래서 이광수의 「민족개조론」은 놀랍도록 순수한 형태로 개인과 민족을 한치의 오차도 없이 개조라는 시간지평 위에서 중첩시키는 텍스트라 할 수 있다. 이 시간의 지평, 즉 얼마의 시간을 요하는지 알 수 없는 개조의 지평 위에서 개인의 심리-성격은 개조되고, 민족으로 수렴된다. 그런데 이 논리정연한 제안이 일본의 식민정책학을 경유한, 프랑스혁명 이래의 근대 정치이념에 대한 굴절인 한에서 「민족개조론」은 한반도의 민족주의에 치명적인 유산을 남기게 된다. 「민족개조론」이 개인의 국민되기 과정에서 드러나는 근대 정치의 근원적 폭력성은 말소한 채, 민족이라는 진공상태의 규정만을 개조라는 시간의 지평 위에서 역설하는 탈정치의 언설이었기 때문이다.

이 탈정치화는 타이쇼오 데모크라시와는 양상을 달리한다. 존황심을 바탕으로 한 타이쇼오 데모크라시의 탈정치화가 '국민'이라는 법적 규정과 '신민'이라는 마음의 규정을 중첩한 것이었다면, 「민족개조론」의 탈정치화는 '국민'이라는 법적 규정 없이 그저 개인의 마음과 집단의 마음을 시간의 지평 속에서 융합하려 한 것이기 때문이다. 이때 상실되는 것은 다름 아닌 '민족'이라는 인간집단이 내포한 근원적 불가능성이다. 이미 존재하는 민족은 부정돼야 하고 현전해야 할 민족은 아직 도래하지 않았기 때문에, 민족으로 사념될 수 있는 현재 시간의 인간집단은 존재할 수 없다. 이광수는 이런 불가능성을 마음의 개조에 맡겨 은폐한 것이다.

이를 식민지 특유의 상황 탓이라고 생각할 수도 있다. 그러나 「민족 개조론」이 주조한 탈정치적 민족주의의 진정한 한계영역은, 국민이라는 법적 규정을 가질 수 없다는 식민지 상황으로 환원할 수만은 없는 것이다. 왜냐하면 이광수가 말하는 이미 존재하지만 도래하지 않은 민족은 근대의 정치이념이 온전히 전유할 수 없었던 '인민'(people)의 형상이기 때문이다.

> 인민은 이미 언제나 있는 것이지만 실현되어야 하는 것이다. 인민은 모든 동일성의 순수한 원천이며 배제, 언어, 혈통, 영토에 따라서 계속 스스로를 재규정하고 정화시켜야만 한다. 또는 반대로 인민은 본질적으로 그 자신에게 결핍되어 있다. 따라서 인민의 실현은 자신의 폐지와 일치한다. 존재하기 위해서 인민은 자신의 대립물을 통해 스스로를 부정해야만 한다. 언제나 매번 반동의 피 묻은 깃발로서, 그리고 혁명과 인민전선의 쇠퇴의 깃발로서 나부끼게 되는 인민은 적과 동지의 분열보다 더 근원적인 분열을 항상 지니고 있다. 끊임없는 내전은 그 어떤 갈등보다 더 근본적으로 인민을 분할하며, 그 어떤 동일성보다 더 확고하게 인민을 구성하고 하나로 결합시킨다.[56]

"이미 언제나 있는 것이지만 실현되어야 하는" 인민은 "부정되어야 하지만 도래해야 할" 이광수의 민족이다. 또한 "자신의 대립물을 통해 스스로를 부정해야만 하는" 인민은 과거라는 자신 내부의 대립물을 통해 스스로를 부정하고 개조해야만 하는 이광수의 민족이다. 그러나 인

---

56 조르조 아감벤, 양찰렬·김상운 옮김 『목적없는 수단』, 난장 2009, 42면.

민은 "혁명" "인민전선" "끊임없는 내전"으로 분할됨과 동시에 구성되는데, 이광수의 민족은 3·1운동이라는 인민의 '봉기=내전=혁명'을 "무지몽매한 야만인종이 자각 없이 행하는 변화"(170면)라고 배제한다. 여기에는 이미 살펴본 바 있듯이 타이쇼오 데모크라시의 그림자가 짙게 드리워져 있는데, 이는 식민지 상황 탓이 아니라 오히려 식민지 상황이 내포하는 글로벌한 질서의 궁극적 아포리아를 직시하지 못하게끔 만든 한계영역을 지시한다. 그것은 식민지의 인간집단, 즉 한반도의 민족이 스스로를 '난민!'(refugee)으로 문제화할 수 없게끔 한 "치명적 유산"(푸꼬)이었다.

있는 그대로의 순수한 인간 같은 존재가 들어설 수 있는 자율적인 공간이 국민국가의 정치질서에 없다는 것은 적어도 다음과 같은 사실 때문에 분명하다. 심지어 최선의 사례에서도, 난민의 지위는 항상 귀화 또는 본국송환에 이를 수밖에 없는 일시적인 조건으로 여겨져 왔다는 사실 말이다. 있는 그대로의 인간이 누릴 수 있는 안정적인 [법적] 지위는 국민국가의 권리 안에서는 생각할 수 없다.[57]

이광수를 비롯한 전지구의 피식민 지식인들에게 찰나의 희망을 준 것이 1차대전의 종결과 뒤이은 '민족자결'의 원칙 및 국제연맹의 결성이었다. 이광수는 이 희망을 개조라는 시대정신으로 파악했는데, 사실 민족자결의 원칙은 유럽 동부에서만 충실히 실현돼 체코슬로바키아, 유고슬라비아, 폴란드, 에스토니아, 오스트리아, 핀란드, 헝가리, 라트

---

[57] 조르조 아감벤, 앞의 책 30면.

비아, 리투아니아 등 9개 국가가 국민국가로 독립했다. 이것은 민족자결도 결국 유럽에서만 가능했다는 뿌리 깊은 유럽중심주의를 보여주는 사례이기도 하지만, 이 과정에서 수많은 '난민'들이 유럽 도처를 떠돌게 됐다는 점에 더 주목해야 한다. 이는 결코 근대 정치이념의 예외상황이 아니다. 오히려 난민은 근대 정치이념이 사람을 국민으로 등록함으로써 인간으로 간주하는 배제와 포함의 논리를 내포한 것임을 드러내는 근원적 형상이다. 난민의 존재는 국가에 등록됨 없이 태어난 사람이 지구에서 살아갈 장소는 없음을 보여주는 근원의 질서를 지시하기 때문이다. 이 맥락에서 「민족개조론」을 보면 어떨까?

한반도의 민족은 결코 국민이 아니었다. 식민지의 인민들은 제국일본이라는 근대국가의 판도 내에서 국가에 등록되지 못하는 예외적 통치영역에 속한 이들이었다. 그런 의미에서 한반도의 민족은 배제돼 분할된 인민의 형상, 즉 부정과 실현과 혁명과 내전으로 스스로를 현전하는 인민의 형상이며, 민족자결의 원칙이 역설적으로 드러내보인 근대 정치이념의 근원 형상인 난민과 다르지 않았다. 한반도의 난민들은 만주로 열도로 이주를 강요당하는, 그저 태어났을 뿐인 벌거벗은 생명이었다.

그러나 「민족개조론」의 민족은 난민으로 스스로를 형상화하지 않았다. 이광수는 타이쇼오 데모크라시의 지적 분위기로부터 자연스럽게 습득한 저 무해한 마음과 성격을 탈정치화의 매트릭스로 삼을 수 있었기 때문이다. 이때 탈정치화란 국가의 계기를 결여했다거나 심리로 침잠했다거나 하는 차원의 것이 아니다. 오히려 이 탈정치화는 마음만을 간직한 채 무실역행하는 인간이 민족을 개조할 수 있는 '땅'은 그 어디에도 없다는 사실을 은폐하는 것, 즉 식민지 조선의 민족이 난민일 수밖에 없음을 의식에서 말소하는 탈정치화였다. 이광수의 탓은 아니다. 이광수가 자연스럽게 습득했던 세계를 전유하는 지식형태가 이미 난민의 형상을 몇겹으로 배제하고 말소했기 때문이다. 이광수가 직업을 갖고 정주하는 인민들의 형상을 '민족'으로 사념하면서, 직업 없이 떠돌아다니며 범죄행위를 일삼는 이들을 혐오한 원인(遠因)이 여기에 있다.

이광수의 민족주의는 이렇듯 개인의 국민되기 과정에 도사리고 있는 난민이라는 형상을 한반도의 민족 사념에서 말끔히 지워버리는 치명적 유산을 남겼다. 난민을 난민이라 형상화할 수 없었던 한반도의 민족주의 담론이 스스로의 형상을 되찾은 것은 1960년대 들어서였다. 김수영(金洙暎)이 '거대한 뿌리'라 명명한 저 진흙탕의 전통을 통해 비로소 국민과 난민 사이의 '민족'은 문제화의 문턱을 넘어설 수 있었는데, 같은 시기 한 명민한 소설가에 의해 그 가능성은 이미 타진되고 있었다. 이제 그 명민한 소설가 최인훈(崔仁勳)이 그린 이광수 형상을 소환하면서 논의를 마무리하도록 하자.

4. 파르티잔으로서의 난민: 민족–정치의 지평을 위하여

최인훈은 『회색인』과 『서유기』에서 이광수를 불러낸다. 전자에는 독고준의 친구 김학이 식민통치기 유일하게 정치기획을 지녔던 인물로 이광수를 지목하는 대목이 나오고, 후자에는 나중에 「총독의 소리」의 원형이 될 지하방송을 청취하는 일제 헌병과 역에서 담소를 나누는 이광수가 등장하는 장면이 있다. 『회색인』에서 독고준의 철학과 이념을 부조하기 위해 등장하는 여러 인물 중 김학은 현실개혁의 기획을 꿈꾸고 실현하고자 하는 인물이다. 그런 김학이 이광수를 긍정적으로 평가하는 것은 최인훈의 이광수 평가를 드러내는 대목이다. 독고준은 현실 개혁에 대해 강박적인 회의를 표명하는데, 독고준의 의식과 말을 빌려 최인훈은 이광수류의 민족개조나 계몽운동이 허망한 일이라 주장함과 동시에, 결국 한반도에서 현실개혁의 기획이 이광수를 못 벗어남을 풍자하고 있는 셈이다.

이는 최인훈의 씨니컬한 현실인식을 드러내는 것에 그치지 않는다. 오히려 최인훈은 당대의 절망적인 정치상황—1967년 대선과 총선 직후 발표된「총독의 소리」연작이 최인훈의 상황인식을 말해준다—을 설명하기 위해 냉전과 한국전쟁보다 더 거슬러올라가 역사적 깊이를 획득하려는 의식을 보여준다.『서유기』에 이광수가 등장하는 장면이 이를 증명한다. 이 작품에서 이광수는『흙』의 한 장면 속에 등장하는 것으로 그려지는데,『흙』의 주인공 정선이 선로에서 발이 잘리는 역을 배경으로 한다. 이 역에서 이광수는 헌병과 농담을 주고받으며 발 잘린 정선을 아랑곳 않는다. 그런 이광수에게 헌병은 작품을 열심히 읽었다며 논평하면서 다음과 같이 말한다.

식민지 통치하에서 현지 원주민 자제들이 고등 문관 시험에 모여드는 광경은 눈물겹도록 아름다운 한폭의 그림입니다. 허숭은 이러한 시대의 전형입니다. 묵중하고 실팍한 사람, 양심도 있고 재능도 있고 다만 상해로 만주로 달려가는 지랄병만 없는, 그야말로 폐하께서 바라는 청년입니다. 그 허숭이를 선생님은 그렸던 것입니다. 선생님만이 이 가장 주목해야 할 식민지 조선의 한 전형을 붙잡고 그에게 살이 있고 피가 있는 생명을 준 것입니다.[58]

식민지 지식인의 한 전형인 허숭이야말로 "폐하께서 바라는 청년"이었다는 진술은 의미심장하다. 『흙』에서 구도자적인 자기희생의 길을 가는 허숭은 사실 「민족개조론」이 요청해 마지않았던 지도자라 할 수 있으며, 그런 의미에서 민족심리-성격을 개조하기 위한 소수의 선각자다. 이 민족개조의 선도자가 천황이 바라는 청년, 즉 제국일본이 바라는 가장 이상적인 청년이었다. 이는 이중적 의미를 내포한다. 표면적으로는 이광수의 민족개조야말로 친일의 전형이었다는 의미이지만, 김학과 이광수를 중첩해 생각해보면 해방 후 한반도의 현실개혁 기획이 뿌리 깊은 식민성에서 벗어나지 못했다는 처절한 절망을 의미하기도 한다.

「총독의 소리」 연작에서 형식 파괴적으로 시도될 이 절망의 고발은 독고준이라는, 내면으로 정치적 망명을 떠난 인물을 난민으로 형상화하는 것으로 나타났다. 그리고 그에 앞선 『서유기』의 이동과 도주는 독고준이 내면과 의식의 난민임을 명확한 형태로 드러내고 있었다. 남북정부 어디에도, 자본주의와 사회주의 어느 쪽에도 결코 닻을 내리지 않고 이동과 도주를 거듭했던 독고준은, 그런 의미에서 이광수의 민족개조론에 깃든 치명적 유산을 처음으로 문제화하고 형상화한 인물이었다.

물론 이런 최인훈의 난민 의식은 『광장』의 이명준을 통해 이미 구체화된 바 있다. 그가 원했던 제3국행과 그 도중 감행한 바다로의 투신은 '국민' 아니면 살 수 없는 '지구=땅'의 질서에 대한 본능적이고도 근원적인 거부반응이었다. 그래서 그는 중립 '국'을 꿈꿨다기보다는 중립 자체가 가능한 지구상의 자리를 찾아 헤맨 것이라 할 수 있다. 이명준에게

---

58 최인훈, 앞의 책 153면.

그것은 바다였고, 독고준에게 그것은 민족의 역사를 몽타주 형식으로 기록한 두개골의 필름이었다.

그렇다면 이광수의 민족개조가 말소해버린 저 정치의 차원, 즉 개인의 국민되기가 원천적으로 봉쇄된 식민지 한반도에서의 난민은 최인훈에 의해 온전히 문제화됐다고 할 수 있을까? 아마도 최인훈이 문제화한 난민의 형상을 온전히 '민족'의 차원으로 전유하기 위해서는 '바다'와 '고고학적 필름'에서 다시 한번 땅과 육체로 되돌아와야 할 것이다. 민족이 인민이라면, 즉 "혁명과 인민전선의 쇠퇴의 깃발로서 나부끼게 되는 인민"(아감벤)이라면, 그것은 국민이 거주하는 국가 안에서 인간으로 등록된 개개인이 아니라, 자신의 육체에 기록된 치명적 유산을 부단히 문제화하고 그로부터 자신이 거주하는 땅을 지키는 집단으로서의 '파르티잔'이어야만 한다. 따라서 최인훈의 촉수가 지각한 바 있듯 이광수의 민족개조가 한반도의 현실개혁 기획의 한계를 지시하고 있다면, 시급히 수행돼야 할 과제는 이 파르티잔의 계보를 한반도에서 재구성하는 일이다. 그것이야말로 난민과 국민 사이에서 머무는 일 없이 민족을 진공화했던 한반도의 민족주의를 다시금 정치화하는 일이 될 것이다.

5장

식민지배와 민족국가/자본주의의 본원적 축적에 대하여

: 『만세전』 재독해

1. 1945년에서 『만세전』으로

『만세전』을 논제로 삼는 마당에 다소 뜬금없을지 모르지만 "과연 1945년은 20세기 한반도의 역사에서 '단절'이기만 한 것일까"라는 물음으로 시작해보려 한다. 『만세전』 재독해를 통해 '1945년=해방'이라는 역사적 단절의식이 은폐한 하나의 계보를 제시할 가능성을 탐색하기 위해서다. 분명히 1945년이란 연도는 부정할 수 없는 역사의 단절점이지만, 다른 한편으로는 끈질긴 식민지배의 연속성을 은폐하는 역사의 가림막으로 기능해온 것이 아닐까 하는 의구심을 검토해보자는 것이다. 식민지배를 민족 간의 지배/피지배로 환원해온 역사 서술 안에서, 식민지배가 인간의 난민화와 노동력화의 '이중의 본원적 축적' 과정이라는 점은 소홀히 여겨져 왔다. 1945년 이후 성립한 독립과 해방의 민족서사는 끈질기게 지속된 이 식민지배의 계보를 오판해온 과정이었다. 이 장의 목적은 이렇게 은폐된 식민지배의 계보를 『만세전』에 제시된 바 있는 '방법적 시각'을 통해 문제화하는 것이라 할 수 있다.

그렇다면 1945년 이래 민족중심의 역사 서사가 은폐한 것은 무엇일까? 그것은 제국일본의 식민지배 및 침략이 철저한 자본주의의 본원적 축적 과정이었다는 사실과, 이와 맞물려 인간의 국민화와 난민화 사이에서 통치공간을 마련한 '등기(登記)와 이동'의 본원적 축적 과정이었다는 사실이다. 식민지배 아래에서 한반도의 인민들은 무엇보다도 먼저 자신의 노동력을 판매함으로써 삶을 영위하는 노동력으로서 제국에 포섭됐다. 그러나 이 과정은 오랫동안 삶을 일궈온 정주지로부터의 추방 과정과 중첩됐으며, 그 과정에서 한반도의 인민들은 법률적인 '제국신민'으로 등기되지 못한 채 난민화됐다. 한반도의 인민은 이 중첩된 포섭-추방의 체제를 통해 식민지배를 육체와 일상의 차원에서 경험했는데, 민족서사는 이를 민족이라는 정주집단의 수탈 혹은 수난사로 환원해 이 육체의 수탈과 난민이라는 이산(離散) 경험을 전유한 것이다.[1]

따라서 1945년을 하나의 역사적 은폐가 시작된 연도로 이해하는 것은 '민족국가' 중심의 역사 서술을 푸꼬가 말하는 "치명적 유산"(dangereux héritage)으로 파악하는 일을 뜻한다. 그것은 "현재를 사는 인간의 육체에 새겨진 치명적 유산"으로, 이를 오판하는 것은 "정신의 불안정, 게으름, 절도 없음" 등을 모두 "이상"(abnormal)으로 규정해, "역사를 초월하는 정상(normal)적인 육체"를 상상하는 일로 이어진다.[2] '민

---

1 식민지배가 이중의 본원적 축적 과정임을 오끼나와를 통해 분석한 사례로는 도미야마 이치로, 손지연 외 옮김 『폭력의 예감』, 그린비 2009, 특히 서장, 1장, 3장을 참조.

2 Michel Foucault, "Nietzsche, la généalogie, l'hisoire(1971)," *Dits et écrits, Tome II: 1976-1988*, Gallimard 1994, 136면.

족국가'가 "역사를 초월하는 정상적인 육체"로 상상되는 한,[3] 본원적 축적 과정에서 생존을 위해 땅에서 쫓겨나 노동력으로 판매되거나 뿔뿔이 흩어진 난민의 육체와 생명은 '이상'이자 '예외'이자 '비극'으로 해석된다. '민족국가'는 한반도라는 한정된 영역 속에 정주하는 이들로 구성돼야 하기 때문이며, 이때 노동상품으로서 난민화된 이들은 민족국가 건설의 실패로 인해 생겨난 '예외'적이고 '이상'한 존재로 위무(慰撫)되거나 때로는 '비난'받기도 했기 때문이다.

하지만 과연 이들은 예외적이거나 이상한 존재일까? 반복이지만, 식민주의를 민족 간의 침략과 수탈로 환원해 이해하는 한에서는 그렇다. 하지만 식민지 조선이 결코 온전한 민족국가가 아니었음은 누구나 알고 있다. 제국일본의 법률체계에는 엄밀한 의미에서 '조선인'이라는 '국적'이 존재하지 않았고, 그런 한에서 한반도의 거주민들은 모두 '일본인'이었다. 그러나 그와 동시에 조선인들은 온전한 '일본 국민'도 아니었는데, 그 까닭은 제국헌법이 조선에 적용되지 않았을 뿐 아니라 한반도 통치는 처음부터 끝까지 총독의 '법령'에 의한 '예외적 조치'에 따라 이뤄졌기 때문이다. 더불어 법률–통치의 측면만이 아니라 사회문화 측면에서도 조선인이 결코 일본인이 아니었음은 수많은 논의들이 집요하게 파헤친 바 있다.[4]

---

3 이 역사 서사 안에서는 고조선부터 한국 및 북조선까지가 연속된 '하나의 역사'로 상상될 수 있다. 이것은 가히 역사의 이름을 탈취한 초역사적 신화의 서사, 즉 가장 극한의 '반(反)역사'라고 할 수 있다.

4 식민지배에 대한 민족중심적 해석에 내재한 문제점과 논점에 관해서는 김철『식민지를 안고서』, 역락 2009; 황호덕『벌레와 제국』, 새물결 2011 참조. 김철과 황호덕은 식민지배하 한반도 인민의 육체와 일상이 민족과 국가로 환원될 수 없는 회색지대 속에서 분열되고 분할됐음을 설득력 있게 제시한다. 특히 황호덕의 연구는 식민지배하에

따라서 조선인은 식민지배 내내 하나의 '민족'으로 상상됐지만 '국민'으로 규정되지는 못한 애매모호한 지대에 자리한 인간집단이었다. 이런 인간집단을 근대적인 민족(nation) 범주하에서 사념하는 것은 식민지배하의 육체와 일상을 오판하는 일로 이어지기 십상이다. 그 안에서는 식민지배의 폭력이 직접적이고 노골적으로 가닿는 육체와 일상이 아니라, 정치적으로 사념돼 이상적(ideal)이고 정상적으로 형상화된 민족이 지배와 피지배를 서술하는 궁극적 주어의 위치에 자리한다. 이랬을 때 육체의 이주와 노동력화를 강제당한 이들은 예외적이고 이상한(abnormal) 존재로 위무되거나 비난받는다. 안타까운 사연으로 전해지거나, 때로는 조국을 등진 도망자로 말이다. 그러나 이상적이고 정상적으로 사념된 민족이 근대적 패러다임하에서는 반드시 국민(citizen)이어야만 하는 한에서,[5] 식민지배하 한반도의 인민들은 결코 이상적이거나 정상적인 민족이 아니었다. 아렌트가 말했듯이 근대의 민족국가(nation state)가 국민(nation=citizen) 이외의 존재들이 살 땅을 지구상에서 말살했다면, 한반도의 인민들은 근대 민족국가라는 '정상적' 패러다임에서 제외된 '난민'이었기 때문이다.

그런 의미에서 식민지배하 한반도의 인민들은 정주의 땅에 있음에도 국민이 아닌 '정주하는 난민'이었다고 할 수 있다. 열도와 만주로 내몰린 이들은 정주하는 난민의 극한의 형상이었고 말이다. 따라서 한반도의 식민지배는 정주하는 민족/국민으로는 온전히 파악될 수 없으며, 1945년의 역사적 단절 이후에도 끈질기게 지속된 식민지배를 직시하고

서 인간의 육체가 처하게 되는 분열적 양상을 생명정치 개념을 중심으로 추적해 민족·국민·국가와 육체 사이에서 작동하는 폭력을 예리하게 포착했다.

5 한나 아렌트, 이진우 외 옮김 『전체주의의 기원』, 한길사 2006, 9장 참조.

비판하기 위해서는 정주하는 난민이라는 관점이 필요하다. 이런 관점 아래 이 장에서는 『만세전』을 식민지배하 정주하는 난민으로서 한반도의 인민을 적출한 텍스트로 독해하고자 한다. 이때 작업 가설은 『만세전』이 식민지배가 한창 뿌리내리던 시기에 민족중심의 사고 패러다임을 상대화하고 탈구축(deconstruction)한 방법적 시각을 담은 텍스트라는 것이며, 이 방법적 시각을 통해 민족국가와 자본주의의 본원적 축적이야말로 식민지배의 근원임을 적출해낼 수 있다는 것이다. 즉 『만세전』은 식민지배가 민족 사이의 지배/피지배 관계라기보다는, 민족국가와 자본주의가 인간의 육체 및 일상을 벗어날 길 없는 구조적 폭력하에 내던지는 체제임을 간파한 텍스트였다는 것이다.

그래서 『만세전』은 식민지배의 근원을 묻는 '초월론적 방법'을 내장한 텍스트라 할 수 있다. 삘리쁘 라꾸라바르뜨(Philippe Lacoue-Labarthe)는 하이데거의 루쏘 독해에 내재한 '치명적 유산'을 논하는 가운데, 유럽 근대철학에서 "어떤 존재자의 근원은 존재자의 부정" 즉 "초월론적 부정성"으로 사고돼 왔음을 지적하면서, 칸트라면 "순수한 부정적 형식"으로 불렀을 것이라 주장했다.[6] 이는 어떤 존재자든 그 근원은 '무(無)'라는 허무맹랑한 주장이 아니라, 어떤 존재자든 그 존립이 가능하게 된 근원(Ursprung)은 일종의 '방법론적 조작(순수부정)'을 통해야만 도달할 수 있음을 뜻한다. 즉 국가라는 존재자의 근원을 민족이라는 직접적 신화소로 환원해 자연화하는 것은 근원 물음의 수행이 아닌 것이다.

마찬가지로 위에서 말한 노동력화나 난민화로 파악되는 식민지배의

---

6 Philippe Lacoue-Labarthe, *Poetik der Geschichte*, Diaphanes Verlag 2004, 31~33면 참조.

근원을 개개인의 '육체나 생명'이라는 식으로 직접 상정하는 것은 근원 물음이 아니다. 이 육체나 생명을 식민지배의 근원, 즉 식민지배가 그로 부터 가능해진다는 초월론적 근거로 상정할 수 있기 위해서는 하나의 '방법'이 필요한 것이다. 그 근원 물음의 대상이 되는 존재자—여기서 는 식민지배—에 부착된 자연화된 무매개적 신화소들을 제거하는 절 차가 필요하다. 이미 말했듯이 아래에서는 『만세전』을 이 방법론이 제 시된 최초의 텍스트로서 재독해하고자 한다. 『만세전』에 등장하는 다 양한 장소와 그곳에 대한 관찰은 식민지배의 중첩된 본원적 축적을 문 제화하는 방법적 시각을 담아내고 있다는 것이 주된 논제이며, 이렇게 추출된 『만세전』의 방법을 통해 민족국가와 자본주의의 본원적 축적이 식민지배의 요체임을 논증하고자 한다.

2. 식민지배의 중첩된 본원적 축적: 노동력화와 난민화

맑스(K. Marx)는 애덤 스미스(Adam Smith)의 "선행적 축적"(previ- ous accumulation)이 자본주의 생산관계의 기원을 다음과 같이 설명했 다고 비판한다. "아주 옛날에 한쪽에 근면하고 똑똑하고 검소한 훌륭한 사람이 살았고, 다른 쪽에 게으르고 모든 소유물뿐 아니라 그 이상을 다 써버린 형편없는 자들이 있었다"고 말이다.[7] 이런 "유치한 속임수"에 대해 맑스는 자본의 본원적 축적의 비밀이 "노동자를 자신의 노동조건

---

7 Karl Marx, *Das Kapital*(인용은 大內兵衛監 譯 『資本論』 第1卷 第2分冊, 大月書店 1969, 932면).

의 소유로부터 분리하는 과정"[8]이라고 설명한다. 따라서 자본주의 생산관계의 근원적인 조건은 생산수단 및 생산물의 유통·소비와 노동생산자가 "자연적인 유대"를 상실하는 일, 즉 스스로의 욕구나 필요에 따라 생산물을 만들고 팔고 사는 것이 아니라, 생산물의 용도나 양이 생산자가 도저히 알 수 없는 체계에 종속되는 일이다. 이 과정을 맑스는 자본의 본원적 축적(ursprugliche Akkumulation)이라 명명했다.

여기서 중요한 것은 이런 자연적 유대와의 단절이 '실제로' 얼마나 지배적인지의 문제가 아니다. 오히려 중요한 것은 이렇게 자본의 축적을 '사유해야만' 자본주의의 메커니즘이 설명될 수 있다는 점이다. 그런 의미에서 한반도의 자본주의 생산관계는 실제로 자본주의 생산관계가 등장한 때를 출발점으로 상정할 수도 있겠지만, 15세기 유럽이 전지구를 자본주의 생산관계하에서 '사유하고 지배하려 했던' 시점에 이미 출발했다고 간주할 수도 있다. 뒤집어서 말하자면 원거리 무역을 통해 차액을 남기는 전지구적 무역이 탄생하면서 재화 고유의 사용가치가 아니라 지역 및 시간 차이로 가늠되는 교환가치가 생산-유통-소비를 지배하게 됐을 때, 이미 전세계의 땅과 바다는 자본주의의 본원적 축적에 포섭된 것으로 '사유해야' 한다는 것이다.

이렇게 봤을 때 자본주의 생산관계를 애덤 스미스처럼 개개인의 능력 차이로 돌리는 '자연주의'는 비판받아야 한다. 방법을 통해 하나의 신화소로 일소해야 하는 것이다. 이것이 바로 맑스가 『자본』의 방법적 원칙으로 삼은 "추상에서 구체로"가 의미하는 바다. 즉 자본주의란 어디까지나 추상적인 사고를 통해 자연주의를 비판함으로써 구체화되는

---

8 Karl Marx, 앞의 책 934면.

경제적 체계다. 이때 개인의 육체는 전 자본주의 생산관계가 가정하고 있던 자연적 속박으로부터 자유로운 하나의 노동력으로 사념된다. 도시의 노동시장에 등장하는(한다고 사념되는) 노동자의 육체에는 그 어떤 자연적·관습적·전통적 표지(sign)도 각인돼 있지 않다. 그는 그저 상품화돼 교환가치를 실현함으로써 생명을 유지하는 균질적이고 추상적인 육체로 간주될 뿐이다.

이를 한반도에 대한 제국일본의 식민지배에 대입하면 어떨까? 아마도 애덤 스미스의 선행적 축적에 해당하는 것이 일본의 '조선학'이 설파한 '게으르고 당파 싸움에만 골몰했던 조선민족'이라는 학설일 것이다. 조선민족의 그런 '열등한' 속성이 '우등한' 일본민족에게 지배당한 것은 당연하고도 자연스러운 일이라는 주장이다. 그러나 그런 식의 자연주의—이것 또한 유사과학적 인종주의나 실증적 역사학에 바탕을 둔 조작적 담론이다—는 궁극에서는 (마치 누가 게으르고 부지런한지를 검증할 수 없는 것처럼) 검증 불가능한 언설이다. 식민지배에 내장된 선행적 축적의 속임수를 비판하기 위해서 '추상에서 구체로'라는 방법이 필요한 까닭이다.

그렇다면 식민지배의 본원적 축적에 해당하는 것은 무엇일까? 그것은 민족국가의 본원적 축적 과정을 추출하는 '방법'을 통해 밝혀낼 수 있다. 민족국가의 본원적 축적을 설명하기 위해서는 국가형성 과정에서의 자연적 신화소를 털어내야만 한다. 그것은 궁극적으로는 '주권'의 형성 과정에 대한 초월론적 물음의 수행을 의미한다. 홉스는 이 주권 형성의 본원적 축적을 이론화한 최초의 인물 중 하나인데, 그는 주권이 신이나 자연에 정당성 근거를 둔 것이 아니라 '개개인의 생명'에 근거한다고 설파했다. 만인에 대한 만인의 투쟁 과정에서 개개인은 살해당할 위협을 느낀다. 이 살해 위협에서 벗어나기 위해 개개인은 무소불위의 주권자에게 자신의 자연권, 즉 생명방어권을 양도한다. 이를 통해 주권은 관할영역 내의 모든 '내전'을 종식시키고 개개인의 생명과 안전을 지킨다. 이것이 홉스가 말한 주권의 본원적 축적 과정이다.[9]

여기서 '실제로' 자연상태(만인에 대한 만인의 투쟁)가 있었는지의 여부는 중요하지 않다. 중요한 것은 그렇게 '사유'해야만 주권의 근거에 대한 물음을 던질 수 있다는 점이고, 그랬을 때 주권의 해체까지를 사고의 사정거리 안에 둘 수 있다는 점이다. 주권의 한계란 그런 의미에서 개개인의 생명과 안전이 지켜지지 못하는 상황이다. 주권의 한계영역이 예외상태(전쟁상태)[10]라는 카를 슈미트의 말은 이런 맥락에서 이해돼야 한다. 따라서 근대 '주권국가=국민국가'의 초월론적 근거는 위와 같은 방법을 통해 사유해야만 도출될 수 있다. 그 사유 안에서 개개인의 육체와 생명은 나뉘어 있는 것으로 상정된다. 개개인이 주권의 신민(국민)이 되기 위해서는 우선 스스로의 육체와 생명을 벌거벗은 것으로(자연상태에 내던져진 것으로) 상상함과 동시에, 그 상태를 극복한 국민이 되는 것으로 사념해야 하기 때문이다. 이때 개개인은 배제됨과 동시에 포함되는 위상학적 상황에 놓이게 된다. 스스로를 벌거벗은 육체와 생명으로 상상해 국가로부터 배제함으로써, 자연상태를 극복한 국가 안에 삶을 부여 받은 국민(citizen)으로 포함될 수 있기에 그렇다. 이것이 주권-민족국가의 본원적 축적인 셈이다.

한반도의 식민지배 과정에서 주민들이 온전한 '국민'으로 국가의 법

---

9 이에 관해서는 김항 「정치 없는 국가, 국가 없는 역사」, 『말하는 입과 먹는 입』, 새물결 2009 참조.

10 칼 슈미트, 김항 옮김 『정치신학』, 그린비 2010, 1장 참조.

률체계에 등기되는 일은 없었다. 식민지배 후반기, 징병제를 통한 처절한 국민되기의 길이 마련됐지만 그것이 '온전한 국민'을 뜻하지는 않았다. 그러나 식민지배의 대상이 된 인민들은 제국일본의 주권적 지배와 제국일본에 대한 신민적 복종이라는 체계 안으로 포섭됐다. 이는 결국 한반도의 주민이 벌거벗은 생명과 육체로 스스로를 사념해야 함과 동시에, 국민으로서 국가의 체계 안에 등기되지도 못하는 위상학적 구조 속에 내던져졌음을 의미한다. 따라서 식민지배의 본원적 축적이란, 벌거벗은 생명과 육체를 배제하지만——제국은 한반도의 주민도 보호한다——국가가 국민으로서 포섭하지는 않는 '예외지대'로 인민들을 추방하는 일이었다. 이것이 한반도에서 식민지배를 지탱한 근원인 '정주하는 난민화'다.

조르조 아감벤(Giorgio Agamben)은 '국민'이 아닌 '난민'이야말로 근대 정치의 패러다임이 돼야 한다고 주장한다. 프랑스혁명 이래 근대 정치의 패러다임은 모든 인간을 국민화하는 것이었는데, 이는 보편적 인권의 확립 과정이 아니라 벌거벗은 생명으로서의 인간, 즉 아무런 법률적 정체성도 가지지 못한 인간이 '국가화'된 지구상의 모든 '영토=육지'(territory=terra)에서 추방되는 과정이었다는 것이다. 프랑스 인권선언이 이미 명시한 바 있고, 모든 국가의 헌법에 기입돼 있듯이 모든 인간은 '태어나면서 국민'(native-nation-citizen)이라는 것이 근대 정치의 전제다. 그러나 이는 주권-민족국가의 본원적 축적을 밝히기 위해서는 떨쳐내야 할 신화소에 지나지 않는다. 왜냐하면 태어나면서 국민인 것은 자연적인 일이라기보다는 '국가 안에서 태어나야 한다'는 인위적 전제 위에서만 가능한 사태이기 때문이다. 이랬을 때 벌거벗은 육체와 생명이 배제된 흔적은 깡그리 말소되고 만다. 즉 '태어나면서 국민'이라는 자연화는 주권-민족국가의 본원적 축적을 은폐하는 신화에 지나지 않는 것이다. 그래서 국민의 존립기반은 육체와 생명을 땅으로부터 추방하는 난민화였으며, 주권의 성립 과정에서 배제와 포섭 사이에 놓인 '난민=예외적 형상'이야말로 주권을 존립케 하는 궁극의 초월론적 근거라고 아감벤은 주장한다.[11]

한반도 식민지배의 본원적 축적은 주권=국민국가의 본원적 축적의 비밀을 고스란히 드러낸다. 그러나 식민지배를 근대 정치의 패러다임이 극명하게 드러나는 특권사례로 소환하는 것으로는 충분하지 않다. 식민지배의 중첩된 본원적 축적을 추적하기 위해서는 난민이 국가 아닌 다른 체계 위에 등기되는 과정에 주목해야 한다. 한반도의 난민은 정주의 땅에서 벌거벗은 채로 쫓겨났지만, 생존을 위해서는 그런 자연적 유대가 아니라 또다른 관계망 속에 스스로의 육체를 기입해야 한다. 자본주의라는 관계망 말이다. 이는 대부분이 농민이었던 한반도의 주민들에게서 생산-소비의 자연적 유대를 박탈하는 것이었다. 즉 한반도의 주민들은 땅에서 분리돼 하나의 균질적 노동력으로 사념돼야 했던 것이다. 제국일본 최초의 식민지 홋까이도오(北海道)를 배경으로 한 『게가공선』은 이런 본원적 축적 과정을 다음과 같이 묘사한 바 있다.

내지에서는 노동자가 '시건방져서' 억지가 통하지 않게 되고 시장도 거의 다 개척되어서 막막해지자 자본가들은 '홋까이도오, 사할린으로!' 하며 갈퀴손을 뻗쳤다. 거기서 그들은 조선이나 타이완 같은 식민지에서와 똑같이 그야말로 지족하게 '혹사'할 수 있었다. 하지만 그 누구도 뭐

11 조르조 아감벤, 양창렬·김상운 옮김 『목적없는 수단』, 난장 2009, 30~31면.

라고 말하지 못한다는 사실을, 자본가들은 너무나 잘 알고 있었다. '국토 개척' '철도 부설' 등의 토목 노동자 숙소에서는 이 잡는 것보다 더 간단히 인부들이 맞아 죽었다. (⋯)

광산에서도 마찬가지였다. (⋯) 어떤 일이 벌어지든, 그를 대신할 노동자를 언제든지, 얼마든지 충당할 수 있는 자본가에게 그런 일은 아무래도 좋았다. 겨울이 오면 '역시' 노동자들은 그 광산으로 흘러들어왔다. (⋯)

그리고 '이주 농민'―홋까이도오에는 '이주 농민'이 있다. '홋까이도오 개척' '인구·식량 문제 해결, 이주 장려', 일본 소년들에게 어울릴 '이주 벼락부자' 등 듣기 좋은 소리만 늘어놓은 활동사진을 이용하여 논밭을 다 뺏기게 생긴 내지의 빈농들을 선동해 이주를 장려하지만, 이주해 온 자들은 이내 한뼘만 파내려가면 찰흙 밖에 안 나오는 땅에 내평개쳐진다. 비옥한 땅엔 이미 팻말이 서 있다. 감자마저 눈 속에 파묻혀 있어, 일가족이 이듬해 봄에 굶어죽는 일이 있었다. (⋯)

드문 일이기는 하지만 용케 굶어 죽지 않고 살아남았다 하더라도, 그 황무지를 십년 넘게 경작해서 겨우 이제 보통 밭이 됐다고 생각할 무렵이면, 실로 빈틈없이 그것은 '외지인' 것이 되도록 되어 있었다. (⋯) 농민들은 이쪽에서도 저쪽에서도 자기것을 물어뜯겼다. 그리고 결국에는, 그들이 내지에서 그리 당했던 것처럼 '소작인'으로 전락하고 말았다. 그때야 비로소 농민들은 깨달았다.―'망했다!'[12]

다소 긴 인용을 한 까닭은 제국일본의 식민지배가 '국토개척'이나

---

12 코바야시 타끼지, 서은혜 옮김, 『게 가공선』, 창비 2012, 62, 64~66면.

'철도 부설'이나 '인구·식량 문제 해결' 등 '국가의 사업'으로 이주를 장려했음을, 또한 이렇게 이주해 노동자나 농민이 된 이들이 자신들의 몫이나 땅을 할당받는 일이 없었음을 새삼 확인하기 위해서다. 제국일본이라는 민족국가와 글로벌한 자본주의체제는 이렇듯 홋까이도오, 조선, 대만이라는 '피식민지' 인민의 추방과 이주와 착취를 토대로 본원적 축적을 이뤄냈다. 코바야시 타끼지(小林多喜二)가 『게 가공선』의 마지막에 "이 작품은 '식민지에서의 자본주의 침략사'의 한 페이지"라고 자기규정한 까닭이 여기에 있는데, 여기서 일본공산당 주두의 혁명운동이 '식민지'라는 매개를 통해 자본주의를 비판했음에 주목해야 한다. 코바야시의 눈은 홋까이도오라는 식민지의 가혹한 노동조건을 고발하기 위해 반짝이기도 했지만, 제국일본이 민족국가와 자본주의체제의 긴밀한 결합 속에서 존립하고 있음과 동시에, 그 존립의 기반(근원)이 식민지배하의 '이주=난민화'와 '노동력화'에 있음을 방법적 시각을 통해 직시했기 때문이다.

그런 의미에서 한반도의 인민을 난민과 노동자로 사념한다는 것은 민족국가라는 통치권력과 자본주의라는 추상체계에 인민들이 포섭되는 식민지배의 본원적 축적을 문제화하는 일이다. 한반도의 주민들은 주권-민족국가를 난민으로 경험함과 동시에, 자신의 육체가 물리적 이동을 통해 자본주의 생산관계에 종속되는 경험을 해야만 했다. 벌거벗은 채로, 국민으로 등기되는 일 없이 자본주의 생산관계로 내몰리는 일이야말로 식민지배의 중첩된 본원적 축적이었던 것이다. 이 본원적 축적에 대한 이해 없이는, 1945년이라는 단절에도 아랑곳 않고 지속되는 식민지배를 벗어날 길은 열리지 않는다. 이제 이 길에 이르는 '방법'을 제시한 최초의 텍스트 중 하나로 『만세전』을 독해해보기로 한다.

3. 이인화의 시선: 선산이냐 공동묘지냐를 넘어서

『만세전』은 이동의 서사다. 이인화는 토오꾜오에서 경성으로 이동하면서 열도와 반도의 인간군상과 사회상을 묘사한다. 물론 묘사의 주된 대상은 반도다. 그리고 소설 초반부에 등장하는 토오꾜오와 코오베(神戶) 묘사는 중후반 이후의 조선 묘사와 비교했을 때 매우 사소설적이다. 즉 개인의 내면으로 외부를 환원해가며 감상을 고백하는 형식이다. 이에 반해 조선의 인간군상과 사회상에 대해서는 매우 냉소적인 시선을 유지하면서 관찰적 묘사에 치중한다. 이런 묘사상의 온도차[13] 때문에 『만세전』은 제국과 식민지의 차이를 내면화하고 있으며, 심지어는 위계화하고 있다는 평가를 받기도 한다. 그것은 이인화로 대변되는 피식민자의 타자 경험/의식이나,[14] 염상섭(廉想涉)의 식민지 인식에 내재한 내면화된 식민주의와 계급적 한계 등을 지적하는 것으로 귀결된다.[15]

내지에서 조선으로의 이동에서 읽어낼 수 있는 '이인화=염상섭'의 경험/인식틀에 주목한 일련의 기존연구 경향을 거칠게 요약해보면, 『만

---

13 이를 「묘지」에서 「만세전」으로의 개작과 연관지어 텍스트 이본(異本) 사이에서 드러나는 검열의 시선을 포착한 연구로는 박현수 「「묘지」에서 「만세전」으로의 개작과 그 의미」, 『상허학보』 제19호 2007 참조.

14 나병철 『근대서사와 탈식민주의』, 문예출판사 2001; 박정애 「근대적 주체의 시선에 포착된 타자들: 염상섭 「만세전」의 경우」, 『여성문학연구』 제6권 2001; 홍순애 「근대소설에 나타난 타자성 경험의 이중적 양상: 염상섭 「만세전」을 중심으로」, 『정신문화연구』 제30권 1호 2007.

15 서재길 「「만세전」의 탈식민주의적 읽기를 위한 시론」, 『한국근대문학과 일본』, 소명 2003; 한만수 「「만세전」과 공동묘지령, 선산과 북망산: 염상섭의 「만세전」에 대한 신역사주의적 해석」, 『한국문학연구』 제39권 2010.

세전』은 3·1운동 전야 조선의 사회상황을 근대성 및 식민화와 연관해 핍진하게 묘사한 수작이지만, 식민지 조선을 바라보는 관점에는 식민 자의 시선과 계급적 한계가 내재돼 있다는 것으로 정리할 수 있다. 이런 기존 연구의 성과를 일일이 가늠하고 평가하는 일은 이 글이 감당할 수 없는 과제이며 주된 관심 대상도 아니다. 다만 아래에서의 논점을 명확 히 하기 위해 최근 발표된 한 연구 성과에 주목해보기로 한다. 이 연구 가 최근 수년간 염상섭의 시선에 내재돼 있는 '식민자의 입장'을 문제 화함으로써 염상섭 문학에 대한 기존 평가의 재검토를 촉구하는 흐름 을 대표하는 성과로 자리매김될 수 있기 때문인데, 그런 한에서 이 연구 를 검토하는 것은 염상섭을 연구해 얻은 기존 성과들의 한계를 포착할 수 있게 해주며, 최근 연구의 쟁점 속에서 이 글의 주된 논제인 식민지 배의 중첩된 본원적 축적이 염상섭 연구에서 어떤 위상을 차지하는지 를 가늠하게 해준다.

　최근의 한 논의는 『만세전』에 나타난 공동묘지에 대한 인식을 바탕 으로 염상섭의 시선에 내재한 계급적 한계를 설득력 있게 추출해냈다.[16] 이 연구에서는 『만세전』이 "1918년의 조선사회를 읽는 하나의 독법을 제공"할 뿐만 아니라 "다른 많은 독법들을 거의 배제할 정도로 압도적 지위를 차지하고 있다"(102면)고 『만세진』을 평가한다. 그렇기에 『만세 전』에 드러난 염상섭의 계급적 한계는 고스란히 1918년의 조선사회 독 법의 한계를 드러내는 것이기도 하다. 바로 "이인화라는, 염상섭의 분 신 같은, 유산층 지식인 인물"(112면)의 한계다.

---

16 한만수, 앞의 글. 이 장에서 이 글로부터의 인용은 괄호 안에 면수만을 본문 안에 명기 한다.

이 논문에서는 그 논거로 총독부 주도의 공동묘지화를 바라보는 염상섭의 관점을 비판적으로 분석한다. 당대의 사회상에 비춰봤을 때 총독부 주도의 공동묘지령은 유산계급보다 무산계급에게 타격이 컸다. 무산계급에게 공동묘지화란 조선 유산계급 중심의 전통적 매장문화의 상실이라기보다는 "죽어도 묻힐 곳이 없"(108면)어지는 위기상황이었기 때문이다. 그럼에도 이인화와 갓장수 사이의 대화에서 드러나듯 염상섭은 이런 계급적 구별짓기와 그에 따른 공동묘지에 대한 체감온도의 차이를 지각하지 못하고, 묘지에 관한 논란을 매개로 "문명과 야만"(114면)을 공동묘지와 조선 전례의 매장풍습에 각각 중첩시켜 위계화하는 식민자적 시선을 은연중에 드러냈으며, 그 결과 "조선적인 것은 그저 타매의 대상"으로 인식해 "조선의 모든 것을 근대미달로 보아 척결의 대상으로 삼았던 오리엔탈리즘을 총독부와 공유하는 셈"(125면)이라는 것이 논문의 비판이다. 그렇기에 "『만세전』을 민족저항이나 리얼리즘의 성취라는 측면에서만 해석하기는 어렵게"(124면)되며, "식민지적 자본주의화 속에서 가장 큰 고통을 받아야 했던 무산층을 문학적으로 다시 한번 소외시킨 셈이라는 비판에서 자유롭지 못하다"(132면)고 결론 내린다.

이러한 논의는 『만세전』을 구성하는 작가의 시점에 '식민지적 자본주의화'에 따른 폭력과 고통이 주제화되지 못했음을 비판하는 매우 중요한 논점을 제시하고 있다. 이 비판을 통해 『만세전』의 한계는 내지와 조선 사이를 위계화된 문명관으로 바라보는 식민지배의 세계관과, 식민지적 자본주의화를 문제화하지 못한 유산계급의 시선으로 정식화된다. 그러나 이 비판과 다른 독해를 가능케 하는 지점도 『만세전』에는 존재한다. 그것은 이인화와 그의 형 사이의 대화에서 드러난다.

"나두 며칠 있다가 형편되는 대로 곧 올라가겠지만, 아버님께 산소사 건은 아직도 4, 5일이 있어야 낙착이 날듯하다고 여쭈어라. 역시 공동묘 지의 규정대로 하는 수밖에 없을 모양이야."

나의 귀에는 좀 이상하게 들렸다. 내 처가 죽을 것은 기정의 사실이라 치더라도 죽기도 전에 들어갈 구멍부터 염려들을 하고 앉았는 것은 아들 을 낳지 못해서 성화가 난 것보다도 구석 없는 짓이요 일없는 사람의 헛 공사라고 생각 안을 수 없다.

"죽으면 묻을 데가 없을까 보아서 그러세요. 공동묘지는 고사하고 화 장을 하건 수장을 하건 상관없는 일이 아닌가요. 아버님께서는 공연히 그런 걱정을 하시지만, 이 바쁜 세상에 그런 걱정까지 하는 것은 생각해 볼 일이지요."[17]

위에서 살펴본 연구에서는 이 대화에서 마지막 이인화의 발언 전반 부를 인용하면서 "화장 이후 유골을 공동묘지에 매장하는 일본식 장례 법이야말로 가장 바람직하다는 주장"(106면)이라고 해석한다. 그렇게 읽힐 소지는 충분하다. 하지만 이 대화가 그런 독해만을 허용하는 것은 아니다. 물론 염상섭이 일본식의 공동묘지가 더 바람직하다고 생각했 을 수는 있다. 『만세전』의 이인화도 조선 전례의(유산계급의) 매장문화 를 부정적인 시선으로 바라보고 있음은 명백한 사실이다. 그러나 그가 "구석 없는 짓"이자 "헛 공사"라고 생각한 것은 전통적인 매장문화만이

17 염상섭『염상섭전집』1, 민음사 1987, 69면. 이하 이 장에서의 인용은 본문 안에 면수 만을 표기하기로 한다. 또한 이 책으로부터는 한글표기를 모두 현대식으로 바꾸어 인 용하기로 한다.

아니라 "죽기도 전에 들어갈 구멍부터 염려들을 하고 앉았는 것"이다. 그래서 그는 "공동묘지는 고사하고 화장을 하건 수장을 하건"이라고 말한다. 즉 죽기도 전에 어디에 어떻게 묻을까를 고민하는 '매장문화' 일반에 대한 회의가 깃들어 있는 것이다.

어떤 이에게 빨간색 옷과 파란색 옷을 고르라고 했을 때, 그 사람이 빨간색 옷을 고른다고 빨간색이 "가장 바람직하다고 주장"하는 것은 아니다. 특히 빨간색 옷이든 파란색 옷이든 옷에 색깔이 왜 중요하냐고 회의하는 사람에게는 말이다. 이인화의 경우가 그렇다. 그에게는 선산이든 공동묘지든 매장문화 자체가 "구석 없고" "헷 공사"였기 때문이다. 위의 연구에서 염상섭이 일본식 공동묘지를 가장 바람직한 것으로 생각하면서 조선의 실상을 파악하지 못했다는 논거로 삼는 '아내 매장 장면'에 대한 분석도 그런 의미에서 재고를 요한다. 이 연구에서는 매장 장면에 대한 묘사가 묘지 제도를 둘러싼 긴 논쟁의 결과가 집약되는 부분임에도 두 문장으로만 설명되고 있음을 비판하면서 "근대주의자 염상섭의 세계관이 작품의 내재적 논리를 압도했기 때문"이라고 결론 내린다. 그러나 그 짧은 두 문장, 즉 "시체를 청주로 끌고 내려간다는 데는 절대로 반대를 하였다. 5일장이니 어쩌니 하는 것을 삼일 만에 공동묘지에 파묻게 하였다"는 대목은 거꾸로 염상섭이 시체를 어떻게 묻든 별로 관심이 없음을 반증하는 사례다. 다시 말하지만 염상섭은 어느 묘지가 더 바람직하다는 것이 아니라, 매장문화 자체에 회의를 던지고 있는 것이다.

염상섭은 묘지를 "삶과 죽음이 공존하는 공간"이라거나 인간의 "세계관과 가치관의 단적인 표현을 발견"(129면)할 수 있는 장소로 생각하지 않았다. 염상섭에게 묘지는 당대 조선의 사회상을 드러내는 특권적 장소이기는 했지만, 그렇다고 그가 조선 근대화를 추동하기 위해 조선의 "세계관과 가치관"을 드러내는 묘지를 전근대적인 것이라고 힐난했다는 것은 아니다. 또한 염상섭이 당대 무산계급이 공동묘지령을 어떻게 받아들였는지에 무지했다 하더라도, 공동묘지를 무턱대고 "가장 바람직한" 것으로 생각하지는 않았다. 그렇기에 『만세전』에서의 염상섭의 식민지적 자본주의화에 대한 사유는 유산계급의 한계와 더불어 또 다른 함의가 있다. 거듭 강조하지만 그는 매장문화 자체를 의미없는 것으로 회의하는 시선을 던지기 때문이다. 그것은 매장문화에 덧붙여진 자연화된 의미를 거부하는 일이었다. 즉 염상섭은 선산과 공동묘지의 대립에서 어느 한쪽을 선택하는 것이 아니라 보다 상위의 범주를 회의하는 방법적 시각을 제시한 것이다. 이 회의의 시선이야말로 『만세전』에 기입된 방법적 시각이다. 그리고 이 시선은 식민지배의 중첩된 본원적 축적을 가시화한다.

4. 방법으로서의 장소: 중첩된 본원적 축적의 가시화

『만세전』에서 아버지를 비롯해 김의관, 큰형님, 이병화는 모두 이인화에게는 조소와 냉소의 대상이다. 아버지와 김의관은 총독부에 연줄을 댈 때 조선의 전통질서에서나 의미있을 법한 '감투'에 혈안이 돼 있는 자이고, 큰형님이나 이병화는 자본주의와 근대국가 질서하에서 성공을 거뒀지만 떳떳하지 못한 여성관계를 전통시대의 법도나 의식에 기대 정당화하는 자들이기 때문이다. 이들의 '존재'와 '의식' 사이에는 커다란 괴리가 있었다. 총독부라는 근대국가의 감투를 전통사회의 맥락 속에서 도착적으로 의미화하거나, 자본과 국가의 메커니즘을 누구보다도 잘 체화한 이들이 여성관계에서는 전통관습에 기대는 일은 이인화가 보기에 매우 우스운 일이었다.

하지만 이인화가 이들에게 조소와 냉소의 시선을 보내는 것은 존재와 의식이 괴리된 그들의 자가당착적 삶의 모습 때문이 아니다. 이 시선은 일관된 삶의 모습이 바람직하다는 가치판단에 기인한 것이라기보다는, 오히려 일종의 부정적 장소에 도달하려는 염상섭의 방법적 의식에 기인한 것이라 할 수 있다. 적지 않은 선행연구가 염상섭의 소설을 '자연주의'로 규정한 까닭도 여기에 있다. 당대 조선을 바라보는 그의 시선이 가치규범을 전제하지 않은, 매우 '사실적이고 자연적'인 것으로 보였기 때문이다. 그러나 그의 시선은 단순한 자연주의나 사실주의에 그치지 않는다. 중요한 것은 그런 시선이 자리하는 장소를 염상섭이 확보하고 있다는 점이다. 자연적이거나 사실적인 묘사를 화자의 원근법적 조망으로 이루는 것이 아니라, 그 묘사를 가능케 해주는 구체적인 장소가 이 소설에는 등장한다.

이는 염상섭이 외부세계를 '묘사주체=작가'로 환원하는 '사소설' 형식보다는, 주인공이 외부세계에 대한 조소나 냉소를 위해 구체적인 장소를 필요로 한다는 '방법의 개입'을 선택했음을 말해준다. 즉『만세전』은 작가와 외부세계의 무매개적 만남이 아니라, 구체적 장소라는 방법의 개입을 통해 외부세계를 전유한 작품인 것이다. 그렇다면 어떤 구체적 장소와 어떤 외부세계를『만세전』은 묘사하고 있는가? 바로 '경계의 장소'와 '식민지배의 본원적 축적'이다.

만세전에 등장하는 장소는 모두 경계의 장소다. 우선 시모노세끼(下關)에서 부산으로 가는 '연락선'이 있다. 다음으로 '부산'이 등장한다.

다음으로 '기차'다. 또 '묘지'가 있다. 이 모든 장소들은 염상섭이 조선의 상황을 조소하고 냉소하기 위해—동시에 분노하고 위무하기 위해—마련한 장소이지만, 이 장소는 내지와 조선 사이의 위계적 질서와 그에 따른 조선인의 처지를 극명화하는 장치에 그치는 것이 아니다. 이 장소를 통해 비로소 조선과 내지가 구분되고, 그 구분이 함의하는 바가 드러나기 때문이다. 아래에서는 '연락선'과 '부산'에 국한해 논의를 전개코자 하는데, 우선 연락선 장면을 보자.

> 나는 실없이 화가 나서 선원을 붙들어 갖고 겨우 한구석에 끼었으나 어쩐지 좌우에 늘어앉아 있는 일본 사람이 경멸하는 눈으로 괴이쩍게 바라보는 것 같았다. (…) 도쿄서 시모노세키까지 올 동안은 일부러 일본 사람 행세를 하라는 것은 아니라도 또 애를 써서 조선 사람 행세를 할 필요도 없는 고로, 그럭저럭 마음을 놓고 지낼 수가 있지만, 연락선에 들어오기만 하면 웬 셈인지 공기가 험악해지는 것 같고 어떤 기분이 덜미를 집는 것 같은 것이 보통이다. (47면)

내지에서 이인화는 분명히 조선인이다. 그러나 특별한 계기가 없는 이상 일상에서 조선인으로 식별되지는 않는다. 그 특별한 계기는 경찰을 위시한 국가권력이 식별을 강제했을 때 뿐인데, 연락선에서 이인화는 그 특별한 계기와 마주치게 된다. 배에 올라타고 목욕을 마친 뒤 형사에게 심문을 당하는데, 이 때문에 이름이 불려 선실을 나가게 됐을 때 자기가 조선인임이 사람들에게 알려진다.

여기서 연락선은 중요한 방법적 장소다. 일본인과 조선인의 구분이 결코 자연적인 것이 아니라 인위적 식별의 산물임을 보여주기 때문이다. 기존의 많은 연구들은 식민지와 내지의 구분을 전제하며 염상섭의 생각이 이인화의 내면과 시선에 그대로 반영됐다고 여겨왔는데, 사실 『만세전』에 식민지와 내지의 구분이란 결코 미리 전제되지 않는다. 이 인화는 조선인이지만, 조선인으로 식별되는 한에서 조선인이기 때문이 다. 보다 정확하게 말하자면 이인화가 조선인이라는 사실이 소설에서 중요한 의미인 것은 연락선에서 식별 계기를 거치면서부터다. 이는 소 설 초반부 하숙집 여급이나 시즈꼬와의 대화에서도 알 수 있는 사실이 다. 이인화는 토오꾜오에서 자신이 조선인이라는 사실을 별로 의식하 지 않고 지낸다. 그러던 것이 연락선에서 스스로가 조선인임과, 그 사실 이 내포하는 의미를 자각한다. 이는 조선인과 내지인을 가르는 경계가 자연적이라기보다는 인위적 작업(심문)을 거쳐야 가능함을 의미한다.

그런 맥락에서 연락선의 목욕탕 장면은 새롭게 해석된다. 이 장면에 서 한 내지인은 조선인을 속여서 끌어모아 제국 내의 노동시장으로 팔 아넘기는 것이 큰 이문을 남긴다며 떠벌린다. 이인화는 이 대화를 엿들 으며 "가련한 조선 노동자들이 속아서 일본 각지의 공장으로 몸이 팔리 어 가는 것"의 실상을 알게 되는데, "설마 그렇게까지 소작인의 생활이 참혹하리라고는 꿈에도 들어본 일이 없었다."(38면) 이인화는 "조상의 덕택"으로 "실인생 실사회의 이면의 이면, 진상의 진상과는 아무 관계 도 연락도 없"(38면)이 살았기 때문이다. 그리고 조선인 하층계급의 처 지는 내지인과 조선인이 뒤섞여 있는 삼등실에서 일반화되면서 식민지 적 인종구분은 자본화의 산물임을 암시한다.

이 삼등실에 모인 인종들은 어데서 잡아온 것들인지 내 남직할 것 없 이 매사에 경쟁이다. (…) 하여간 차림차림으로 보든지 하는 짓으로 보든지 말씨로 보든지 하층사회의 아귀당들이 채를 잡았고 간혹 하급 관리 부스러기가 끼어 있을 따름이다. (…) 나는 그들을 볼 제 누구에게든지 극단으로 경원주의를 표하고 근접을 아니 하려고 하지만, 그것은 나 자신보다는 몇층 우월하다는 일본사람이라는 의식으로만이 아니다. 단순한 노동자라거나 무산자라고만 생각할 때에도 이들 사흘 어울리기가 싫다. (48면)

여기서 이인화의 민족의식과 계급의식의 한계를 읽어내기는 쉽다. 하지만 중요한 것은 조선인/내지인과 유산계급/무산계급의 구분이 연락선의 "삼등실"에서 이인화의 의식에 중첩되면서 떠올랐다는 점이다. 즉 민족과 계급의 구분선은 이 경계의 장소인 연락선의 혼종성 속에서 드러난다. 그것은 조선인과 내지인의 구분이 "하층사회의 아귀당" 속에서 첨예하게 의식화됨을 의미하며, 조선과 내지를 '연락'하는 장소야말로 이 구분을 통해 외부세계를 사념하는 '방법적 장소'임을 나타내준다. 이 "하층사회의 아귀당"이야말로 식민지배의 속살을 보여주는, 즉 그 본원적 축적을 추적할 수 있는 범례다. 그 본원적 축적이라는 조선인/내지인이라는 인위적 식별에 의해서만 인식될 수 있는 식민지배의 구분은, 아무것도 가지지 못한 벌거벗은 노동력인 "하층계급의 아귀당"으로의 전락을 전제로 함을 뜻한다. 연락선은 식민지배와 자본화가 중첩돼 인간을 분할하고 위계화하는 식민지배의 의미를 파악할 수 있게 하는 장소였다.

이 맥락에서 '부산'은 또 하나의 방법적 장소로 등장한다. 부산 거리를 거니는 이인화는 거리를 메운 일본식 가옥을 보며 "조선의 팔자"를 생각한다. 그것은 "구차한 놈의 팔자"로 "양복쟁이가 문전 야료를 하고,

요리장사가 고소를 한다고 위협을 하고, 전등 값에 몰리고 신문대금이 두달 석달 밀리고, 담배가 있어야 친구 방문을 하지 전차삯이 있어야 출입을 하지 하며 눈살을 찌푸리는 동안에 집문서는 식산은행의 금고로 돌아 들어가서 새 임자를" 만나 오랫동안 정주했던 이들이 "또 백가구 줄어들고 또 이백가구"(54~55면) 줄어드는 팔자다. 이로 인해 조선인들은 정주의 땅에서 쫓겨나 "저딴 세간 나부랭이를 꾸려갖고 북으로 북으로 기어나가는 (…) 쓸쓸한 찬바람"이 도는 곳이 바로 부산 땅이었다.

이 부산 땅에서 이인화는 '일본식 우동집'에 들러 술과 음식을 먹는다. 여기서 그는 내지인을 아버지로, 조선인을 어머니로 둔 여급을 만나는데 그녀는 내지인 아버지를 찾아 나서겠다고 말한다. 이 말을 들은 이인화가 그녀의 아버지가 별로 반가워하지 않을 것이라며 데려가겠다는 조선 사람을 따라가라고 만류하는데 그녀는 다음과 같이 대답한다. "글쎄요. 하지만 조선 사람은 난 싫어요. 돈 아니라 금을 주어도 싫어요."(59면) 결국 부산에서 조선인은 정주의 땅에서 쫓겨남과 동시에, 핏줄로부터도 버림받는 존재로 묘사된다. 이인화는 부산이라는 장소에서 땅과 피를 일실한 조선인들을 통해 "조선인의 팔자"를 파악한 것이다.

그런데 부산의 이러한 상황은 조선의 상황을 극단화한 것이 아니다. 부산은 "조선의 항구로는 제일류"이고 "조선을 짊어진" 도시이며 "조선의 유일한 대표"이기 때문이며 "조선을 축사한 것, 조선을 상징한 것은 과연 부산"이므로 "조선의 팔자가 곧 부산의 팔자"이기 때문이다. 즉 부산은 조선의 범례다. 정주의 땅에서 벗어나 온갖 자연적 유대를 파괴당한 부산의 처지를 범례로 삼아야 조선이 처한 근본적 상황을 인식할수 있다는 것이 염상섭의 시선이었다. 외부와 만나는 첫 관문이자 경계의 도시인 부산에서 조선인의 '난민화'는 극명하게 의식에 떠오른다.

정주의 땅에서 추방당함과 동시에 "압록강을 건너가 앉아서 먼 길의 노독을 백알 한잔에 풀고"(55면) 사는 국경 너머의 난민이야말로 식민지배가 조선인에게 강요한 존재 양식이었다.

이렇듯 『만세전』은 식민지배의 본원적 축적을 드러내기 위한 방법적 장소로 이뤄진 텍스트다. 연락선에서 조선인/내지인의 식민주의적 위계는 하층계급의 처지와 연동돼 나타난다. 연락선은 한편에서 조선인과 내지인의 구분이 '심문'이라는 인위적 식별을 통해 가능함을 나타내면서 자연화된 민족 구분을 상대화했고, 다른 한편에서 이 식민지배의 식별이 "하층계급의 아귀당"이라 표현된, 인간의 벌거벗은 노동력화에서 실천됨을 보여주는 장소였다. 그런 의미에서 염상섭은 연락선을 통해 민족의 위계화가 노동력화 속에서 이뤄진다는 중첩된 본원적 축적을 보여준 것이다. 또한 이런 식민지배의 본원적 축적은 부산에서 '난민화'의 형상으로 나타난다. 부산은 조선인들이 어떻게 정주의 땅에서 추방당하고 핏줄로부터도 절연되는지를 드러내주는 장소였다. 중요한 것은 염상섭이 부산을 '조선의 대표'라 하면서 부산 내 조선인들의 처지를 '조선의 팔자'로 파악했다는 점이다. 즉 난민화야말로 한반도에서 식민지배의 근원임을 『만세전』은 부산이라는 장소를 통해 제시한 것이다.

그렇다면 이런 식민지배의 중첩된 본원적 축적에 대한 의식은 어떤 함의를 갖는 것일까? 그것은 식민지배를 종식시키는 것은 민족국가의 성립 따위가 아니라 '인민주권'과 '파르티잔'이라는 두개의 상호작용하는 운동의 계보라는 사실이다.

5. 인민주권과 파르티잔 공공성

아감벤이 난민이야말로 근대 정치의 근원적 형상이라 주장했음은 이미 언급했다. 이 맥락에서 아감벤은 '인민'(people)의 두가지 구분되면서도 상호 연관되는 사용법의 함의를 탐구한다. 우선 인민은 서양어에서 언제나 "배제된 계급"을 지칭하는 용어로 사용돼 왔다. 그러나 인민은 루쏘가 말한 일반의지의 근거가 되는 "총체적이자 일체화된 정치체"를 지칭하는 용어로도 사용돼 왔다.[18] 그렇다면 근대 정치 최대의 발명품인 '인민주권'(people's sovereignty)은 인민이라는 용어가 내포하는 균열을 은폐하는 효과가 있다고 할 수 있다. 근대국가의 주권이 헐벗고 못사는 계급으로서의 인민이 아니라 단일체로서의 인민을 담지자로 삼았음은 명백한 사실이기 때문이다. 즉 주권을 담지한 인민이란 그 내부에서 균열된 채로 남겨진 '배제된 인민'을 말소함으로써 성립하는 '인간집합'이다.

이 인민을 민족으로 치환하는 것은 한반도에서의 식민지배를 서사화해온 패러다임에 매우 시사적이다. 서두에서 언급했듯이 한반도에서의 식민지배는 주로 민족으로 시작해 민족으로 끝나는 서사 안에서 비판되고 연구돼 왔다. 그러나 민족이 주권을 담지하는 집합체로서 사념되는 한, 그것은 근대 정치의 패러다임에 등장하는 인민과 동일한 위상학적 구조를 갖는다. 즉 식민지배의 폭력으로 인해 직접적으로 육체와 생명을 유린당한 '민족'은 주권을 담지하는 **민족**과 내적 균열 관계에 있는 것이다(이하에서는 '민족'을 억압받고 배제당한 존재의 표기로, 민족을

---

18 이상 조르조 아감벤, 앞의 책 39~40면.

일반의지와 주권을 담지한 총체적인 인간집단의 표기로 구분해 사용한다). 식민지배의 폭력은 조선 '민족'을 배제하고 억압해왔는데, 이 '민족'과 식민지배의 폭력 기구를 잔존시킨 채 주권의 담지자로 성립한 **민족**이 동일할 리가 없기 때문이다. 그런 의미에서 1945년 이후 한반도에서 '주권=민족'은 배제되고 억압된 '민족'을 의식의 저편으로 말소하고 은폐하려는 정치의 근원을 형성해온 셈이다.

식민지배의 본원적 축적이 난민화인 까닭이 여기에 있다. 난민이란 배제되고 억압된 '민족'의 형상인데, 식민지배가 근대 정치의 주권 패러다임을 기초로 삼는 한에서, 한반도의 '주권=민족'은 난민을 통해 물어봐야 할 근원적 물음의 대상이다. 그런 의미에서 난민의 계보는 '민족=인민주권'을 '인민주권'화하는 부단한 탈구축(deconstruction)의 운동을 추동한다. **민족**이 주권과 결합해 '민족'과의 균열적 관계를 말소하거나 은폐하는 일을 멈추게 하는 것, 그것이 바로 '인민주권'의 계보가 내포하는 의미다.

『만세전』이 제시한 식민지배의 근원은 이 계보가 모습을 드러낸 최초의 장면이다.『만세전』에서 염상섭은 묘지를 둘러싼 조선의 논쟁상황에 가치판단을 내리기보다는, 매장문화 자체를 회의함으로써 죽은 자와 산 자의 경계를 문제화한다. 이때 "조선을 무덤"이라 말한 염상섭의 함의가 드러난다. 염상섭에게는 선산이든 공동묘지든, 무덤은 죽은 자를 가문이나 국가에 등기하는 장치에 지나지 않는다. 조선은 죽은 자가 등기돼야만 비로소 인간적 의미를 획득하는 사회인 것이다. 이것이야말로 식민지배의 궁극 모습이다. 식민지배하 한반도에서 살아 움직이는 생명은 벌거벗은 상태에서 어디에도 등기되지 못하는 자들로 사념돼야만 했다. 그들은 팔려나갈 때만 산술적으로 의미화되는 노동력이

거나, 국민으로 등기되지 못하는 단순한 육체와 생명들이었다. 이런 그들이 죽음으로써만 인간으로서 의미화될 수 있었던 셈이다. 토오꾜오로 돌아가는 이인화의 마지막 대사는 의미심장하다. "겨우 무덤 속에서 빠져나가는데요?" 『만세전』은 죽은 자의 등기를 거부하면서 삶의 새로운 가능성을 탐구하는 출발점을 제시하고 있는 것이다.

그렇다면 그 가능성이란 무엇인가? '인민주권'화의 부단한 실천을 추동하는 것은 무엇인가? 그것은 '원래 자신의 것은 아니지만 자신들이 사는 땅'을 지키는 '파르티잔'이라 명명할 수 있다. 카를 슈미트는 파르티잔을 비정규 전투원이자 땅을 방어하는 이들로 정의했다. 이것은 근대 정치의 또다른 패러다임인 '인민=정규군'이라는 규정에 대한 강력한 도전을 의미한다. 이들은 민족이 거주하고 소유하는 땅이 아니라, 자신들이 살고 있지만 결코 자신들의 것이 아닌 땅을 지키려 한다. 그들은 땅을 자본주의 소유관계로 등기하고 제도화하는 민족의 주권적 지배에 맞서, 자신의 것이 아닌 자신들이 사는 땅, 즉 누구의 것도 아니면서 '우리 모두의 것'인 땅을 지키려는 '민족'의 자기보호를 전개한다. 그런 한에서 파르티잔들은 '내전과 식민전쟁'을 수행한다. '인민=정규군'이 민족으로 등기된 이들로 구성된 주권 국가 간의 '고전적 전쟁'을 수행한다면, 이들을 대상으로 '비정규' 전투원으로서 수행하는 전투는 '내전'(내란)이거나 '식민전쟁'(난민의 전쟁)일 수밖에 없기 때문이다.[19]

그리고 이들의 전투는 언제나 '공공성'을 추구한다. 공공성(Öffentlichkeit)이 열려 있음을 뜻한다고 할 때, 칸트에서 시작해 아렌트를 거쳐 하버마스에 이르기까지 이 이념은 누군가의 소유물로 환원

---

19 칼 슈미트, 김효전 옮김 『파르티잔』, 문학과지성사 1998, 25~27면.

될 수 없는 '모두의 것'이 무엇이며, 어디까지 그 범위를 확장할 수 있는지를 가늠하는 철학적 문제영역을 구성하는 것이었다. 따라서 공공성의 정치적 함의를 한계지우는 것은 '누군가의 것'을 '누구의 것도 아닌 것'으로 탈환하는 일이라 할 수 있다. 파르티잔이 자기가 거주하는 땅을 지키고자 하는 것은 이 맥락에서 이해돼야 한다. 파르티잔의 전투는 어떤 땅을 점령하거나 획득하기 위한 것이 아니다. 그것은 공동의 소유, 즉 '누구의 것도 아닌 것'을 '주권=민족'의 소유로 만드는 근대정치의 지배 과정에 대한 투쟁이기 때문이다. 그런 의미에서 이 파르티잔 공공성은 '인민주권'의 계보가 모습을 드러내는 이념이자 실천의 장이기도 하다.

무덤으로서의 조선에서 벗어나는 이인화는 식민지배로 인해 배제되고 억압된 인민들이 주권의 담지자가 되는 것이 진정한 해방이라 생각했을까? 거기까지는 추측하기 곤란하다. 다만 『만세전』은 식민지배의 중첩된 본원적 축적, 즉 노동력화와 난민화를 제시함으로써, 이 배제되고 억압된 '민족'이 인간으로서의 의미를 획득하는 곳은 '무덤'뿐이라고 보았다. 그렇다면 '주권'의 담지자인 민족은 이 무덤을 벗어날 수 있을까? 그렇지 않을 것이다. 민족의 국민화는 난민화를 전제로 이뤄지는 또다른 '무덤'이기 때문이다. 그렇기에 앞으로의 과제는 『만세전』이 들여다본 이 틈새의 인식을 한반도의 여러 사건과 텍스트 안에서 수집해서 계보화하는 일이다. 『만세전』을 다시 읽는 일의 의의는 '주권=민족'으로 은폐되고 말소되고 배제되고 억압된 '민족'의 목소리를 파르티잔 공공성의 계보로 엮어 '인민주권'의 운동을 미래의 지평으로 제시하는데 있다.

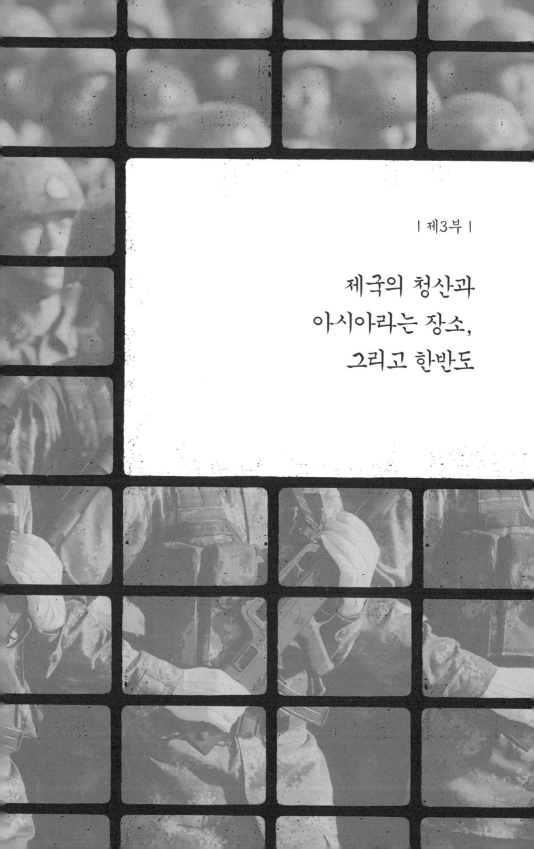

| 제3부 |

제국의 청산과
아시아라는 장소,
그리고 한반도

6장

'결단으로서의 내셔널리즘'과 '방법으로서의 아시아'

: 근대 일본의 자연주의적 국가관 비판과 아시아

혼돈에 대한 도취도, 질서 속의 안주도 아닌, 혼돈으로부터 질서형성의 사고를! 밑바닥까지 간 혼돈으로부터 끊임없이 솟구쳐 오르지 않으면 질서는 정체할 수밖에 없다. 하지만 질서를 형성하는 힘을 결여한 혼돈은 사회의 한면 귀퉁이에서 '이단 취미'로 응집할 뿐, 실제로는 정체적 질서와 평화롭게 공존한다.

―마루야마 마사오

일본에서 학자가 되기를 원한다면, 모든 것을 회의의 대상으로 삼아도 되지만 최후의 물음까지 회의의 대상으로 삼아서는 안 된다. 만약 그것까지 회의해버린다면 그는 학자가 될 수 없다. 문학가는 인간을 벌거벗기더라도 마지막 한장의 옷은 남겨두어야 했다. 만약 그것까지 벗기면 인간은 사라지고 말 테니까. 즉 원래 인간은 존재하지 않았으니까.

―타께우찌 요시미

1. '중국/아시아'라는 '적' 이하의 과소성

만주 소재 쇼오와제철소(昭和製鐵所) 조사부 근무, 소련군의 공격에 의한 소속 부대의 전멸, 그리고 1948년까지 만주 억류 등의 경험을 바탕으로, 고미까와 준뻬이(五味川純平)는 이른바 15년전쟁 시기 일본인의 자기기만을 비판한 『인간의 조건』(1955)으로 일약 유명 작가가 된다. 전시 일본 최대의 싱크탱크인 남만주철도회사 조사부를 무대로 한 이 소설에서, 미국과 일본 사이의 엄청난 힘 차이를 객관적으로 인식하고 있었던 주인공은 패전을 기정사실화하며 전쟁 중 씨니컬한 태도로 일관한다. 그러나 전쟁 말기 징집된 이후 소련군에 의한 대규모 작전으로 소속부대가 전멸하는 상황 속에서 주인공은 가까스로 살아남아 이 전쟁의 의미를 되묻기 시작한다. 그 과정에서 고미까와는 당시 일본 지식인들이 태평양전쟁에 대한 진정한 물음을 제기하지 못했음을 비판하고, 그러한 정신의 공황상태가 황국일본에 광란했던 이들뿐만 아니라, 전쟁에 대해 회의적이었던 비판적 지식인들 사이에서도 지배적이었음을 폭로했다. 즉 광신도들이 지성 없는 신들림에 사로잡혀 있었다면, 지식인들은 열정 없는 냉소로 일관했던 것이다.

그런데 그가 보기에 전시뿐 아니라 전후에도 이런 태도는 지속됐다. 태평양전쟁을 단순히 '무모한 전쟁'이었다고 정리하는 분위기가 1950년 이후 팽배해져갔기 때문이다. '불의의 전쟁'이라기보다는 '질 것이 뻔한' 전쟁이었기에 반성해야 한다는 논리가 힘을 얻고 있었던 것이다. 이런 가운데 태평양전쟁으로 귀결된 15년전쟁, 더 나아가 아시아 침략으로 가능했던 근대 일본의 발걸음은 반성의 대상이 되기보다는 망각의 대상이 돼가고 있다는 것이 고미까와의 비판이었다. 그는 전후까지 이어지는 이런 인식태도를 다음과 같이 지적했다.

중국은 '적'조차 되지 못했다. (…) 우리 국민의 압도적인 대다수는 1942년 12월 8일에야 비로소 전쟁을 실감한 것 아니었을까? 그 이전에 전쟁은 없었던 것이다. 1931년 만주침략으로부터 10년 동안이나 지속된 중국과의 전쟁은 전쟁으로서 자각되지 못했다. 즉 이 전쟁은 겨우 '만주사변' 혹은 '시나(支那)사변'에 지나지 않았던 것이다. (…) 대규모의, 사실로서의 대외전쟁을 수행하면서 마치 일종의 국내전인 양, 기껏해야 극동 일각에서 벌어진 국지적인 분쟁에 지나지 않는다는 태도로 사태에 임했던 것이다.[1]

1931년 류탸오후(柳條湖)사건, 1932년 스팀슨독트린 발표 및 리튼 조사단 파견과 만주국 건국, 1933년 일본의 국제연맹 탈퇴 표명(승인은 1935년), 1937년 루거우차오(蘆溝橋)사건 및 중일 전면전쟁 발발 등으로 이어지는 일련의 과정 속에서 일본 정부는 대륙에서 일어난 무력충돌을 '사변'[2]이라 정의했다. 이는 1928년 빠리조약(Pact of Paris, Kellogg-Briand Pact)으로 규정된 "국제분쟁의 해결수단으로서의 전쟁 포기"를 일본의 군사행동이 위반하지 않았다는 성부 입장의 반영이었다. 즉 대내적으로도 대외적으로도 일본은 중국 동북부에서의 군사행동을 전쟁이라고 천명하지 않은 셈이다.

물론 이러한 조치는 당시 국제정세 속에서 일본 정부가 취한 외교술책이었다. 하지만 역사적으로 형성된 인식태도라는 측면에서 보면, 그

---

1 五味川純平「精神の癌」,『現代の發見 1: 私と戰爭』, 春秋社 1959, 16~17면.
2 근대 일본에서 '사변(事變)'의 법적 용례는 '전시(戰時)'와의 대비 속에서 이해될 수 있다. 예컨대 1882년 제정된 일본의 계엄령 제1조는 다음과 같이 규정하고 있다. "계엄령은 전시 혹은 사변 발발시 군비나 병력을 통해 전국 혹은 한 지방을 경계하는 법이다(戒嚴令ハ戰時若クハ事變ニ際シ兵備ヲ以テ全國若クハ一地方ヲ警戒スルノ法トス)." 여기서 보듯이 사변은 대외전쟁 발발 이후를 지칭하는 '전시'와 대비돼 국내 소요 등에 해당하는 사태임을 알 수 있다.

바탕에는 고미까와가 지적하고 있는 뿌리 깊은 근대 일본의 중국 멸시가 깔려 있다.[3] 아편전쟁 이후 일본에서는 중국을 '이빨 빠진 호랑이'나 '과거의 인습과 낡은 질서관에 사로잡힌 반문명 국가'로 낙인찍는 것이 지배적 인식이었다.[4] 이후 흥아론(興亞論)이든 탈아론(脫亞論)이든, 중국을 필두로 한 아시아를 서양과 대비해 낙후된 존재로 표상한 것에는 차이가 없었고, 청일전쟁 이후 이런 인식은 결정적으로 고착됐다. 따라서 실제사태(전쟁)와 인식태도(사변) 사이의 간극은 국제법 해석상의 궁여지책이기도 했지만, 역사적으로 형성된 중국/아시아 표상이 표면으로 드러난 결과인 셈이기도 했다.

이러한 고미까와의 진단은 매우 익숙한 서사처럼 보인다. 서양과 동양의 대비를 통해 근대 일본의 자기정체성이 형성됐고, 거기에 내포된 식민주의 논리가 '대동아공영권'이라는 허울 좋은 슬로건으로 귀결되고 말았다는 서사 말이다. 각각의 논증 경로는 다르다 하더라도, 이는 패전 이전 일본의 아시아론을 다루는 논의에서 자주 볼 수 있는 것이다.[5] 하지만 여기서의 관심은 지금까지 수없이 논의돼온 근대 일본의 '자기 오리엔탈리즘'[6]이나 침략의 논리가 아니다. 중요한 것은 고미까

---

3 五味川純平, 위의 글 22~23면.

4 李廷江「アジア主義について」, 亞細亞大學『アジア研究所紀要』제17권, 1990, 97~101면 참조.

5 한국어 문헌으로는 다음과 같은 것들이 있다. 최원식「동양학의 르네상스를 위하여」, 정문길 외 엮음『동아시아, 문제와 시각』, 문학과지성사 1995, 16~17면; 임성모「동아협동체론과 '신질서'의 임계」, 백영서 엮음『동아시아의 지역질서: 제국을 넘어 동아시아공동체로』, 창비 2005, 167~206면; 김경일「대동아공영권의 '이념'과 아시아의 정체성」, 백영서 엮음, 같은 책 207~62면; 박승우「동아시아 지역주의 담론과 오리엔탈리즘」, 『東亞研究』제54권, 2008, 17~20면.

6 이는 비서구 사회에서 서양과 대비해 자기표상을 만들어내는 앎의 양식을 뜻한다. 예컨대, 오까꾸라 텐신(岡倉天心)의『동양의 이상(1903)』(The Ideals of The East)은 동양

와의 "중국은 '적'조차 될 수 없었다"는 언명에는 이런 서사와 다른 인식으로 사유를 이끌 수 있는 가능성이 있다는 점이다. 그것은 '적'이라는 말이 갖는 두께를 최대한으로 해석했을 때 열릴 수 있는 가능성이다. 그렇다면 단순히 멸시나 배제, 그리고 침략 대상으로서의 중국이 아니라, '적'이 될 수 없는 과소성으로 호명된 중국, 바꿔 말하자면 자기 오리엔탈리즘의 내부적 타자인 중국/아시아가 아니라, '적' 이하의 중국/아시아라는 표상이 갖는 함의란 무엇일까?

2. 적과 정치, 그리고 '아시아'라는 사상적 계기

카를 슈미트는 17세기 이래 유럽의 국제질서를 규정해온 유럽공법 (jus publicum europae)의 의의가 전쟁을 주권국가 간으로 한정한 데 있다고 해석하면서, '적'(Feind)을 "다른 동류의 총체와 대립해 항쟁하고 있는 인간의 총체"[7]로 정의했다. 또한 에도막부 말기 메이지유신을 주도한 초오슈우번(長州藩) 개화파의 사상적 지도자인 요시다 쇼오인 (吉田松陰)은 만국공법을 해석하면서, '적국(敵國)'을 "필적(匹敵)을 의미하는 '적체(敵體)'의 예를 다해 교류하는 국가"로 정의했다.[8] 카를 슈미트와 요시다 쇼오인 사이에 가로놓인 시공간적 거리에도 불구하고,

----

(아시아)을 철저히 서양과의 비교하에 정의하고 있다는 점에서, 그리고 동양에서 일본의 지도적 지위를 설파했다는 점에서 전형적인 근대 일본의 자기 오리엔탈리즘 언설이라 할 수 있다.

7 Carl Schmitt, *Der Begriff des Politischen*, Duncker & Humblot 1965, 29면.

8 桐原健眞「吉田松陰における對外觀:「萬國公法」以前の國際秩序認識」,『文藝研究』제152권, 2001 참조.

'Feind'든 '敵國'이든 '적'이 적으로서 성립하기 위해서는 '동등성'이 전제돼야 한다는 사실에서 두 사람이 일치하고 있음을 알 수 있다. 특히 두 사람의 주장이 만국공법, 즉 유럽국제법에 대한 해석에서 도출된 것이라는 점을 생각해볼 때, '적'에 대한 정의에 관한 한 두 사람의 거리는 그리 멀지 않다고 할 수 있다. 그리고 이 인접성은 '힘의 정치' (Machtpolitik)라는 장으로 사유를 이끈다.

슈미트는 '정치적인 것'의 구성개념으로 적을 언급한다. 그에게 정치적인 것을 가능케 하는 조건이란 '적과 동지'의 구분에 기초한 물리적 말살의 "실제적 가능성"(die reale Möglichkeit)이며, 국가란 "인간의 육체적 생명(das physische Leben)을 지배하는 권력체"다.[9] 국가는 정치적인 것의 가능성 위에서 존립 가능한 권력의 총체인 것이다. 이러한 슈미트의 국가-정치관은 홉스 이래의 유럽 주권국가체제를 모델로 정립됐다. 여기서 주권국가는 대외적으로 서로 동등한 권리를 갖는 자연상태 속에 존재하며, 그 존립은 국내적으로 자연상태를 극복함으로써 가능해진다. 즉 개개인의 육체적 생명을 한 손에 틀어쥐어, 국제관계라는 동등한 권리주체 사이의 자연상태에서 존속을 꾀하는 것이 주권국가인 셈이다. 초오슈우번의 병법(兵法) 전수자 요시다 쇼오인이 19세기에 본 만국공법체제는 바로 이러한 세계였다. 그는 서양에서 연원한 만국공법이 도의의 체계라기보다는 약육강식의 자연상태에 기반한 것이라 인식했고, 이에 맞서기 위해서는 온 국민이 목숨을 걸고 천황 중심으로 집결할 필요가 있음을 설파했다. 요시다 쇼오인에게도 국가란 소속민의 생명을 한 손에 틀어쥐고 그 명운을 결정하는 정치적 단위였던 셈

---

9 Carl Schmitt, 위의 책 48, 55~56면.

이다.[10]

따라서 '적'이란 이러한 '정치'에 대한 인식을 내포하는 용어라고 할 수 있다. 이를 단순히 약육강식이나 우승열패를 설파하는 사회진화론으로 해석해서는 안 된다. 여기서 중요한 점은 '적'-'정치'의 코롤라리가 '국가'를 사유하기 위해서 반드시 필요하다는 점이다. "국가란 정치적인 것의 개념을 전제"[11]하고 있기 때문이다. 그러므로 "중국은 '적'조차 될 수 없었다"는 언명에는 중국에 대한 단순한 멸시나 배제를 넘어서는 보다 넓은 외연이 있다. 그것이 근대 일본의 '국가' 인식과 연동되는 문제를 제기하기 때문이다. 다소 성급하게 결론을 말하자면, 고미까와의 말대로 사실상의 교전국 중국을 '적'으로 인식하지 않았던 한에서, 근대 일본은 스스로를 '국가'로 인식하지 못했다고 할 수 있다. 물론 중국 대신 미국이나 영국을 적으로 삼았던 것 아니냐는 반론이 제기될 수 있다. 그러나 전시 일본의 미국과 영국에 대한 표상은 '정치적인 것'의 기초로서 '적'이라기보다는, '귀축영미(鬼畜英米)'라는 문구에서 알 수 있듯이 어디까지나 '도의'의 틀 속에서 구성됐다. 미국과 영국은 "다른 동류의 총체와 대립해 항쟁하고 있는 인간의 총체"라기보다는, 아시아를 침략하고자 하는 악의 무리로 표상된 것이다. 그런 한에서 미국과 영국은 '적'이 아니었다. "적이란 (…) 반감을 갖고 증오하는 사적인 상대가 아니"기 때문이다.[12]

이렇듯 '적'의 부재 속에서 근대 일본은 '국가'로서의 자기인식을 상실했다. "공동체적인 국가상 속에 기구(Apparat)로서의 국가가 전적으

---

10 高橋文博『吉田松蔭』, 淸水書院 1998 참조.

11 Carl Schmitt, 위의 책 20면.

12 Carl Schmitt, 위의 책 29면.

로 매몰돼 있었다"[13]는 마루야마 마사오의 말은 이런 맥락에서 이해해야 한다. 그를 일약 논단의 스타로 만든 「초국가주의의 논리와 심리」(1946)에서 마루야마는 군국주의와 천황제 파시즘의 논리를 "윤리와 권력의 상호이입"으로 규정한 뒤, "정치적 권력이 그 기초를 궁극의 윤리적 실체에 두고 있는 한, 정치가 내포하는 악마적 성격은 그 자체로서 솔직하게 승인될 수 없다"[14]고 설파했다. 근대 일본을 파국으로 이끈 것은 정치가 기초하고 있는 자연상태, 즉 '적과 동지의 구분'에 대한 준엄한 인식의 결여였다는 것이 마루야마의 비판인 셈이다. 따라서 위에서 인용한 고미까와의 언명은 이러한 마루야마의 비판과 근대 일본의 아시아 인식 사이를 연결해주는 고리가 된다. 근대 일본의 아시아 인식은 자기 오리엔탈리즘과 침략논리를 제공했음과 동시에, 스스로를 '주권국가'라는 권력정치의 총체로서 인식하는 것을 저해하는 요인이었던 것이다.

또한 마루야마가 "두 사람은 사실 똑같은 동전을 양면에서 공략했던 것"[15]이라고 회상한 타께우찌 요시미의 아시아주의 또한 이런 맥락에서 이해돼야 한다. "[아시아의 연대가 실현되기 위해서는] 다시 한번 격렬한 비참함이 반복되리라"는 "가혹함에서 눈을 떼어서는 안 된다"[16]고 설파한 타께우찌는 전후에 발흥한 '아시아 내셔널리즘'의 유토피아적 전망을 넘어 어디까지나 '정치'의 잔인함을 사유의 출발로 삼았기 때문

13 丸山眞男 「忠誠と反逆(1960)」, 『忠誠と反逆』, ちくま學藝文庫 1992, 134면.

14 丸山眞男 「超國家主義の論理と心理(1946)」, 『增補版 現代政治の思想と行動』, 未來社 1964, 19면.

15 丸山眞男 「好さんとのつきあい(1978)」, 『丸山眞男集』 10권, 岩波書店 1996, 360면.

16 竹內好 「アジアのナショナリズムについて(1951)」, 『日本とアジア』, ちくま學藝文庫 1993, 115면.

이다. 이런 맥락에서 타께우찌는 근대초극론이나 대동아공영권 이념에 내포된 아시아주의를 망각하는 일을 "욕조 물을 버리려다 아기까지 버리는 일"이라는 맑스가 인용한 바 있는 말을 사용하면서 비판했다. 그는 근대 일본 사상사 속에 이어져 내려오는 아시아주의의 계보에 내재한 '정치'적 사유를 적극적으로 계승하려 했던 것이다. 하지만 그의 아시아주의는 아시아를 그 어떠한 형식으로든 실체화하는 것은 아니었다. 그에게 아시아는 자기가 '자기'로서 존재하기 위해 '적'에 대해 저항해야 하는 '방법'을 뜻했기 때문이다.[17]

물론 이는 마루야마의 '근대'와 대척점에 있는 듯 보일지 모른다. 하지만 동등한 '적'의 승인을 근대 일본의 고질적 병리에 대한 치유 방식으로 보았다는 점에서 두 사람의 인식태도는 일치한다고 할 수 있다. 그리고 이때 두 사람의 인식태도를 중첩시키는 계기는 다름 아닌 '아시아'다. '적'-'정치'-'국가'의 코롤라리를 성립 불가능하게 한 것이 서양과 동양 사이에서 스스로의 자기표상을 만들어낸 근대 일본의 인식태도였다면, 마루야마는 '아시아'라는 '적' 이하의 과소성을 해소함으로써, 타께우찌는 '아시아'를 '저항'의 다른 이름으로 삼음으로써, 근대국가 일본의 진정한 독립을 쟁취하려 한 것이다.

이들 언설의 의의와 한계를 되짚어보는 것은 동아시아론이 여전히 식지 않는 인기를 구가하고 있는 현상황에서 의미있는 일일 것이다. 왜냐하면 현재의 동아시아론은 패전 전 일본의 아시아론이나 아시아주의를 곧바로 현재의 동아시아 상황과 연관시킴으로써, 이 시기에 주조된 동아시아에 대한 표상을 '실체화'하고, 그 틀 안에서 논의를 진행하는

---

17 竹内好「中國の近代と日本の近代(1948)」 및 「方法としてのアジア(1961)」, 위의 책 참조.

경향을 보여왔기 때문이다. 즉 현재의 '동아시아'란 패전 전 일본에서 논의되면서 탄생한 심상지리적 상상력을 고스란히 계승하고 있는 셈이다.[18] 그러나 마루야마와 타께우찌의 비판은 그러한 심상지리적 표상 자체를 문제 삼는 것이었다는 점에서, 패전 전 일본에서 주조된 '아시아'에 대한 표상을 해소하는 방향으로 나아가고 있다. 따라서 이에 대한 검토를 통해 현재의 논의들이 놓치고 있는 부분을 드러낼 수 있으며, 이들의 비판을 넘어서 어떤 과제가 제기될 수 있는지를 제시할 수 있다.[19]

이러한 과제를 수행하기 위해서는 무엇보다도 먼저 1945년 패전 직후의 이른바 '복구담론'을 검토해야만 한다. 이들이 비판의 대상으로 삼은 것은 표면적으로는 전시의 천황제 파시즘이었지만, 비판의 동시대적 화살은 다른 곳을 향해 있었기 때문이다. 그것은 근대 일본의 병리를 저지하지 못했을 뿐 아니라, 뿌리 깊은 곳에서 그것을 만들어낸 이들이 복구담론을 주도하는 상황이었다. 이때 복구담론을 주도한 이들은 타이쇼오 교양주의자들과 쿄오또학파였는데, 마루야마와 타께우찌가 보기에 이들의 언설은 근대 일본의 병리를 근원에서 문제 삼기보다는, 팔굉일우나 황도(皇道) 이념을 평화와 문화이념으로 대치해 그 병리를 고스란히 존속시키는 것이었다. 그리고 이 복구담론에 내재한 문제점

---

18 이에 대해서는 강상중 「사라지지 않는 '아시아'의 심상지리를 넘어서」, 강상중 외 엮음, 이강민 옮김 『공간: 아시아를 묻는다』, 한울 2007, 83~121면 참조. 여기서 강상중은 일본의 조선관을 중심으로 '아시아'라는 심상지리적 상상력을 다룬다. 문제는 끝나지 않는 일본의 식민주의라기보다는, 그 식민주의에 의해 가능해진 지역표상인 '동아시아'에 대한 비판적인 언설조차도 일본 식민주의의 틀을 완전히 벗어던지지는 못했다는 점이다.

19 이하의 논의는 마루야마와 타께우찌의 근대 일본 비판 중 자연주의적 국가관에 대한 부분에 한정된 것이다. 특히 이들이 '아시아'를 지역적 실체로 보지 않고, 근대의 정치질서를 비판하기 위한 사상적 계기로 삼았다는 점에 논의의 초점을 맞출 계획이다.

은 역시 '아시아' 주변에서 드러난다.

3. 식지 않는 도의를 향한 열망: 대동아공영권에서 문화국 가로

1941년 12월 8일, '개전의 조칙(開戰の詔勅)'이 천황의 이름으로 공표됐다. 그 안에서 히로히또는 다음과 같이 말했다.

미영 양국은 (…) 동아의 화란(禍亂)을 조장하여, 평화의 미명에 숨어 동양제패(東洋制覇)의 비망(非望)을 키워나가려 하고 있다. (…) 황조황종의 신령은 하늘에 계시다. 짐은 그대들 유중(有衆)의 충성용무(忠誠勇武)에 신의(信倚)함으로써 조종의 위업을 회홍(恢弘)하고, 신속히 화근을 삼제(芟除)함으로써 동아(東亞)에 영원한 평화를 확립하고자 하며, 이로써 제국의 광영을 보전하고자 한다.

그로부터 3년 반 남짓 후인 1945년 8월 15일, 히로히또는 '종전의 조칙(終戰の詔勅)', 이른바 '옥음(玉音)방송'을 통해 포츠담선언 수락을 알리며 아래와 같이 말했다.

짐은 제국과 함께 종시(終始) 동아 해방에 협력한 제(諸) 맹방(盟邦)에 대해 유감의 뜻을 표하지 않을 수 없다. (…) 짐은 여기서 국체를 호지(護持)하고 충량(忠良)한 그대들 신민의 적성(赤誠)에 신기(信倚)하여 항상 그대들 신민과 함께 있다. 만약 격정으로 함부로 사단을 내거나, 동포끼리 배제(排擠)하고 시국을 어지럽히고 대도(大道)를 그르쳐 신의를 세계에서 잃는 일이 생길까, 짐은 이를 가장 경계하는 바다. 부디 거국(擧國)하여 일가자손이 서로 손을 잡아 굳게 신주(神州)의 불멸을 믿고, 맡은 바임무를 다하여 길이 멀다는 사실을 염두에 두고 총력을 다해 미래 건설에 주력하도록 하라. 또한 도의(道義)를 두텁게, 지조(志操)를 굳건히 맹세하여 국체의 정화(精華)를 발양토록 하라. 이로써 세계 진운(進運)에 뒤처지는 일이 없도록 하고. 그대들 신민은 짐의 의(意)를 올바르게 체(體)하도록 하라.

미영 제국의 동양제패 기도에 맞선 전쟁, 이것이 태평양전쟁의 개전을 알리는 히로히토의 뜻이었다. 이 전쟁의 궁극적 목표는 동아, 즉 아시아에 영원한 평화를 구축하는 것이었으며, 그것이 황조황종으로 상징되는 일본 국체의 정화를 발휘하는 일이었던 셈이다. 그러나 패전으로 이 꿈은 허망하게 무너져 내렸다. 선전포고를 했던 히로히토는 패전을 선포해야만 했다. 여기서 히로히토는 아시아 여러 국가에 유감의 뜻을 표했다. 아시아 해방이라는 뜻을 이루지 못했기 때문이다. 그런 한에서 일본 국체의 정화를 발휘하는 일은 좌절됐다고 할 수 있다. 그럼에도 이 '종전의 조칙'에는 "국체의 정화를 발양토록 하라"는 말이 포함돼 있다. 이미 좌절된 목표를 다시금 되새기고 있는 것이다. 여기서 이념의 탈각과 바꿔치기가 생겨났다. '아시아 해방'이라는 이념이 탈각돼, 그것이 '도의'와 '세계 진운'으로 바꿔치기된 것이다. 아시아의 여러 국가에 대해서는 '유감'이라는 말을 남기고 말이다. 그렇다면 과연 이 '도의'와 '세계 진운'이란 무엇을 뜻하는 것이었을까? 탈각과 바꿔치기는 철학자 코오야마 이와오(高山岩男)의 패전 직후 언설에서 극명하게 드

러나 있는데, 그것이 어떤 양상이었는지를 알기 위해서는 우선 태평양
전쟁 당시의 '세계사의 철학'을 살펴봐야 한다.

코오야마는 태평양전쟁 당시 이른바 '세계사의 철학'으로 대동아공
영권의 철학적 기초를 마련하고자 했던 쿄오또학파의 철학자다. 물론
전시 쿄오또학파의 언설들은 육군 참모본부의 민간 정보부대라 할 수
있는 『원리일본(原理日本)』그룹처럼 광신도적인 황국주의를 띠고 있지
는 않았다. 그러나 이들의 철학적 작업이 주권국가체제와 자본주의 시
장경제의 극복을 현대의 과제로 간주하고, 이 과제를 완수해 서양 근대
의 '역사적 세계'가 아니라 진정한 '세계사적 세계'를 출현시키는 것을
일본의 사명으로 삼아, 대아시아 침략전쟁인 '대동아전쟁'을 '대동아
건설=새로운 세계질서 구축'을 위한 전쟁으로 윤색했다는 점은 부정할
수 없다. 따라서 쿄오또학파의 철학적 과제는 일본의 자기 이익에 기반
한 아시아 진출을 어떻게 대동아 건설이라는 도의적 사명으로 전환할
논리를 마련하는가였다. 당시 통용되던 국가이성(raison d'état)에 내재
한 에토스(Ethos)와 크라토스(Kratos)의 모순적 지양이란 바로 이 과제
를 나타내는 철학적 개념이었다. 이들에게 대동아전쟁은 일본의 제국
주의적 대아시아 침략(크라토스)을 대동아건설이라는 도의적 힘(mor-
alische Energie, 에토스)으로 지양시키는 계기였던 것이다.

모랄리세 에네르기라고 하면 역시 12월 8일입니다. 이날은 우리 일본
국민들이 자신이 갖고 있는 모랄리세 에네르기를 가장 생생하게 느낀 날
이라고 생각합니다. (⋯) 12월 8일, 우리들은 크게 두가지 심정이었습니
다. 드디어 올 것이 왔구나 하고 필연적으로 생각하고 받아들이는 심정
과 의외라며 놀라는 감정으로 불가능을 실현했다는 식의 심정이죠. (⋯)

그럼에도 불구하고 전쟁이 불가피했던 원인은 우리 외부에 있었습니다. 즉 세계에 있었던 거죠. 그 필연은 12월 8일에 일본이 우뚝 일어남으로써 비로소 그 의미를 분명케 한 것인데 거기에 모랄리세 에네르기가 있었습니다. 역사를 형성하는 힘인 모랄리세 에네르기가 있다고 봅니다.

대동아권 내의 정치적 질서라는 것도 (…) 이제까지 있었던 식민지정책처럼 단순히 정치적·경제적인 결합이 아니라, 윤리성을 갖는 결합이어야만 대동아권의 의의가 있는 겁니다. 과거의 질서 관념에서 보면 국가간의 결합이나 관계는 보통 어그리먼트, 즉 '협조' 아니면 '강제'라는 두가지 방식이었습니다. 하지만 대동아권의 결합에서는 그런 방식과는 다른 윤리적 결합이 필요합니다.[20]

태평양전쟁 발발 후 대중잡지 『추우오오꼬오론(中央公論)』상에서 펼쳐진 좌담회는 이렇듯 이 전쟁이 대동아 건설의 윤리적 결합을 위한 도의적 에네르기라는 전제에서 이뤄졌다. 태평양전쟁 발발을 통해 중일전쟁의 제국주의적 성격, 나아가 근대 일본의 병리 전체를 일소할 가능성을 엿본 것은 쿄오또학파만이 아니었다. 일본낭만파(日本ロマン派) 카메이 카쯔이찌로오(龜井勝一郎)에게 전쟁은 "'근대화'된 일본의 정신적 병리상태에 대한 저항과 쾌유를 의미"했고, 사상탄압과 전향 이후 비평

---

20 이상의 인용은 고오야마 이와오 외 「동아공영권의 윤리성과 역사성(1942)」, 이경훈 외 편역 『태평양전쟁의 사상』, 이매진 2007, 225~26, 292~93면. 물론 이 좌담회 내에서 쿄오또학파 구성원 각각의 입장에는 차이가 있고, 그 차이를 읽어내는 것은 흥미로운 일일 것이다. 하지만 그것은 이 글의 범위를 벗어나는 일이므로, 여기서는 참석자들이 최소한도로 공유하고 있는 공통분모에 초점을 맞춰 개개인의 입장을 고려하지 않고 인용토록 한다.

가들의 집합소라 할 만했던『분가꾸까이(文學界)』의 타까스기 이찌로오(高杉一郎)는 태평양전쟁 개전으로 침략전쟁에 대한 저항의식을 일거에 벗어던지고 "자기마비에 걸린 듯 (…) 일종의 성전의식에 사로 잡혀 갔다"고 회상하고 있기 때문이다.[21]

또한 쿄오또학파의 철학적 과제는 아카데미즘과 저널리즘에만 국한된 '사변'이 아니었다. 이들은 해군 군령부 조사부의 위탁으로 사상전 수행 논리를 구축하려 했기 때문이다. 이 비밀회동을 들여다보면, 위 인용문의 번지르르한 미사여구 이면에 어떤 현실적 문제가 놓여 있었는지 가늠할 수 있다.

이들의 회합에서 문제가 된 것은 우선 '공영권'이라는 말이다. "공영권이라는 말의 시비(是非), 적부적(適不適)을 서로 검토했는데, 이 말이 유래한 '공존공영'이라는 말이 갖는 사상 내용은 경제적 이익관념에 일면적으로 편향된 감이 있어 도의성이 부족하고, 또한 앵글로색슨적 데모크라시의 세계관과 통하는 면이 있으며, 어감으로도 물질적 번영을 주로한 안일(easy-going)감을 주기 때문에 사용을 피해야 한다는 의견 일치를 보았다."(1942년 2월 17일 회합)[22] 물론 이 이후에 이들이 공영권이라는 말을 완전히 사용하지 않은 것은 아니지만, 여기서 중요한 것은 쿄오

---

21 竹內好「近代の超克(1959)」, 『日本とアジア』 187~90면 참조. 1942년 열린「근대의 초극」좌담회가 이런 분위기의 정점에 위치한다는 것은 익히 알려진 사실이다.

22 大橋良介 『京都學派と日本海軍: 新資料「大島メモ」をめぐって』, PHP新書 2001, 176면. 쿄오또학파와 해군 사이의 회합에 관한 자료는 전후 50년 넘게 입소문으로만 그 존재가 알려져 왔다. 그런 와중에 1940년대 쿄오또제국대학 철학부 부수(副手)였던 오오시마 야스마사(大島康正)의 자택에서 당시 메모가 발견됐다. 오오시마는 회합의 내용을 정리해 해군 측에 전달하는 임무를 맡았던 인물이다. 이 자료의 발간으로 특별히 새로운 사실이 밝혀진 것은 아니지만, 다시 쿄오또학파의 언설이 어떤 현실적 과제 속에서 도출됐는지 보다 그로테스크한 언어로 알 수 있게 됐다.

오또학파가 대동아공영권을 일본의 경제적 이익을 넘어선 '도의성' 차원에서 정식화하려 했다는 점이다.

"동공권(東共圈)을 gestalten(형성)하는 Kern(핵)은 무엇이냐면 일본의 국력이다. 반드시 일본이어야 한다는 사실에 역사성이 있다(스즈끼 시께따까鈴木成高). 아니다, 국력이라면 역사적이 될 수 없다(니시따니 케이지西谷啓治)."[23] 대동아 건설의 핵이 국력, 즉 힘이라고 말하면 사태는 쉬워진다. 하지만 쿄오또학파의 과제는 여기에 '아니'라고 대답하는 일이었다. 대동아공영권은 일본의 힘에 기초한 억압적이고 위계적인 지역질서가 아니라, 아시아의 윤리적이고 세계사적 사명임을 쿄오또학파는 논증해야만 했던 것이다. 따라서 '아시아'란 쿄오또학파에게 근대라는 역사적 세계의 초극을 가능케 하는 계기였다. 특히 국가를 인류공동체로 정식화하면서 역사의 완성을 설파한 헤겔에 맞서, 여러 민족(Volk)이 국가(Staat)로 지양되는 일을 진정한 역사의 완성이라 보지 않고, '국가'라는 질서를 넘어서는 포스트 헤겔적 역사철학을 구상하던 코오야마에게 '대동아' 건설, 즉 새로운 아시아의 지역질서 구축은 서양의 패권질서가 지배하던 세계를 진정한 보편적 세계로 탈바꿈시키는 실천 그 자체였다.[24] 바꿔 말하면 그의 논리에서 아시아가 빠지면, '세계사적 세계'나 '보편적 세계'의 구축이라는 현대의 역사적 과제는 수행될 수 없는 것이었다. 아시아 없이는 포스트 헤겔적인 역사의 완성이 불가능했던 셈이다. 이런 그의 철학적 입장은 패전 직후에도 변함이 없었다. 1946년 1월, 코오야마는 패전이 전국민의 '도덕적 퇴폐'에 기인하는

---

23 大橋良介, 앞의 책 218면.

24 이에 대해서는 高山岩男『世界史の哲學(1942)』, こぶし文庫 2001 참조.

것이라며 다음과 같이 말했다.

메이지유신 이래 근대국가로서의 후진성에서 비롯된 거리를 조급하게 단축하려 해왔다. 이런 노력에 수반된 부자연스러운 기형성과, 만주사변 전후부터의 정치 및 교학의 오류가 이것〔일본민족의 도덕적 퇴폐〕을 강화했다는 사정이 결합돼, 오늘날 일본민족의 문화적 도덕적 약점 및 결함을 산출했다. (…) 확실히 근대국가로서 현저한 후진성을 면치 못했던 오늘날 우리 일본의 과제는 근대화라는 것으로 만사해결을 볼 수 있는 듯 여겨질지 모른다. (…) 하지만 세계는 근대세계로부터 근대 질서를 넘어선 세계로, 즉 초근대세계로 추이하는 추세 속에 있다. (…) 여기서 우리 일본은 말하자면 추세에 역행하는 근대화와 추세에 따르는 초근대화를 동시에 수행해야 한다는 매우 어려운 상황에 놓여 있다는 사실을 깨달아야만 한다.[25]

코오야마는 패전에도 아랑곳없이 스스로의 철학적 테제를 고수하고 있다. 물론 패전으로 인해 '추세에 역행하는 근대화'라는 과제를 언급하고는 있지만, 문제는 어디까지나 '초근대', 즉 헤겔적인 역사의 완성을 넘어서는 세계질서 구축에 있다. 그러나 이 철학적 과제의 고수에도 불구하고 전시에 그것을 가능케 했던 '아시아'라는 계기는 자취를 감추고 만다. 그 대신 들어서는 것은 바로 '문화국가'라는 계기다.

내 소견에 따르면 세계사는 이번 대전을 통해 큰 전환을 이루고 있으

---

25 高山岩男 『文化國家の理念』, 秋田屋 1946, 2~3면.

며, 국제세계의 구조에는 큰 이변이 생기고 있다. 이 전환·변이 속에는 훌륭한 문화국가건설의 현실적 추세가 내포되어 있다. 아니, 오늘날 역사적 추세가 나아가는 방향이 국가란 모두 문화국가여야 한다는 정세를 나타내고 있는 것이다. 그리고 이러한 문화국가 성립의 역사적 단계에서는, 더이상 권력국가 대 문화국가의 대립관념도 의의를 상실할 것이며, 문화국가는 국가라는 제한을 한걸음 넘어서는 데까지 나아갈 것이라 생각된다. 바꿔 말하면 국가라는 관념 자체에 근본적인 변혁이 요청되고 있는 것이다.[26]

전시 쿄오또학파의 철학적 과제, 즉 도의와 힘 사이의 지양이 여기서도 반복되고 있다. '권력국가 대 문화국가의 대립'이라는 식으로 말이다. 문제는 전시에 이 도의와 힘 사이를 매개하던 대동아 건설, 즉 '아시아'라는 계기에 대한 언급은 여기서 찾아볼 수 없다는 점이다. 또한 '대동아전쟁'이 이 철학적이고 도의적 과제의 실천계기였던 데 반해, 이제 그 계기는 '국민윤리'로 탈바꿈된다. "문화국가 건설이 목표인 이상, 그것을 지탱하는 국민윤리의 수립이 필요하다는 것은 새삼 말할 필요도 없다. 국민윤리 없이는 문화국가는 있을 수 없다."[27] 이렇게 코오야마의 언설은 탈바꿈했다. 그것도 전시의 철학적 테제를 변경하는 일 없이, 다만 그 '계기'만을 바꿔치기한 채 말이다. 패전이라는 전대미문의 카타스트로프를 거치면서, 세계사의 철학을 가능케 했던 '아시아'는 쥐도 새도 모르게 자취를 감추고 만 것이다. 그러나 문제는 '아시아'라는 계

---

26 高山岩男, 앞의 책 4~5면.
27 高山岩男, 앞의 책 101면.

 제3부 제국의 청산과 아시아라는 장소, 그리고 한반도

기가 사라졌다는 사실 자체가 아니라, 마루야마나 타께우찌가 지적한 근대 일본의 근원적 병리, 즉 '국가'로서의 냉엄한 자기인식의 결여가 패전을 겪었음에도 여전히 치유되지 않았다는 점에 있다. 이는 전후 복구담론의 실질적인 주류를 형성했던 타이쇼오 교양주의 논객들에게서도 확인되는 사실이다.

　　일군만민의 우리 국체는 국민 각각이 확고하고 강하고 올바르고 높은 인간이 되어, 오오미고꼬로(大御心, 천황의 마음)를 체현하고 실현해나가야만 유지될 수 있다. 즉 오오미고꼬로가 국민 각자의 마음속에 살아 숨쉬고, 국민이 마음으로부터 폐하의 백성이 되어, 폐하가 진정 우리의 군주가 됨으로써, 존중받는 천황이 동시에 우리의 친근한 아버지가 되어주실 수 있도록 노력해야만 한다.[28]

타이쇼오 교양주의 논객들이란 1900년대 초에 제국대학에서 교육을 받은 세대로, 의회정치의 본격화와 교양주의의 세례를 받은 이들이다. 경성제대 철학과 교수를 역임했고, 전후 초대 문부성 장관을 지낸 아베 요시시게(安倍能成)는 이 세대의 대표자 중 한 사람이다.[29] 그는 위와 같이 말하면서, 전후 복구를 위해 천황의 마음, 즉 오오미고꼬로를 국민 개개인의 마음속에 살아 숨 쉬게 하는 일이 필요하다고 역설했다. 민족

---

28 安倍能成「年少學徒に告ぐ」,『戰中戰後』, 白日書院 1946, 83~84면.
29 이 세대의 대표자들을 거론하자면 끝이 없지만, 현재도 일본의 대표적 종합지로 통하는 이와나미의 『세까이』는 아베 요시시게와 이와나미 시게오(이와나미 서점의 창업주)가 주도해 동세대인들을 모아 패전 직후 창간된 잡지다. 여기에 모인 논객들을 중심으로 이른바 '전후 리버럴'의 언설이 주조됐다고 할 수 있다.

의 상징인 천황을 개개인의 마음속에 자리하게 하는 것은 새삼스러운 주장이 아니었다. 존황심을 잣대로 1910년대의 민주적 개혁을 차단하려던 보수파를 향해 와쯔지 테쯔로오가 "우리는 태어나면서 존황사상을 갖고 있다기보다는 존황본능을 갖고 있"[30]다고 반박한 것도 이 때문이다. 와쯔지의 주장은 당시의 맥락에서 보자면 매우 급진적인 것이었다. 왜냐하면 천황 숭배를 외부로 드러내어 의례화하고 엄숙화하려는 세력과 달리, 와쯔지는 그것을 외부의 압력이 필요없는 마음의 영역이라고 했기 때문이다. 이는 내면(consciousness)의 자유라는 근대적 원리가 근대 일본의 맥락 속에서 변주된 것이다.

이러한 이들의 주장이 바로 전후 복구담론의 주류를 형성했다. 이들은 민주주의 이념의 핵심인 개인의 자율성을 '존황심'과 연결 지음으로써, 개인이 국가공동체를 형성하는 것이 아니라, 천황을 중심으로 이미 존재하는 국가공동체 속에서 개인이 존재할 수 있음을 역설한 것이다. 여기서 중요한 사실은 전후 일본의 이러한 국가공동체에 대한 상상이 철저히 '아시아'에 대한 망각을 통해 가능했다는 점이다.

일본 국가 권위 최고의 표현, 일본 국민 통합의 상징으로서 천황제는 (…) 군민일체의 일본 민족공동체 자체의 불변의 본질입니다. 외지이종족(外地異種族)이 떨어져나가 순수 일본으로 되돌아온 지금, 이것을 상실한다면 일본민족의 역사적 개성과 정신의 독립은 소멸할 것입니다.[31]

---

30 和辻哲郎 「危險思想を排す(1919)」, 『和辻哲郎全集』 第二十卷, 岩波書店 1963, 355면.
31 南原繁 「天長節: 記念祝典における演述(1946)」, 『南原繁著作集』 7권, 岩波書店 1977, 58면.

이렇게 말한 이는 패전 후 초대 토오꾜오대학 총장을 역임했고, 헌법과 더불어 이른바 '전후체제'의 이념적 지주였던 '교육기본법'의 내용을 실질적으로 만들어낸 난바라 시게루(南原繁)다. 난바라 역시 타이쇼오 교양주의에 속하는 세대로, 전쟁 말기 화족(華族)과 토오꾜오대 교수를 중심으로 '종전공작'을 꾀한 인물이다.[32] 그는 전후 복구를 위해서 일본인이 "스스로의 정신과 영혼을 가진 인간"이 돼야 한다고 역설하면서, "그러한 인간과 이상이야말로 조국을 부흥케 하고, 나라의 이름을 높여 진정하게 세계적이고 인류적인 것으로 만들 수 있으며, 보편적인 인류문화와 세계평화에 공헌할 수 있으리라"고 주장했다.[33] 여기서 알 수 있듯이 그의 복구담론은 보편적 인류와 세계라는 칸트적인 이상을 토대로 하고 있다. 그리고 난바라는 이러한 칸트적인 이상의 실현이 피히테(J. Fichte)적인 민족개념을 통해서만 가능하다고 주장했다. 즉 보편적 인류는 땅에서 유리된 추상적 존재가 아니라, 스스로가 태어나고 자란 자연공동체 속에서 민족으로서의 자기 의식을 획득한 존재여야 한다는 것이다.

그래서 난바라는 '민족공동체'의 상징인 '천황'을 복구담론의 중심에 위치시켰다. 그러나 여기서 문제 삼고자 하는 것은 '존황심'이라기보다는, 천황을 중심으로 한 일본이라는 민족공동체의 순수성이 '외지이종족'의 탈각으로 가능하다는 그의 주장이다. 명백히 다민족국가였던 패전 전 일본의 기억이 여기서는 깡그리 망각되려 하고 있는 것이다. 여기서 외지이종족이란 식민지 조선과 대만, 나아가 전시에 점령했던

---

32 난바라는 함석헌의 스승 우찌무라 칸조오(內村鑑三)의 제자였고, 마루야마 마사오의 스승이었다.

33 南原繁「祖國を興すもの: 卒業式における演述(1946)」, 『南原繁著作集』 7권, 82~83면.

'아시아'를 뜻한다. 즉 타이쇼오 교양주의자들이 설파한 전후 복구담론은 일본과 '아시아'의 관계를 말소하는 일을 토대로 구축된 것이다.

　그러므로 쿄오또학파와 타이쇼오 교양주의 논객들의 복구담론은 결국 일본인으로서 개개인의 마음을 어떻게 함양할 것인가에 집중됐다. 그 목표가 '초근대'든 '근대'든, 이들에게 전후 일본은 세계적 도의를 실현함으로써 평화를 주도하는 민족이어야 했던 것이다. 이 과정에서 '아시아'는 아무런 문제도 일으키지 않은 채, 즉 전적으로 사고에서 지워진 채 논의의 두마에 오르지 못했다. 서두에서 언급한 고끼까와의 말, 즉 "중국은 '적'조차 될 수 없었다"는 주장은 이러한 상황에 대한 문제 제기였던 셈이다. 그리고 전시에 사상의 과제로 그토록 대두됐던 '아시아'가 언제 그랬냐는 듯이 입과 머리 안에서 깨끗이 지워진 이 사태는 단순히 일본의 후안무치를 드러내는 것이 아니다. 중요한 것은 이러한 '아시아'의 축출이 근대 일본의 자기인식 문제와 연결된다는 점이다. 마루야마 마사오와 타께우찌 요시미의 언설은 바로 이 문제에 대한 물음이었다고 할 수 있다. 이를 위해서 두 사람은 '아시아'를 사유의 대상으로 삼아야 했다. 한편에서 마루야마는 묵시(黙示)적으로, 다른 한편에서 타께우찌는 현시(顯示)적으로 말이다. 그리고 이들의 '아시아'를 통한 근대 일본의 '자기인식' 물음은 결국 '정치적인 것'으로 사유를 이끌게 된다.

4. '결단으로서의 내셔널리즘'과 '방법으로서의 아시아'

이미 살펴봤듯이 전후 복구담론에서 '아시아'를 탈각했다는 점이 타이쇼오 교양주의자들과 쿄오또학파의 공통된 언설이었다.[34] 물론 쿄오또학파는 이후에 전쟁협력 혐의로 공직에서 추방됐고, 타이쇼오 교양주의자들은 정부의 문화·교육 관련 요직을 차지했다는 차이는 있다. 그렇지만 패전의 충격에서 벗어나기 위한 정신적 지도를 자처한 이들의 언설이 사상의 차원에서 '패전 처리'를 담당했던 것만은 의심의 여지가 없는 사실이다. 그 과정에서 '아시아'를 탈각한 것은 태평양전쟁에 대한 사상사적 자리매김을 방기했다는 것과 같은 의미다. 마루야마 마사오와 타께우찌 요시미가 '전쟁 체험의 전승' 문제에 천착한 것은 바로 이러한 이유에서였다. 이들의 '전쟁 체험의 사상사적 전유'라는 과제는 1960년에 벌어진 안보투쟁에 관한 발언에서 잘 드러난다.

우리에게는 이미 1960년의 공통 체험이 있다. 이것을 전쟁 체험의 결실로 보고 여기서부터 거꾸로 전쟁 체험으로 거슬러 올라가는 방법이 가능하지 않을까 싶다. 가능할 뿐 아니라 필요하지 않을까 싶다. (…) 1960년의 체험은 원래 전쟁 중에 있어야 할 것이 15년 늦게 등장했다고 생각해도 무방하다. 그것은 파시즘과 전쟁시기에 일어났어야 할 저항의 모습이었던 것이다. 역으로 일본에서는 이 시기까지 전쟁이 끝나지 않았다, 전쟁 체험은 지속되고 있었다고 생각할 수 있다. 그런 사상적 조작은 자연주의의 숙명관을 받아들이지 않는 한에서 가능하며 필요하다. 이를

---

34 그렇다고 이 두 그룹의 사상에서 어떤 공통분모를 찾으려 하는 것은 무리다. 전시의 처신문제도 있지만, 무엇보다도 쿄오또학파의 태두 니시다 키따로오(西田幾太郎)의 철학이 교양주의에 대한 비판으로 성립했기 때문에, 두 그룹 사이에는 본질적인 차이가 있다. 그것은 철학사 내적으로 보자면, 신칸트학파적 문화철학에 대한 헤겔-딜타이-하이데거적 역사철학의 비판이라고 표현할 수 있을 것이다.

통해 세대 간의 단절을 메꿀 수 있으며, 거꾸로 자연주의를 극복할 계기를 잡아낼 수도 있지 않을까 생각한다.[35]

　과정의 의미를 무시하고 한 시점의 물리적 결과로서 승패만을 '숭배'하는 사상이 선거의 의미해석에도, 투표행동에도, '원내'의 채택만능주의에도 얼굴을 내밀고 있는 것은 잘 아시리라 생각합니다. 이렇게 보면 정말 자연적 사실주의의 병원(病原)이 매우 깊다고 할 수밖에 없습니다. (…) 이에 대한 저항은 궁극적으로 보면 사실에 대한 원리익, 권력에 대한 권리의, 존재에 대한 존재이유를 위한, 즉 정신의 독립성을 위한 싸움이라고 할 수 있습니다. 따라서 그것은 동시에 저항자 자신 내부에 여러가지 형태로 둥지를 틀고 있는 자연적 사실주의와의 싸움이기도 합니다. 이랬을 때 비로소 진정한 의미에서의 '레디컬한' 저항일 수 있다고 봅니다.[36]

1960년에 벌어진 '안보투쟁'은 1952년 쌘프란시스코 강화조약과 함께 체결된 '미일 안보조약' 개정에 반대하는 전후 최대 규모의 반정부 운동이다. 타께우찌와 마루야마가 이 안보투쟁에 그들의 사상사적 과제, 즉 전쟁 체험의 사상사적 전유를 겹쳐 본 것은 우연이 아니다. 미일 안보조약이 중국과 소련을 뺀 반쪽짜리 강화조약의 부산물이었다는 점에서, 안보투쟁은 본질적으로 전후 일본의 전쟁 책임과 연동되는 문제였기 때문이다. 이 강화조약과 안보조약을 통해, 일본은 사회주의 소련

35 竹內好「戰爭體驗の一般化について(1961)」,『日本とアジア』254면.

36 丸山眞男「八・一五と五・一九(1960)」,『丸山眞男集』8권, 376면.

에 대한 극동의 방패로서 스스로를 자리매김했다. 그러나 이 글의 맥락에서 보다 중요한 점은 전후 일본이 중국으로 대표되는 '아시아' 문제를 공식적으로 회피한 채 국제무대에 복귀했다는 점이다. 즉 복구담론과 마찬가지로, '아시아' 문제를 탈각한 채 일본은 주권국가로서 회생했다.[37]

되풀이되는 이야기지만, 이때 문제는 이 탈각이 갖는 근대 일본 사상사 속의 문제점이다. 타께우찌와 마루야마의 위 인용문은 바로 이 지점을 논의의 대상으로 삼은 것이다. 그것은 '저항'을 계기로 '전쟁'을 추체험(追體驗)하고, 그것을 통해 진정한 의미의 '정치'를 탈환하자는 구상이었다. 마루야마와 타께우찌는 이 구상을 서로 다른 방법으로 구체화해갔다. '결단으로서의 내셔널리즘'과 '방법으로서의 아시아'가 그것이다. 이를 통해 두 사람은 근대 일본 사상사의 병폐인 자연주의, 즉 민족이나 국가를 '이미 있는 것'으로 전제해, 그것을 변화시키거나 그것에 저항하는 '정치'를 불가능하게 만드는 인식태도를 극복하려 했다. 이를 위해 두 사람은 '아시아' 문제를 통과해야만 했다.

아시아 여러 나라 내셔널리즘의 특징은 (…) 국제사회의 내부로부터, 즉 중세적 보편주의의 해체로부터 여러 국민들 서로가 자기의 일체성을 의식한 것이 아니라, 종래의 국제사회 자체가 하나의 단위로 밖에서 밀

---

37 앞서 언급한 난바라 시게루는 1951년 당시 미영을 중심으로 한 '단독 강화'를 추진하던 요시다 시게루(吉田茂)를 강력하게 비판했다. 그런 의미에서 교양주의자들의 복구담론을 단순히 전후 일본을 주도한 친미적 외교·정치의 흐름과 동일시할 수는 없다. 그런데 난바라 시게루의 요시다 비판은 '아시아' 문제와 관련된 것이 아니었다는 점에서, 정부와 교양주의의 복구담론이 동일한 지반 위에 서 있었다고 평가할 수 있다.

려와, 이에 대한 리액션으로 발흥했다는 점이다.[38]

1949년 마루야마의 일본정치사상사 강의는 내셔널리즘을 주제로 한 것이었다. 그는 여기서 내셔널리즘이 철저한 역사적 산물이라고 정의한 뒤, 아시아에서 내셔널리즘이 갖는 역사성을 문제 삼았다. 위의 인용문에서 보듯이, 내셔널리즘은 유럽의 새로운 국제질서 속에서 태어났다. 여기서 마루야마의 내셔널리즘 정의는 에르네스트 겔너(Ernest Gellner)나 베네딕트 앤더슨(Benedict Anderson) 등의 정의와는 그 발생 시기나 내적 특질에서 전혀 다르다. 19세기를 내셔널리즘의 발흥으로 보는 지배적인 시각과 달리, 마루야마는 내셔널리즘을 17세기 유럽의 주권국가체제에서 발생한 것으로 본다. 따라서 그에게 내셔널리즘이란 개인과 주권국가가 계약관계를 통해 하나의 정치단위가 됨을 뜻하는 것이다. 마루야마는 "국민(nation)이란 필경 국민이고자 하는 존재"라고 정의하면서, "국민의 국가로의 집결은 어디까지나 하나의 결단적 행위로서 표현돼야 한다"고 말한다. 그것은 거주민들의 "전습적인 생존형태와 모순충돌하더라도 스스로를 형성"해야 하는 결단 의식—행위라고 할 수 있다.[39] 따라서 마루야마에게 내셔널리즘은 '상상의 공동체'가 아니다. 그에게 내셔널리즘은 개인의 결단으로 국가라는 단일 정치체가 구성되는 것을 뜻하기 때문이다.

이러한 내셔널리즘이 인류가 도달한 현단계의 질서체계인 한에서, "내셔널리즘은 인간이 도달한 가장 고귀한 의식, 가장 고도의 정신적이

---

38 丸山眞男『丸山眞男講義錄』2권, 岩波書店 1998, 212면.
39 丸山眞男, 앞의 책 20~24면.

고 이성적인 자기책임, 결단의 공동의식"[40]이라고 마루야마는 주장했다. 마루야마가 아시아의 내셔널리즘을 거론하는 것은 이 고도의 정신이 어떻게 유럽 외부에서 추동됐느냐를 추적하기 위해서였다. 그런데 마루야마에 따르면 유럽과 아시아의 내셔널리즘은 그 생성의 역사적 조건이 다르다. 유럽은 유럽공법체제를 통해 국제질서를 형성했는데, 이는 주권국가 수립——종교내전 종결과 개인 내면이 모든 강제로부터 해방되는 것——전과정을 의미한다. 이에 반해 아시아에서는 주권국가 형성과 국제질서가 동시에 이뤄진 것이 아니라, 주권국가체제라는 유럽의 국제질서가 던진 충격이 내셔널리즘을 추동했다. 즉 유럽에서 개인-국가의 결합(내셔널리즘)이 국제질서를 형성하는 구성력이 됐다면, 아시아에서는 개인-국가의 결합이 이미 존재하는 국제질서에 맞서서 형성됐다는 것이다. 마루야마는 이 상황에 내재한 패러독스야말로 아시아의 내셔널리즘 형성에서 가장 중요한 문제였다고 설명한다.

> 동양 제국은 낡은 세계를 방위하기 위해서는 낡은 세계를 변혁해야만 했고, 새로운 위협으로부터 탈피하기 위해서는 새로운 세계의 원리를 도입해야만 한다는 패러독스에 처했다.[41]

사태는 이렇다. 아시아에서 근대 주권국가가 개인의 결단에 기초해서 탄생하기 위해서는, 우선 국가로 형성돼야 할 공동체가 그때까지의 스스로를 부정하는 형태로 지속돼야만 했고, 이 지속을 위해서는 외부

---

40 丸山眞男, 앞의 책 31면.
41 丸山眞男, 앞의 책 102면.

로부터 위협을 가하는 세력을 적극적으로 받아들여야만 했다. 이때 주의해야 할 점은 국가가 돼야 할 공동체는 과거로부터 면면히 이어져 내려오는, 이미 존재하는 소여의 인간집단이 아니라는 것이다. 이 공동체는 자기부정과 자기개방이라는 이중상황 속에서만 출현할 수 있었기 때문이다. 개인의 결단으로 국가가 되는 공동체는 그런 의미에서 실재하는(real) 것이 아니라, 사람의 손으로 만들어졌다는 의미의 픽션(fiction)이다. 이것은 단순한 상상이라기보다는, 부단한 결단의 연속으로 이해할 수 있다. 즉 마루야마가 아시아의 내셔널리즘 속에서 추출해낸 원리는 '자기'가 되기 위해서 '자기'를 부정하고 개방해야 하는 '결단으로서의 내셔널리즘'이었던 것이다. 마루야마가 '정치'라고 본 것은 바로 이 '자기'가 되는 과정으로서의 결단이었다. 일본이란 먼 옛날부터 면면히 이어져 내려온 자연적 공동체가 아니라, 어디까지나 개인의 부단한 결단, 즉 부정과 질서 창출의 무한반복을 통해 국가로 집결하는 행위여야 했던 셈이다. 따라서 마루야마에게 국가는 하나의 질서체계, 그것도 언제나 부정될 가능성을 조건으로 삼고 있는 위태로운 체계다. 이러한 냉정한 인식 없이 '일본'은 '자기'가 될 수 없다는 것이 마루야마의 주장이었다.

나는 언제나 자연상태로부터 생각해본다. 가령 한 사람 한 사람이 자신의 생활이나 행복이라는 것을 자신의 책임하에 지켜나가야만 한다고 가정해보자. 즉 밖으로부터의 침해에 대해 개개인이 몽둥이든 뭐든 사용해서 스스로 몸을 지켜야 한다는 상태를 상정해보자. 만인에 대한 만인의 투쟁이라는 극한상태가 언제나 생생한 이미지가 돼야 비로소 국가가 폭력을 독점하고 있다는 사실의 의미 ─ 이때 의미란 동시에 한계를 뜻한다——가 냉엄하게 물음의 대상이 될 수 있다. (…) 그런데 일본은 예전부터 자연적·지리적 경계가 동시에 국가였다. 그래서 아무래도 '자연상태'의 이미지가 생겨나지 않았다. 만약 그 비슷한 것이 있다면 공동체일 텐데, 공동체적 자연상태로는 아무리 해도 폭력의 제도화라는 절실한 필요가 생겨나지 않는다. 그런 일본의 역사적 조건에서 보자면 내가 말하는 무수의 내란상태와 제도라는 이중의 이미지가 널리 퍼져 나가는 것은 절망적으로 어려운 것으로 생각된다.[42]

이 인용문에서 알 수 있듯이, 마루야마의 자기부정은 쿄오또학파의 기괴하고 추상적인 역사의 원리 따위가 아니다. 마루야마의 자기부정은 어디까지나 '생명'에 관련된 문제였다. 그래서 마루야마는 '폭력'을 문제 삼고 있는 것이다. '아시아의 내셔널리즘'을 통해 개인과 국가 사이를 매개하는 '생명'의 거래를 '정치'의 근원인 자연상태의 본질로 본 것이다. '내란상태'와 '제도'라는 이중의 이미지는 여기서 개인의 결단과 국가 사이의 왕래를 가능케 하는 '정치적' 인식태도라고 할 수 있다. 안정적인 제도에 끊임없이 내란상태를 겹쳐 보는 것이 마루야마의 정치인 셈이다.

이렇듯 타이쇼오 교양주의와 쿄오또학파가 탈각한 '아시아'라는 계기를 통해 마루야마는 개인과 국가 사이를 매개하는 '정치'를 사상사 속에서 전유하려 했다.[43] 마찬가지로 타께우찌 요시미 또한 다른 방법

---

42 丸山眞男「5・19と知識人の軌跡(1960)」, 『丸山眞男集』16권, 32~33면.
43 물론 마루야마가 아시아의 내셔널리즘이 사실적 차원에서 이러한 원리를 바탕으로 전개됐다고 주장하는 것은 아니다. 오히려 마루야마는 아시아에서 전개된 역사적인 내셔널리즘 운동에 대해 비판적인 시각을 갖고 있었다. 특히 조선과 중국의 개화파에

을 통해서이지만 이 '정치'를 일본 사상사 속에서 재탈환하려고 시도한 인물이다. 이때 타께우찌는 마루야마와 마찬가지로 '일본'이라는 '정치적 단위'가 가능한 조건을 '아시아로서의 자기인식'이라는 패러독스에 가득 찬 원리로 풀어내려 했다.

> 동양에는 원래 유럽을 이해할 능력이 없을 뿐 아니라, 동양을 이해할 능력도 없다. 동양을 이해하고, 동양을 실현한 것은 유럽에서 나타난 유럽적인 것이었다. 동양이 가능해진 것은 유럽에서였다. 유럽이 유럽에서 가능해졌을 뿐만 아니라, 동양도 유럽에서 가능해진 것이다. 만약 유럽을 이성이라는 개념으로 대표할 수 있다면, 이성이 유럽의 것일 뿐만 아니라, 반이성(자연)도 유럽의 것이다. 모두 유럽의 것인 셈이다.[44]

타께우찌의 이 말은 유럽 우월주의, 혹은 아시아의 패배주의가 아니다. 타께우찌가 문제 삼고 있는 것은 '동양', 즉 '아시아'가 유럽에서 상상되고, 정의되고, 호명되며 존재해온 한에서 '아시아'의 자기인식은 근원적으로 자기인식이 아니라는 점이다. 바꿔 말하자면 '아시아'라는 이름에서 어떤 고유성(originality)이나 진정성(authenticity)을 찾으려는 시도는 고스란히 유럽에 대한 종속을 증명하는 역설에 빠지고 만다

대한 평가는 매우 부정적이었다. 마루야마의 '후꾸자와 유끼찌 평가'는 이런 맥락에서 이해돼야 한다. 일본을 포함해 '실패한' 아시아의 내셔널리즘 역사 안에서 유일하게 개인의 결단과 국가형성을 '정치'라는 냉엄함 속에서 사유한 이가 후꾸자와라는 것이 마루야마의 설명이다. 이에 대한 평가는 이 글의 범위를 넘어서는 것이어서 상술할 수는 없지만, 마루야마의 전후 국제정세에 관한 판단과 후꾸자와론의 관계를 다룬 酒井哲哉「國際政治論のなかの丸山眞男」, 『思想』 2006을 참조할 수 있다.
44 竹內好「中國の近代と日本の近代(1948)」, 『日本とアジア』 20면.

는 것이다. 따라서 타께우찌의 이러한 사유는 '하위주체(subaltern)는 말할 수 있는가?'라는 질문을 던졌던 가야트리 스피박(Gayatri Spivak)과 동일한 것이다. 스피박과 타께우찌가 제기한 공통된 비판적 물음은 유럽/비유럽이라는 철저히 유럽적인 분할에 기초한 언어 외에 세계를 전유하는 언어를 가질 수 있느냐는 것이었기 때문이다. 따라서 타께우찌의 이러한 시도는 비유럽(아시아)의 유럽으로부터의 해방이라기보다는 유럽/비유럽이라는 대당 자체를 해소하는 방향으로, 유럽이라는 자연화된 고유성까지를 해체하는 작업이었다. 이때 타께우찌의 언어는 '실재'(the real)의 극한에서 구사된다.

나는 모든 것이 파악 가능하다는 합리주의의 신념이 두렵다. 합리주의의 신념이라기보다는 그 신념을 성립시키는 합리주의 이면에 있는 비합리적인 의지의 압력이 두려운 것이다. 그리고 그것은 내가 볼 때 유럽적인 것이다. (…) 유럽에 있는 동양의 관념(그것은 운동한다)이 투사됐을 때, 유럽과 동양의 차이가 의식에 떠오르게 된다. 이때 이 차이를 상대방의 진보와 대비해 스스로의 타락으로 파악하는 자기의식은 성취되지 않는다. 왜냐하면 거기에는 저항이 없기 때문이다. 즉 자기를 보존하고 싶다는 욕구(자기 자체가 없는 셈이다)가 없기 때문이다. 저항이 없는 것은 일본이 동양적이지 않다는 것이며, 동시에 자기보존 욕구가 없다(자기가 없다)는 것은 일본이 유럽적이지 않다는 것이다. 즉 일본은 그 무엇도 될 수 없다. 하지만 동양은 존재할까? 이런 물음을 던지는 일 자체는 일종의 저항으로부터 생겨난다고 할 수 있을 것이다.[45]

---

45 竹內好, 앞의 글 29~30면.

아마도 타께우찌의 '방법으로서의 아시아'는 이 인용문을 독해함으로써 포착할 수 있을 것이다. 우선 그의 발상을 추동한 것은 합리주의에 대한 두려움이다. 합리주의란 모든 것을 인과관계를 통해 설명할 수 있다는 믿음이다. 그것이 시계열이든 물리법칙이든, 세상의 모든 현상에는 이해가능한 원인과 기원이 있다는 설명이 합리주의인 셈이다. 이런 믿음의 밑바닥에는 실재 세계가 모두 숫자로 환원될 수 있다는 비합리적인 믿음이 있다. 에드문트 후썰(Edmund Husserl)이 간파한 대로, 물리학으로 대표되는 근대적 세계인식은 실재 세계를 균질적이고 추상적으로 기술하는 것이 가능하다는 기하학적 신념을 바탕으로 구축됐다.[46] 타께우찌는 후썰이 유럽학문의 위기를 감지해낸 곳에서 두려움을 느끼고 있었던 것이다. 이 합리주의야말로 '아시아'를 정의하고 발화 가능케 한 유럽의 비합리적 힘이었기 때문이다. 다시 말해 문제는 유럽의 아시아에 대한 침략이나 폭력이라기보다는, '아시아'라고 호명돼 철저히 유럽적으로 자기인식을 하게 된, 즉 다른 이의 언어로 자기를 인식할 수밖에 없게 된 사태 자체다.

이때 결국 '아시아'라는 '자기'는 '자기'가 아닌 한에서만 '자기'일 수 있다는 역설에 빠지고 만다. 이 역설에서 빠져 나오는 길, 유럽과 아시아의 근원적 관계를 탈피하는 길, 그 길을 타께우찌는 '저항'에서 찾는다. 타께우찌에게 저항이란 유럽과 아시아 사이에 가로놓인 근원적 관계, 즉 유럽은 앞서나가고 아시아는 뒤처져 있다는 관계를 철저히 급

---

46 이에 대해서는 Jacques Derrida, tr. John P. Leavy, *Edmund Husserl's "Origin of Geometry": An Introduction*, Univ. of Nebraska Press 1989; Leonard Lawlor, *Derrida and Husserl: the basic problem of phenomenology*, Indiana Univ. Press 2002 참조.

진화하는 일이다. 아시아는 이 관계 속에서 유럽의 진보를 따라잡으려 하는 것이 아니라, 오히려 유럽이 진보하면 진보할수록 스스로는 절대적으로 타락할 수밖에 없다는 냉엄한 인식을 가져야 한다는 의미다. "상대방의 진보와 대비해 스스로의 타락"으로 이 차이-관계를 이해해야만 하는 것이다. 바꿔 말하자면 아시아는 유럽이 되고자 노력하거나 유럽 자체에 대립하는 것이 아니라, 유럽과 아시아를 분할하는 이 관계 자체에 '저항'해야 한다. 따라서 타께우찌의 저항은 유럽이라는 실체에 대한 저항이라기보다는, 유럽에서든 아시아에서든 '아시아'가 정의되고 발화되는 '언어' 자체에 대한 저항이라고 할 수 있다. 타께우찌는 이러한 저항의 원형을 루쉰에게서 찾는다. 그는 "저항이 무엇이냐는 질문을 받았을 때, 루쉰이 갖고 있던 생각에서 알 수 있는 것이라고 대답할 수밖에 없다"[47]고 말한다. 이때 루쉰의 저항에 대한 생각은 주인과 노예의 관계 속에서 찾을 수 있다.

노예가 노예이기를 거부하고, 동시에 해방의 환상을 거부하는 일, 스스로가 노예라는 자각을 갖고 노예로 존재하는 일, 그것이 '인생에서 가장 고통스러운' 꿈에서 깨어난 상태다. (…) 그는 자기임을 거부함과 동시에 자기 이외의 존재가 되는 것도 거부한다. 그것이 루쉰의 생각, 루쉰 그 자체를 성립시키는 절망의 의미다. 절망은 길이 없는 길을 가는 저항에서 드러나며, 저항은 절망의 행동화로서 나타난다. 그것은 상태로 보자면 절망이고, 운동으로 보자면 저항이다. 거기에 휴머니즘이 개입될 여지는 없다.[48]

---

47 竹內好, 위의 글 28면.

다른 이의 언어 외에 자기에 대해 말할 수 있는 방법이 없을 때, 이 상태를 급진화해 '자기인식'에 도달하는 일은 문제가 된다. 그러나 이는 철저하게 절망적인 상태다. 왜냐하면 노예는 노예 이외의 그 어떤 것도 될 수 없음과 동시에, 그것을 거부해야만 하기 때문이다. 따라서 노예가 주인이 되는 것은 해방이 아니다. 필요한 것은 이 지배와 억압의 관계를 해방이라는 환상을 통해서가 아니라, 관계 그 자체를 무화(無化)하는 운동, 즉 저항을 통해 해소하는 일이다. 그러나 근대 일본에서 이러한 절망과 저항이 싹튼 일은 거의 없었다. 타께우찌가 아편전쟁 이후 근대 일본의 '아시아주의'의 계보에 천착한 것은 근대 일본의 그런 황폐한 전통 속에서 '불복종의 유산'을 찾아내려는 '절망적' 시도였다고 할 수 있다. 왜냐하면 타께우찌가 보기에 맑스주의든 자유주의든, 근대 일본에서 제국주의적 열망, 즉 유럽을 모방하고 추격하는 욕망에 저항한 것은 철저히 '노예근성'의 산물이었기 때문이다.

노예가 노예의 주인이 되는 것은 노예의 해방이 아니다. 하지만 노예의 주관으로 보자면 그것이 해방이다. 이를 일본문화에 적용해보면, 일본문화의 성질을 잘 알 수 있다. 일본은 근대의 전환점에서 유럽에 대해 결정적인 열등의식을 가졌다. 그래서 맹렬하게 유럽을 추격했다. 자신이 유럽이 되는 일, 보다 나은 유럽이 되는 일이 탈각의 길이라고 생각했다. 즉 자신이 노예의 주인이 되는 일을 통해 노예로부터 탈각하려 했다. 모든 해방의 환상이 그 운동의 방향에서 생겨났다. 그리고 오늘날에는 해

---

48 竹內好, 앞의 글 41~42면.

방운동 자체가 노예적 성격을 벗어날 수 없을 정도로 노예근성이 뼈 속 깊숙이까지 스며들어 버렸다. 해방운동의 주체는 자신이 노예라는 자각을 가지지 않고, 자신이 노예가 아니라는 환상 속에서 노예인 열등 인민을 노예로부터 해방하려 했다. 자신은 각성된 고통 속에 없으면서 상대를 각성하려 한 셈이다. 그래서 아무리 해도 주체성이 나오지 않았다. 즉 각성할 수 없었던 것이다. 그래서 주어져야 할 '주체성'을 밖에서 찾으러 나갔다.[49]

여기서 타께우찌가 지적하고 있듯이, 이미 자신임을 박탈당한 속에서 '자기'가 된 것이 근대 일본의 근원적 조건이다. 즉 유럽에서 기원한 근대적인 세계질서 속에서 일본은 근원적으로 노예인 것이다. 이는 용어와 서술방식은 다르지만, 마루야마가 인식한 아시아 내셔널리즘의 근원적 문제와 동일한 인식이다. 그러나 일본이 취한 길은 스스로가 처한 노예상태에 대한 철저한 인식이 아니라, 스스로가 처한 상황에 대한 물음은 괄호 안에 넣어둔 채, 밖에서 주어진 '주체성'을 계속해서 추구하는 일이었다. 즉 노예인 아시아를 벗어나(탈아), 유럽과 동일한 수준(문명국)으로 나아가려 한 것이다. 따라서 타께우찌가 볼 때 '아시아'는 근대 일본의 끝나지 않는 '자기인식'을 위한 '방법'이었다. 이는 마루야마가 말한 '결단으로서의 내셔널리즘', 즉 스스로가 되기 위해서는 끊임없이 스스로를 안정적이게 하는 제도나 질서를 내전상태와 겹쳐서 읽어내는 일과 동일한 방법이라 할 수 있다. 마루야마와 마찬가지로 타께우찌는 이러한 끊임없는 자기인식과 갱신을 '정치'의 근원이라고 봤

---

49 竹內好, 앞의 글 43~44면.

다. 마루야마가 아시아의 내셔널리즘이 처한 상황, 즉 외부의 위협 속에서 스스로를 지켜내는 일에서 정치의 근원을 추출했듯이, 타께우찌도 아시아라는 존재 규정 자체에 내재한 절망적 상황 속에서 정치의 근원적 방법을 끄집어 냈다.

그리고 두 사람에게 이러한 정치의 원리는 단순히 '아시아' 해방 따위를 뜻하는 것이 아니었다. 그것은 "서양을 거꾸로 동양을 통해 껴안기, 서양 자체를 이면에서 변혁하기"[50]였기 때문이다. 즉 두 사람에게 '아시아'는 근대 유럽의 '정치적 원리'를 문제 삼을 수 있는 장이었다. 마루야마는 그것을 끝나지 않는 '근대'의 완성, 즉 무한한 결단의 반복인 '결단으로서의 내셔널리즘'이라 정의했고, 타께우찌는 유럽적 근대 세계에 대한 근원적 관계설정을 '절망'과 '저항'으로 극복하는 '방법으로서의 아시아'라고 정의했다. 이들의 이러한 언설은 근현대 일본 사상사 속에서 어떤 때에는 노예적 욕망의 표상으로서(아시아주의-대동아공영권), 또 어떤 때는 노예적 자기상실의 변명으로서(순수일본-문화국가) 발화된 '아시아'를 '정치적 원리'의 근원으로 재탈환하려는 시도였다. 이때 정치란 동등한 '적'과 대치하는 일이라기보다는, 근원적으로 비대칭적인 '적'을 어떻게 동등한 것으로 만들 수 있느냐의 문제였다. 이를 통해 '정치'는 결국 '자기'의 '자기 되기'의 문제로 귀결된다.[51] 즉 마루야마와 타께우찌의 사상은 절대적인 것을 상실한 '근대'의 '자기인식'에 관한 것이었고, 그것을 유럽 바깥, 즉 '아시아'에서 사유 가능

---

50 竹內好「方法としてのアジア(1961)」, 『日本とアジア』469면.

51 이에 관해서는 Giorgio Agamben, "*Se: Hegel's Absolute and Heidegger's Ereignis," tr.(ed.) Daniel Heller-Roazen, *Potentialities: Collected Essays in Philosophy*, Stanford Univ. Press 2000, 116~37면 참조.

케 한 탈오리엔탈리즘 정치였던 셈이다.

5. '아시아'에서 '정치'로: 생명과 언어의 재탈환

사까구찌 안고(坂口安吾)는 패전 직후 폐허가 된 토오꾜오 한복판을
보면서 다음과 같이 말했다.

> 반년 동안에 세상은 변했다. "신의 방패로 나서는 나는, 폐하 곁에서
> 죽기 위해 나아가리." 젊은이들은 이렇게 읊으면서 산화했지만, 똑같은
> 그들이 살아남아 암상인이 됐다. "오래 살기보다는 신의 방패로 나서려
> 하는 그대와 가약을 맺으리." 이런 심정으로 남자들을 전장으로 내보낸
> 여인네들도 반년 세월 동안 부군의 위패에 절을 올리는 일도 사무적이
> 되어, 머지않아 새로운 그이를 가슴 속에 품게 되리라. 인간이 변한 것이
> 아니다. 인간은 원래 그런 존재이며, 변한 것은 세상의 표피일 뿐이다.[52]

쿄오또학파와 타이쇼오 교양주의자들의 복구담론 속에서 도덕적 퇴
폐가 패전의 원인으로 지목돼 규탄되던 상황에서, 안고는 전사가 암상
인이 되고 미망인이 새로운 연정을 품는 일을 인간 본연의 모습이라고
했다. 그러면서 그는 폐허 속에서 살아남는 일은 도덕적 고취가 아니라
철저하게 타락하는 것을 통해서만 가능하다고 설파했다.

---

52 坂口安吾「墮落論(1946)」,『墮落論』, 新潮文庫 1992, 74면.

인간은 가련하고 위약하며 그렇기에 어리석은 존재이지만 끝까지 타락하기에는 너무나 약한 존재이기도 하다. 인간은 결국 처녀를 찌를 수밖에 없고, 무사도를 만들어내야 하며, 천황을 내세울 수밖에 없다. 하지만 타인의 처녀가 아니라 자신의 처녀를 찌르고, 자신의 무사도, 자신의 천황을 만들어내기 위해서는, 사람은 제대로 타락할 길을 따라 끝까지 떨어지는 일이 필요하다. 그리고 사람처럼 일본도 타락해야 한다. 타락할 길을 따라 끝까지 떨어짐으로써 자기 자신을 발견하고 구원해야 하는 것이다. 정치에 의한 구원 따위는 표피적인 것으로, 아무짝에도 쓸모없는 것이다.[53]

여기서 안고는 패전으로 인한 폐허를 근대 일본의 파국이나 비극으로 파악하지 않는다. 그는 오히려 이 폐허야말로 인간이 인간일 수 있는 근원적 조건이라 주장하면서, 지금보다 더 떨어질 것을 주문하고 있다. 그의 이런 생각 밑바탕에는 "타락은 제도의 모태이며, 그 안타까운 인간의 실상을 우리는 무엇보다도 먼저 엄숙하게 직시하는 일이 필요하다"[54]는 관점이 도사리고 있었다. 따라서 그는 인간이 인간일 수 있는 길, 즉 '자기'의 '자기되기'라는 근대적 정치가 '타락'을 통해 가능하다고 주장한 셈이다. 이는 "혼돈으로부터의 질서형성"(마루야마)과 "최후의 물음까지 회의의 대상으로 삼기"(타께우찌)라는 정치적-인식적 원리와 동일한 것이다.

안고가 이렇게 주장하면서 공습하 토오꾜오의 '백치', 즉 언어를 상

---

53 坂口安吾, 앞의 글 86면.
54 坂口安吾「續墮落論(1946)」, 위의 책 101면.

실하고 날것의 생명마저 죽음 앞에 드러낸 존재를 인간, 문명, 질서의 원형으로 제시한 것[55]과 마찬가지로, 마루야마와 타께우찌는 생명과 언어를 정치와 인간존재의 근원으로 제시했다. 이때 '아시아'는 마루야마와 타께우찌에게 그 근원성으로 가는 길을 열어주는 계기였다. 현재 '동아시아'가 냉전체제와 배타적 내셔널리즘을 넘어서는 새로운 지역 질서로 각광을 받고 있다. 하지만 이 담론이 진정하게 '근대'의 질서와 다른 무엇을 꿈꾸고자 한다면, 우선 무엇보다도 '아시아'라는 것이 정의되고 발화된 맥락 속으로 되돌아가 그 내부의 복잡한 위상학을 견뎌내야 한다. 즉 아시아를 실체화하고 공학적인 질서 재편 논의를 하기 이전에, '아시아'가 열어젖힌 '생명'과 '언어'의 역설적 위상학을 철저하게 사유하고, 그 길 위에서 근대적 제도와 질서의 임계지점까지 떨어지는 일이 필요한 것 아닐까? 그런 의미에서 마루야마와 타께우찌의 유산은 결국 근현대 일본 사상사가 아니라, 새로운 제도와 질서를 구상하려는 모든 이들이 견뎌야 할 최소한의 사유의 장이라고 할 수 있을 것이다.

---

55 坂口安吾「白痴(1946)」,『坂口安吾全集』4권, ちくま文庫 1990, 7~40면.

7장

해적, 시민, 그리고 노예의 자기인식
: 한국전쟁과 전후일본의 사산된 유산

1. 태평양의 해적

카를 슈미트는 1948년 6월 20일, "만약 공격전쟁의 범죄화에 대한 1945년 8월의 내 의견을 당시 혹은 재판 기간 중에 공표할 수 있었다면 죽어도 좋았을 텐데"라고 회고했다.[1] 공표하지 못해 회한에 사로잡힌 1945년 8월의 의견은 "공격전쟁이라는 국제법상의 범죄와 '법률 없이는 범죄도 형벌도 없음'이라는 원칙"(Das internationalrechtliche Verbrechen des Angriffskrieges und der Grundsatz 'Nullum Crimen, Nulla Poena Sine Lege')이라는 법률 감정서로, 슈미트는 전쟁 말기의 베를린에서 전쟁범죄로 기소당할 위험을 느낀 거상(巨商) 프리드리히 플릭

---

[1] Carl Schmitt, *Glossarium: Aufzeichunugen der Jahre 1947-1951*, Dunker & Humblot 1991. カール・シュミット, ヘルムート・クバーリチュ 編, 新田邦夫 譯 『攻撃戰爭論(1945)』, 新山社 2000, 5면에서 재인용.

(Friedrich Flick)의 의뢰로 이 보고서를 작성했다. 여기서 슈미트는 뉘른베르크와 토오꾜오의 법정에서 전범의 기소 근거가 된 "평화에 대한 범죄"(crime against peace)를 문제 삼았다. 독일과 일본이 전쟁을 시작할 때는 없었던 죄목으로 기소하는 것은 법률적 원칙(법률 없이는 범죄도 형벌도 없음)에 비춰볼 때 부당한 것이라고 말이다.

이런 슈미트의 논리는 재판 당시부터 지금에 이르기까지 뉘른베르크와 토오꾜오 법정의 부당함을 주장하는 이들이 클리셰처럼 반복한 것인데, 여기서 그 주장의 타당성을 가늠하는 일은 일단 접어두자. 오히려 주목하고 싶은 바는 슈미트가 이 법률 감정서에서 전쟁의 위법화를 '해적'(pirates)에 대한 국제법적 인식의 전통 속에서 도출하고 있다는 점이다. 독일과 일본의 전범들은 모두 '국제법정'에서 법적 심판을 받았다. 따라서 이들은 이른바 '국제범죄'를 저지른 셈이다. 슈미트는 이 국제범죄의 계보를 따져 물으면서 그 전형적인 예로 '해적행위'를 거론한다.[2] 그리하여 그는 해적행위와 공격전쟁을 등치하는 일이 가능한지를 탐색한다. 슈미트는 이 작업을 앵글로색슨과 대륙 법통이 해적을 다뤄온 법리적 차이를 검토하는 것으로 시작한다.

대륙의 법리적 전통에 따르면 해적행위는 공해상에서 벌어지는 약탈인데 도로나 철도에서의 약탈과 함께 가중처벌 대상인 강도행위로 정의된다. 물론 공해상에서의 약탈은 특정 국가의 관할 밖에서 일어나는 일이지만, 그렇다고 해적이 국제범죄로 인식되는 것은 아니다. 해적을 처벌하는 것은 어디까지나 국내적인 규범이나 법정의 관할영역이 확장되는 것을 의미한다. 이에 반해 앵글로색슨의 법통에는 국내법상의 해

---

2 이하 '해적'에 대한 국제법상 논의는 앞의 책 50~57면으로부터의 인용 및 요약이다.

적행위와 본질적으로 구분되는 전통적인 "만민법상의 해적행위"(Pi-raterie jure gentium)라는 규정이 있다. 만민법상의 해적은 "전인류의 적"(hostis generis humani)이다.[3] 슈미트가 보기에 뉘른베르크와 토오꾜오 법정의 기소사유인 "평화에 대한 범죄"는 이 전인류의 적이라는 데서 연원한다. 만민법상의 해적행위를 저지른 자는 어느 나라에도 속하지 않은 것으로 간주돼 원래 속했던 국가가 그를 보호하는 것도 불가능하다. 즉 그는 국적을 박탈당한 진정한 의미에서의 "무법자"(outlaw)가 되는 것이다. 따라서 전쟁을 '국제범죄'로 규정하며 이를 주도한 자들을 국제범죄를 저지른 자들로 규정하는 것은 전쟁 주도가 만민법상의 해적행위와 동일하다는 뜻이다.

이러한 국제법적 계보의 탐색이 어떤 귀결로 나아가는지는 이미 말했듯이 여기서의 관심이 아니다. 다만 슈미트의 이런 통찰이 실제 뉘른베르크와 토오꾜오 법정의 결과로 미뤄볼 때 의미심장한 것이었음은 확인해둬야 한다. 17~18세기에 걸쳐 영국 군함에 체포된 해적은 대부분 템즈강변에 설치된 처형장의 이슬로 사라졌다. 목을 매달아 교수형에 처해진 해적의 시신은 쇠사슬에 매달린 채 몇년 동안 그대로 방치됐다.[4] 여기까지는 아니더라도 뉘른베르크와 토오꾜오 법정에서 유죄판결을 받은 이들은 모두 해적처럼 교수형에 처해졌다. 그전까지 교전 상대를 해적이나 강도와 같이 교수형에 처하는 일은 매우 드물었음을 감안할 때 슈미트의 통찰은 법리상에서뿐만 아니라 처벌방식에서도 일정 부분 증명된 셈이다. 그후 뉘른베르크와 토오꾜오에서 처벌된 이들은

---

3 '인류의 적'으로서 '해적'이라는 표상에 관한 법적 계보학에 관해서는 Daniel Heller-Roazen, *The Enemy of All: Piracy and the Law of Nations*, Zone Books 2009 참조.

4 別枝達夫『海事史の舞台』, みすず書房 1979, 30면.

'인류의 적'으로 남게 된다.

다시 한번 강조하지만 법리적으로 이 법정이 정당했는지 부당했는지는 여기서의 관심이 아니다. 중요한 사실은 '인류의 적'으로 낙인찍힌 이 '해적'들이 이후의 국내와 국제 정치질서를 규정하는 표식이 됐다는 점이다. 이야기를 일본으로 한정하자면, 헌법개정과 여러가지 개혁조치로 대표되는 패전 후 일본의 행로는 스스로가 해적임을 인정한 위에서 이뤄진 일이라 할 수 있다. 미군정 주도로 기초·제정된 전후 일본의 헌법이 무장해제와 평화국가의 원칙을 담고 있는 것은 이를 잘 나타내는 징표다. 물론 베르사유조약이 이미 예견한 바였지만, 인류의 이름으로 패전국의 무력보유를 금지하고 세계평화를 헌법에 명시한 것은 전후 일본의 헌법이 처음이었다. 연합국과 패전 후 일본의 위정자들은 제국일본이 해적행위를 저질렀다는 사실을 교수형에 처해진 시체를 전시하는 대신 헌법을 통해 전 인류에 알린 것이다. 그리하여 영국의 한 격언이 전 세계에 울려 퍼진다. "전쟁은 해적을 만들어내고 평화가 이들의 목을 매단다"고 말이다.

그러나 이 평화가 정착되는 일은 없었다. 세계 도처에서 냉전이라는 새로운 '전쟁'이 개시됐고, 1950년 6월 한반도에서 발발한 실제 전투는 이 전쟁이 현실의 것임을 알렸다. 해적의 목을 매달아 쟁취된 평화는 자취를 감추고 인류는 두개로 갈라졌다. 이제 태평양의 해적 이야기는 복잡해졌다. 인류와 평화의 이름으로 처벌된 해적행위와 헌법을 통한 처벌의 고지(告知)는 순식간에 불투명한 상황 속으로 내몰린다. 그래서 점령상태를 벗어나 독립국으로 복귀하려던 일본의 전략은 크게 요동쳤다. 스스로가 해적이 아니었다는 미망을 가졌음은 물론이고, 스스로를 처벌했던 인류가 두조각 난 데 힘입어 또다른 해적으로부터 자신을 지키려는 시도가 꿈틀거리기 시작한 것이다. 한국전쟁 발발에서 쌘프란시스코 강화조약 체결에 이르는 기간의 언설들은 이 미망과 시도에서 비롯됐으며, 아직도 그 유구(遺構)는 일본의 자기규정을 근저에서 혼란스럽게 만들고 있다. 냉전이라는 전쟁에 참여할 것이냐 말 것이냐, 즉 단독강화냐 전면강화냐를 놓고 벌어진 논쟁은 그 원초적 장면이다. 과연 한국전쟁은 태평양의 해적 이야기를 어떤 방향으로 끌고 나간 것일까? 이하의 스케치를 통해 대략의 줄거리를 살펴보기로 하자.

2. 해적 이야기를 고수하기

슈미트가 지적한 대로 패전국 일본이 해적행위를 한 것이라면 당연히 그 우두머리는 교수형에 처해졌어야 한다. 템즈강은 아니더라도 스미다강변 어딘가에 우두머리 쇼오와천황 히로히또의 잘린 목이 마땅히 전시됐어야 하는 것이다. 그러나 연합국도 패망국의 정치가도 이런 스펙터클을 연출할 상상을 하지는 못했다. 교수형은커녕 히로히또를 피해자로 만들기에 급급했기 때문이다. 히로히또는 해적들에게 배를 탈취당해 비운의 항해를 할 수밖에 없었던 가련한 선장으로 이 이야기에 등장하게 된다. 물론 점령지 통치를 원활히 하기 위한 미군정의 전략과, 군부의 독주에 숨죽이며 침묵했던 일본 내 주류 보수파의 이해관심이 맞아떨어진 결과였다. 일본 내 주류 보수파의 선장 구하기는 어떠한 것이었는지 살펴보자.

일군만민의 우리 국체는 국민 각각이 확고하고 강하고 올바르고 높은 인간이 되어, 오오미고꼬로(大御心)를 체현하고 실현해나가야만 유지될 수 있다. 즉 오오미고꼬로가 국민 각자의 마음속에 살아 숨쉬고, 국민이 마음으로부터 폐하의 백성이 되어, 폐하가 진정 우리의 군주가 됨으로써, 존중받는 천황인 동시에 우리의 친근한 아버지가 되어주실 수 있도록 노력해야만 한다.[5]

메이지유신의 진보적 개혁은 도중에 '고세이몬(御誓文)'의 정신을 잃어버렸다. 나는 메이지유신의 진정함을 추구하여 고세이몬 정신에 충실할 것이 신일본 건설의 근본원리라고 생각한다.[6]

위의 인용문은 6장에서 살펴본 아베 요시시게의 것이며, 아래는 아베와 가장 친했던 이와나미의 창업주 이와나미 시게오(岩波茂雄)의 것이다. 이들은 패전 직후 '도오신까이(同心會)'라는 모임을 만들어 현재도 대표적인 진보잡지로 통하는 『세까이(世界)』 창간을 주도했는데, 아래 인용문은 「세까이 창간에 즈음하여」(1946)라는 이와나미의 글 속 한 구절이다. 여기서 말하는 '고세이몬'이란 메이지천황이 메이지유신의 원칙을 자신의 조상들에게 알리는 선언문이며, 다섯가지 조항으로 이뤄진 개혁과 통치의 원리를 말한다. 패전 직후 천황을 아버지로 여겨 마음에서 존경하는 것이 복구의 첫걸음이라고 설파하는 이들의 서사는 간단명료하다. 메이지유신의 정신은 매우 훌륭한 것이었는데 난데없이 해적들이 쳐들어와 배를 탈취했다는 줄거리가 바로 그것이다. 그리하

---

5 安倍能成「年少學徒に告ぐ」,『戰中戰後』, 白日書院 1946, 83~84면.
6 安倍能成『岩波茂雄傳』, 岩波書店 1957, 277~78면.

여 탈취된 배를 되찾는 일이야말로 난파된 배에서 선원들을 구출하는 길이며, 이를 위해서는 원래의 항해도를 따라 선장이 키를 운전해야 한다는 결론이 도출된다. 따라서 해적선은 원래의 평화로운 선박으로 복귀해야 한다. 해적이 탈취하기 전 영국과 미국에 가까웠던 선박으로 말이다.

> 만주사변부터 태평양전쟁에 이르는 일본의 대(對)영미 관계의 어긋남은 역사의 큰 흐름에서 보자면 일본 본연의 모습이 아니라 한순간의 변조(變調)였음을 알 수 있다. (…) 일본의 외교적 진로는 영미에 대한 친선을 중심으로 하는 메이지 이래의 큰길에 따라야 하며, 이런 과거의 귀중한 경험은 일본 국민으로서 특히 명심해야 하는 일이다. (…) 일본 외교의 근본기초를 대미 친선에 두어야 한다는 대원칙은 앞으로도 바뀌지 않을 것이며 바꾸어서도 안 된다. 그것은 단순히 종전 후의 일시적 상태의 타성이 아니라 메이지 이래 일본 외교의 큰 흐름을 지키는 일이다.[7]

쌘프란시스코 강화조약과 미일 안보조약 체결에 앞장섰던 요시다 시게루(吉田茂)는 선박의 항로를 이렇게 명시하고 있다. 원래 근대 일본은 영미 친선이지 적대가 아니었다는 이야기다. 과연 실제로 그랬는지는 차치하고라도 아베나 이와나미나 요시다 등 패전 후의 정치·문화·교육계를 주도한 인물들 인식에 자리한 공통 서사가 무엇인지는 명백하다. 아베나 이와나미는 물론이고 요시다도 일본국 헌법의 규정을 어기면서

---

7 吉田茂「日本外交の歩んできた道(1957)」, 北岡伸一 編『戰後日本外交論集』, 中央公論社 1995, 106~08면.

까지 '신(臣) 시게루'라고 서명한 보고서를 히로히또에게 올릴 정도의 '존황주의자'였다. 이들이 생각하는 정상적인 항로는 동일했다. 그 항로란 천황=선장이 영미로 대변되는 서구세계와 공조하면서 헤쳐나가는 것이었다.

그러나 한국전쟁의 발발로 이들 사이에 가로놓여 있던 커다란 차이가 가시화된다. 한편에서는 영미=서구세계가 인류 자체는 아니라고 본 반면, 다른 한편에서는 영미=서구세계야말로 인류라고 본 것이다. 전자의 입장을 대변한 이가 패전 직후 토오꾜오대 총장직을 맡은 난바라 시게루였고, 후자의 입장을 대변한 이가 정부의 수반이었던 요시다 시게루였다. 쌘프란시스코 강화가 소련 및 중국 공산당을 제외한 '단독강화'로 이뤄졌고 이와 함께 미일 안보조약이 체결된 데서 알 수 있듯이, 일본의 항로는 요시다 시게루의 판단에 따라 결정됐다. 그런데 이 결정으로 태평양의 해적 이야기는 더이상 지탱 불가능하게 된다. 미일 안보조약은 시체의 전시 대신 처벌을 알렸던 헌법의 무장금지 원칙을 실질적으로 무효화했고, 교수형에 처해진 해적들은 국내법상 혐의가 없다는 판단 아래 모두 사면됐기 때문이다. 즉 태평양의 해적선은 어디론가 사라져 '유령선'이 돼버린 것이다. 이후 이 유령선이 오랫동안, 현재까지도 떠돌며 일본 내외에서 갖가지 물의를 일으키고 있다.

이런 상황 속에서 난바라 시게루는 태평양의 해적선이 유령선으로 떠돌지 않도록 하기 위해 애쓴 대표적 인물이다. 그는 일본 헌법과 함께 이른바 '전후 민주주의'를 상징하는 '교육기본법' 기초를 주도했으며, 다양한 언설을 통해 태평양의 해적 이야기를 후세에 전하고자 했다. 그런 노력은 한국전쟁 발발 후에 두드러지게 나타난다. 즉 한국전쟁은 해적 이야기를 위태롭게 만드는 계기였던 것이다. 난바라의 말을 들어

보자.

　　신헌법은 옹호돼야 한다. 점령치하 제정된 이 헌법의 성립 사정이 어떤 것이었다 하더라도 거기에 쓰인 민주자유와 평화의 정신은 어디까지나 사수돼야만 한다. 왜냐하면 그것은 세계 인류의 보편적 원리이며 조국을 파멸의 전쟁으로 이끈 국가주의와 군국주의를 청산하는 원칙이며, 새롭게 국제사회의 명예로운 일원으로 일본이 살아갈 길은 이것 외에는 없기 때문이다. (…) 어떤 논자는 조선사변에 즈음하여 우리나라의 재무장이 피할 수 없음을 주장할 것이다. (…) 〔그러나〕 이번 조선사변에 직면해 세계의 압도적 여론하에 국제연합은 수많은 어려움과 희생을 감수하면서까지 불법침략을 격퇴하고 평화 확립에 힘쓰고 있다. 이런 일은 1차대전 후의 국제연맹도 할 수 없었던 일로, 두차례의 세계대전이 초래한 참화를 반성하고 이를 방지하기 위한 인류의 위대한 결의를 말해주는 것이다.[8]

　"신헌법은 옹호돼야" 한다. 그 까닭은 "거기에 쓰인 민주자유와 평화의 정신"이 "세계 인류의 보편적 원리"이기 때문이다. 한국전쟁의 발발에 대한 국제연합의 대응은 일본의 "재무장"을 촉구하는 것이 아니라 신헌법정신을 대변하는 "인류의 위대한 결의"이기에, 저 해적 이야기는 한국전쟁으로 인해서 무효화되는 것이 아니라 오히려 더욱 설득력 있고 "명예로운" 서사가 된다. 난바라가 보기에 이제 세계에는 인류와 해적의 싸움만이 남아 있는 것이다. 그래서 한국전쟁은 그에게 또다른 해

---

8 南原繁「民族の危機と將來(1950.11)」, 『南原繁著作集』 7권, 岩波書店 355~56면.

적의 출현, 즉 "불법침략"이다. 여기에 대항하는 길이 시체 전시 대신에 해적의 처벌을 고지한 '헌법정신'을 지키는 일 외에 없는 까닭이다. 난바라는 이를 위해 전면강화를 주장하면서 이는 단순한 생존의 길이라기보다는 일본의 '운명'과 '사명'이라고 말한다.

우리가 전면강화를 원하는 것은 서로 대치하는 두개의 세계 사이에서 '기회주의'적으로 행동하자는 것이 아니다. 우리나라는 새로운 자유민주국가로서 태평양을 두고 미국과 밀접하고 공통된 것을 함께함과 동시에, 다른 한편 지척의 중국 등과 함께 지리적으로도 역사적으로도 동양의 민족인 것이다. 이 양자 사이의 협력과 화평 없이 경제적이고 정치적인 독립을 꾀할 수 없는 것이 일본의 '운명'이다. 아니 그것은 단순히 우리 민족이 처한 운명에 그치는 것이 아니라 우리는 여기에 새로운 일본의 '사명'을 찾고 싶은 것이다.[9]

여기서 난바라는 일본의 항로를 적극적으로 찾으려 하고 있다. 해적에게 탈취당한 배를 그저 정상적인 궤도로 되돌려놓는 데 그치는 것이 아니라, 해적을 처벌할 수 있는 인류를 온전하게 완성하는 일을 일본의 사명으로 삼겠다는 것이다. 이것이야말로 난바라가 한국전쟁을 계기로 획득할 수 있었던 능동적 사유다. 물론 난바라는 일본 헌법이 제정되기 이전부터 인류의 보편적인 평화와 자유를 재건의 동력으로 삼을 것을 주창해왔다. 이는 철저한 칸트주의자이자 무교회주의 기독교인이었던 난바라에게 어찌보면 당연한 일이었을 터다. 그러나 한국전쟁 발발은

---

9 南原繁, 앞의 책 359면.

난바라에게 이런 자신의 생각을 보다 적극적으로 설파할 수 있는 계기를 마련했다. 해적을 처벌할 수 있는 인류가 두동강 날 위기에 처했다는 사실, 그리고 그 위기가 태평양을 사이에 두고 출현했다는 사실, 이 현실인식이 인류평화의 선도야말로 일본의 사명이라는 각오로 이어진 것이다. 이때 난바라가 강조한 것이 바로 '교육'이다.

〔이 사명을 완수하기 위해서는〕 새로운 교육원리를 발견해 높은 이상과 이에 따라 행동할 수 있는 불굴의 정신을 국민대중, 특히 다음 세대를 이끌 젊은이들에게 불어넣어야 한다. (⋯) 이제 '자유'와 함께, 혹은 그 앞에 '책임'을, 또한 '권리' 앞에 인간의 '의무'를 소리 높여 외쳐야 한다. 책임과 의무의 수행은 고귀한 희생 정신을 필요로 한다. 그것은 단순한 공리주의나 유물주의로부터 도출될 수 있는 것이 아니다. 인간은 각자 자기를 위해 사는 것이 아니라 타인을 위해 살아야 한다. 인생의 궁극 목적은 행복이 아니라 자기 및 타인의 인간성을 완성하는 것임을 우리는 명심해야 한다.[10]

일본의 사명을 지키기 위한 난바라의 사투는 이렇게 교육의 장으로 미끄러져 들어간다. 전면강화를 소리 높여 외치던 최고학부의 수장에게 행정부의 수반이 '곡학아세의 시정잡배'라고 비난할 수 있었던 빌미를 제공한 까닭이다. 왜냐하면 정치를 임무로 하는 이들의 상투어이지만 요시다는 난바라의 이런 주장을 현실인식이 결여된 이상론이자 공론이라고 치부했기 때문이다. 죽느냐 사느냐의 정치 현실 속에서 일본

---

10 南原繁, 앞의 책 366~67면.

의 사명과 인간성의 완성 따위는 들어설 틈이 없다는 비난인 셈이다. 난바라가 고수하려 한 해적 이야기가 이상과 사명의 서사였다면, 요시다에게 해적 이야기는 정치를 포장하는 분식(粉飾)의 서사에 지나지 않았다고 할 수 있다. 과연 어느 쪽이 '옳은지'는 여기서의 관심이 아니다. 다만 난바라의 이상주의가 요시다로 대변되는 현실정치 속으로 녹아들기 위해서는 논리적 매개가 필요했다는 사실에 주목해야 한다. 마루야마 마사오가 폐렴 병동으로 실려갈 정도로 고민한 끝에 고안해낸 것이 바로 이 매개논리다. 그것은 이상주의와 현실주의의 변증법을 주장하는 일이었으며, 보다 심층에서는 해적과 시민의 변증법으로 요약될 수 있는 마루야마의 정치관을 드러내는 일이었다.

3. 해적과 시민의 변증법

"난바라 선생님이 독일에 대해 이렇게 말씀하신 적이 있습니다. '자, 보게. 그나마 힘쓰고 있는 것은 모두 칸트파지? 헤겔 하던 놈들은 모두 나치로 가버렸어'라고 말입니다. 제가 헤겔만 열심히 읽고 있으니까 그랬던 거죠."[11] 난바라는 마루야마를 학계로 끌어들인 은사였다. 그러나 사상적 경향으로 보자면 난바라와 마루야마 사이에는 공통점보다는 차이점이 많다. 우선 전쟁에 끌려갔던 마루야마 세대가 '올드 리버럴'이라고 비판했던 윗세대에 난바라는 속해 있었다. 물론 올드 리버럴 내에는 무시할 수 없는 다양성과 차이가 존재하지만, 위에서 언급한 도오신

---

11 松澤弘陽·植手通有 編『丸山眞男回顧談』下, 岩波書店 2006, 71면.

까이나 난바라 등은 타이쇼오 교양주의의 적자이자 '문화적 천황제'의 옹호자였다. 또한 올드 리버럴은 전쟁터에 끌려 나가지 않고 비교적 순탄한 삶을 영위한 엘리뜨들로 구성된 세대였다. 전후 복구를 주도한 주류 보수파는 거의 대부분이 이 세대에 속한다. 난바라는 그중에서 이른바 '올드 리버럴 좌파'라고 불릴 만한 인물이었다.

이러한 세대 및 그에 따른 경험의 차이와 더불어 두 사람 사이에는 '맑스주의'에 대한 경험의 차이라는 계기가 강하게 작용하고 있었다. 난바라의 세대가 구제(舊制) 고등학교 및 대학에 다닐 때 맑스주의는 큰 영향을 미치지 못했다. 러시아혁명이 일어나기 전이었고 일본공산당이 아직 창당되지 않았던 때였으며 일본이 여러가지 의미에서 일종의 '고도 성장기'를 거쳐 안정화에 접어든 시기였기 때문이다. 그러나 마루야마 세대는 맑스주의부터 사상에 입문하는 것이 일반적이었고 일본공산당이 괴멸상태에 이르기까지 탄압받은 시기였으며 대공황으로 언제 세계혁명이 일어날지 모르는 시기였다. 이런 요인 때문에 두 사람 간에 차이가 생겨났다. 존재(sein)와 당위(sollen)를 구분해 후자의 보편성을 믿어 의심치 않는 칸트주의자 난바라와, 존재와 당위가 불가분으로 중첩돼 있고 역사적 역경 속에서 역동적으로 변화한다는 헤겔주의자 마루야마 사이에는 커다란 심연이 가로놓여 있었다.

그러나 마루야마가 단순히 난바라와 대립했던 것만은 아니다. 그는 난바라가 보편적이라 믿었던 민주주의와 자유주의를 공유했으며, 난바라의 완성된 인격에서 비롯된 확고한 주체성을 흠모해 마지않았기 때문이다. 따라서 마루야마의 과제는 난바라의 인격과 주체성을 '교육'과 '정신'에서 찾지 않고 헤겔주의적으로 '역사'에서 형성해나가는 길을 모색하는 일이었다. 이를 위해서 마루야마는 다양한 지적 원천으로부터 고유한 논리를 만들어냈지만 여기서 일일이 그 모든 것을 검토할 여유는 없다. 다만 난바라가 자신의 고유한 사상적 영위의 장으로 삼은 것이 '교육'이라면 마루야마는 그 장을 '정치'에서 찾았다는 사실만을 확인해두자. 이는 인간의 고귀한 정신을 가꾸어가는 난바라의 길과 달리 "인간이 문제적(problematisch)인 존재"[12]라는 데서 사유를 개시하려는 결단이라고 할 수 있다. 한국전쟁 발발 후 일본의 정치·언론·학계를 사로잡은 분열적 언설공간 속에서 마루야마가 제출한 하나의 문제적 논문은 이러한 인식에서 출발한 것이다.

전쟁은 원래 수단이었지만 더이상 수단으로서의 의미를 잃었다. (…) 오늘날에 전쟁은 패전국은 물론 승전국이라 하더라도 일부의 특수한 인간을 제외하고는 거의 회복 불가능한 깊은 상처를 남긴다. 이제 전쟁은 완전히 시대에 뒤떨어진 방법이 됐다고 할 수밖에 없다. (…) 문제는 이 일이 자명한 이치로 아주 간단하게 승인됨으로써 현실의 국제문제를 판단하는 기준으로 작동할 수는 없다는 점이다. 그 결과 격동하는 세계정세에 직면하면 즉각 한편에서 받아들였던 원칙을 다른 한편에서 짓밟는 행동을 하게 된다. '전쟁을 없애기 위한 전쟁'이라는 낡은 슬로건이 오늘날에도 등장하는 까닭은 전쟁과 평화의 선택을 여전히 수단의 문제로 처리할 수 있다는 착각이 얼마나 사람을 사로잡기 쉬운지를 보여준다.[13]

이것은 「다시 또 한번 평화에 대하여(三たび平和について)」라는 글의

---

12 丸山眞男 「人間と政治(1946)」, 『増補版 現代政治の思想と行動』, 未來社 1964, 364면.
13 丸山眞男 「三たび平和について(1950)」, 『丸山眞男集』 5권, 岩波書店 2003, 7~8면.

일부다. 이 글은 한국전쟁 발발이라는 사태에 직면해「평화문제담화회 연구보고」라는 제목으로 1950년 12월 『세까이』에 게재됐다. 이 성명서의 '다시 또 한번(三たび)'란, 전면강화를 주장하는 학자·언론인·문화계 인사들로 구성된 '평화문제간담회'가 이미 두번의 성명서를 발표한 데서 붙은 것이며, 이 간담회의 단초는 1947년 제2회 유네스코총회로 거슬러 올라간다. 유네스코가 '전쟁을 일으킬 긴장의 원인'에 대한 연구를 헝가리를 포함한 6개국 학자에게 위탁해 1948년 성명서로 발표했다. 여기에 영향을 받아 일본에서도 비슷한 성명서를 작성·공표하자는 취지에서 『세까이』를 중심으로 지식인들이 모여 1949년에 성명을 발표한다. 이후 이 모임은 토오꾜오 및 쿄오또를 아우르는 전국조직 '평화문제담화회'로 개편됐고, 1950년 3월에 '강화문제에 대한 평화문제담화회 성명'을 발표했다. 이런 와중에 한국전쟁이 발발함으로써 반공 이데올로기가 세상을 휩쓸어 단독강화 쪽으로 무게가 쏠리자 이 담화회는 급하게 세번째 성명을 발표하기에 이른다. 이 성명서의 전반부가 바로 마루야마 마사오가 작성한 이 글이었다.

이 담화회는 올드 리버럴과 마루야마 세대의 소장 학자들로 구성된 조직이었다. 난바라는 정치적 색채를 가진 조직에는 가담하지 않는다는 원칙 때문에 빠졌지만, 마루야마가 작성한 성명에 앞선 두 성명서는 난바라의 입장과 대동소이한 내용을 담고 있었다. 즉 헌법정신을 지켜 해적 이야기를 후세에 이어나가야 한다는 내용이었다. 그러나 한국전쟁 발발 후 그런 '정신론'은 공허한 논리로 공격받아 요시다 수상이 주도하는 반공·단독강화가 힘을 얻게 됐고, 그것은 곧바로 일본 재무장론으로 이어지는 언설이 유포되는 계기가 됐다. 해적선이 유령선이 되는 시발점이 이 지점임은 이미 살펴본 바 있지만, 이를 염두에 두면 결국 마루야마의 성명서는 정신론에 빠지지 않고 해적 이야기를 계승할 수 있는지가 관건이 된다. 그래서 마루야마는 철저하게 '현실주의' 입장에서 난바라의 이상주의를 계승하려 했는데, 이는 위의 인용문, 즉 글의 서두부터 명확하게 드러나 있다.

그는 우선 더이상 전쟁이 분쟁해소의 적절한 수단이 될 수 없다는 원칙을 확인한다. 총력전체제하에서 전쟁은 교전국 양쪽에 씻을 수 없는 깊은 상처를 남기기 때문이다. 이는 난바라를 비롯해 전면강화와 비무장 중립국으로 항로를 결정하고자 했던 이들이 고수했던 원칙이기도 하며, 요시다를 비롯한 보수 정치가들도 점령 초기에는 이 원칙하에서 일본의 비무장을 정당화했다. 그러나 이 원칙은 국제정치의 급박한 상황 앞에서 너무나도 쉽게 무너져 내린다고 마루야마는 말한다. 이를 자명한 이치로 삼아 쉽게 승인하면—즉 난바라가 그랬듯 아무런 논증 없이 보편적 진리로 받아들이면—요시다처럼 이 원칙을 헌 옷 버리듯 쉽게 버리고 다시 전쟁을 수단으로 삼을 수 있다는 것이며 실제로 시대의 추이는 그랬다. 따라서 마루야마의 구체적인 과제는 이 원칙을 '어떻게 논증하느냐'에 달려 있었다. 그것도 관념의 논리가 아니라 현실의 논리로 말이다. 이를 위해 마루야마는 다음과 같은 원칙을 내세운다. "원자력전쟁은 가장 현실적이고자 했을 때 이상주의적이 될 수밖에 없다는 진리를 가르쳐 준다"는 것이다.

이제 전쟁은 의심할 여지없이 지상 최대의 악이 되었다. (…) 이것이 우리가 직면한 가장 생생한 현실이다. 이 현실에 포함된 의미를 항상 염두에 두고 여러 구체적인 국제 및 국내 문제를 판단해나가는 일이 가장 현실적인 태도라고 우리는 생각한다. 게다가 이것이야말로 동시에 우리

일본 국민이 신헌법에서 엄숙하게 세계에 서약한 전쟁포기와 비무장의 원리에서 필연적으로 도출된 태도가 아닌가. 교전권을 단순히 국책수행의 수단으로서만이 아니라, 그 어떠한 목적의 수단으로도 삼지 않겠다는 이 헌법의 정신은 보기에 따라서는 변죽만을 울리는 관념론일지 모른다. 그러나 오히려 한걸음 사태의 파악을 깊이 있게 해보면 진정 그것이 위에서 말한 현대전쟁의 현실인식에 가장 적합한 태도이며, 자국이나 타국의 무장에 안전보장을 위탁하는 발상이야말로 오히려 안이한 낙관론이라고 생각할 수밖에 없는 것이다. 따라서 일부러 억설적으로 말하자면 전쟁을 최대의 악으로, 평화를 최대의 가치로 하는 이상주의적 입장은 전쟁이 원자력 전쟁의 단계에 도달함으로써, 거꾸로 동시에 고도의 현실주의적 의미를 띠게 되었다고 할 수 있을 것이다.[14]

여기에 마루야마의 방법적 의식이 선명하게 드러나 있다. 그는 이상(당위)과 현실(존재) 사이를 계몽이나 교육으로 가교할 수 있다고 믿는 칸트주의에 익숙해지지 못했을 뿐 아니라 뿌리 깊은 의구심을 갖고 있었다. 청년시절 '전향'의 계절을 거친 탓이기도 했고, 언론인이었던 부친으로부터 이어받은 태생적 씨니컬리즘 때문이기도 했다. 그러나 무엇보다도 그런 이상을 실현하기 위해서는 인간의 고귀한 정신적 능력을 믿는 것이 아니라 인간의 문제성, 즉 위험함을 지렛대로 삼아야 한다는 홉스적 사유에 경도됐기 때문이리라. 그래서 마루야마에게 신헌법의 정신이란 결코 보편적 이상이 아니었다. 그것은 원자폭탄을 만들어낼 정도로 위험한 '인간의 문제성'으로부터 비롯된 귀결이었다. 즉 가

---

14 丸山眞男, 앞의 책 9~10면.

속화되는 살상무기의 잔혹함과 파괴력이 현실주의를 이상주의로 지양시킨다는 논리였던 셈이다.

따라서 마루야마에게 해적 이야기는 선박 탈취와 정상 항로 재진입이라는 서사구조를 갖는 것이 아니었다. 슈미트가 지적한 대로 해적이 아무런 정치적 의도를 갖지 않고 스스로의 이익만을 좇아 약탈을 일삼는 자들이라면, 마루야마의 역사주의는 이 해적들의 세계가 약탈 끝에 평화에 이르렀다는 역사 변증법적 사유였다. 즉 해적이 시민으로 전환되는 역사 변증법이 생생하게 작동하는 것이 바로 마루야마가 바라본 전후의 이상적 모습이었다. '전후'란 그에게 전쟁시기의 파시즘을 극복한 체제여야 했기 때문이다. 그래서 난바라를 포함한 올드 리버럴들의 일본이 해적이었다는 서사는 전혀 다른 것으로 뒤바뀌게 된다. 마루야마가 보기에 일본이 해적이었던 것이 문제가 아니라, 제대로 된 해적조차 될 수 없었던 일본이 처참한 패전과 좌절을 맛본 것이기 때문이다. 마루야마는 한국전쟁 발발 전 토오꾜오 재판을 보면서 이런 사유를 개진한 바 있다.

나치 최고 간부의 대다수는 학력도 없고 권력을 잡을 때까지 거의 지위라고 할 정도의 지위를 점하고 있지 않았다. 그러나 이찌가야 법정에 나란히 선 피고인들은 모두 최고학부나 육군대학교를 나온 '수재'였으며, 대다수는 졸업 후 순조로운 출세가도를 거쳐 일본제국의 최고 지위를 점한 고관들이다. 이것만이 아니다. 나치 지도자는 몰핀 중독환자(괴링)나 동성애자(히믈러)나 알콜중독자(라이) 등, 모두 정상적인(normal) 사회의식으로부터 배척된 '이상자' 집단이며, 이른바 본래적 의미의 무법자(outlaws)였다. (…) 〔반면 일본의 지도자들은〕 아무리 그 정치적 판단이나 행동이 이해할 수 없고 비상식적이라 하더라도 본래적 의미의 정신이상자라고 생각하기 어렵다. 정상적인 사회의식으로부터 배척되기는커녕, 그들은 모두 젊을 때부터 나중에 장관이나 대장이 될 것을 약속받은, 화려한 조상의 영광 아래에서 자라난, 주위의 선망을 한 몸에 받는 신분이었다. 인간으로서 순수한 '무법자'는 그들 중 없다.[15]

1949년에 쓰인 「군국주의자의 정신형태」는 마루야마의 수많은 글 중에서 가장 문제적이라고 할 수 있다. 마루야마는 도오꾜오 재판에 관해 거의 언급하지 않았는데, 이 글은 정면에서 법정의 공방을 다루고 있다. 이 글이 문제적인 까닭은 읽어 내려가다 보면 나치의 지도자들이 제국일본의 지도자들보다 '낫다는' 인상을 주기 때문이며, 마치 나치의 지도자들이 당당하고 훌륭하게 스스로의 최후를 맞았다는 식으로 서술되고 있기 때문이다. 그러나 이런 서술방식이야말로 마루야마 본연의 사고방식을 여실히 드러낸다고 할 수 있다. 나치의 지도자들을 긍정적으로 묘사하는 위험을 무릅쓰고라도 제국일본의 정신형태를 비판하는 것이 마루야마의 본령이었기 때문이다. 이때 마루야마의 비판이 표적으로 삼은 것은 '무법자'가 무법자인 채 행동할 수 없는 '무책임의 구조'와 '권위의 이양'이었다.

실제로 어떠했는지는 논란의 여지가 있겠지만, 마루야마가 보기에 나치의 지도자들은 무법자인 채로 가공할 만한 전쟁과 살육을 저질렀다. 그런 의미에서 나치의 지도자들은 순수한 '무법자' 즉 '해적'일 수 있었다. 해적이란 스스로의 생존과 욕망을 위해 법을 짓밟는 자들이고,

---

15 丸山眞男「軍國支配者の精神形態(1949)」,『增補版 現代政治の思想と行動』94면.

나치가 내세운 고상한 이념들은 모두 자기 생존과 보존이라는 동물적 욕망에 바탕하고 있다는 것이 마루야마의 판단이었다. 물론 다시 한번 되풀이 하지만 '실제로' 나치가 그랬는지는 여기서 중요하지 않다. 마루야마의 관심은 어디까지나 제국일본의 지도자들이었으며, 이들의 정신상태를 드러내기 위해 나치의 어떤 일면이 강조됐기 때문이다. 그래서 중요한 것은 나치에 대한 상세한 실상을 마루야마의 판단에 대조하는 일이 아니라 ── 당연히 그런 비판은 가능하고 또 필요하겠지만 ── 마루야마가 나치를 전형으로 삼아 '무법자=해적'의 모습과 제국일본의 지도자들의 모습을 대립시키고 있다는 점이다. 아마 마루야마에게 뉘른베르크 법정이 '정의'의 법정으로 보였던 까닭은 진정한 '해적'에 대한 처벌이었기 때문일 터였다.

그러나 이찌가야 법정에 선 제국일본의 지도자들은 전혀 무법자가 아니었다. 그들은 누구보다도 제국일본의 법에 정통한 자들이었고, 그 법이 길러낸 엘리뜨들이었다. 이런 이들이 '해적행위'를 했을 때의 기괴함, 이것이야말로 마루야마의 관심이었다. 이 글의 말미에서 마루야마는 일본 근대를 지배한 정치적 인간형으로 '미꼬시(御輿, 제례 때 신위를 옮기던 가마)' '관료' '무법자'라는 세가지 형상을 내세우며 각각에 '권위' '권력' '폭력'을 할당한다. 마루야마가 보기에 권위에서 권력으로, 권력에서 폭력으로 정치가 작동되는 것이 근대 일반의 특징이라면, 제국일본은 그 작동순서가 거꾸로였다.[16] 나치가 해적인 까닭은 폭력을 통해 권위와 권력을 대체했기 때문, 즉 무법자가 법을 짓밟아 무법자인 채로 정치를 지배했기 때문이었는데, 제국일본에서는 거꾸로 무법

---

16 丸山眞男, 앞의 글 129~30면.

7장 해적, 시민, 그리고 노예의 자기인식 **257**

자가 법을 짓밟기 위해서 권위와 권력을 필요로 했다는 것이다. 즉 제국일본에서 무법자는 법의 바깥에서 끊임없는 예외상태를 창출하며 존속한 것이 아니라, 예외상태를 법적이고 도덕적인 상태로 분식하면서 스스로의 무법성을 인지하는 일 없이 무책임하게 폭력행위를 거듭했다는 것이 마루야마의 비판인 셈이다.

그래서 마루야마에게 제국일본은 해적이 아니다. 아니 해적이 해적으로서의 자기인식을 결여해 해적 이하의 무언가가 된 것이 바로 제국일본이었다. 이때 토오꾜오 재판의 정의란 담보될 수 없으며, 일본 헌법의 고귀한 정신도 실현되거나 토착화될 수 없다. 왜냐하면 스스로의 무법성을 인지하지 못하는 해적이 법에 의해 처단받아 정의가 실현될 수 없기 때문이며—금치산자에 대해서는 법적 처벌은 아무런 효력을 갖지 못한다—그런 한에서 패전 후 일본은 손쉽게 무책임의 체제로 회귀할 것이었기 때문이다. 따라서 마루야마가 보기에 태평양의 해적은 사후적으로라도 진정한 해적으로서의 자각을 가져야만 했다. 즉 반성하고 성찰하며 스스로의 정신을 고양하는 세계시민이라는 이상보다는, 해적행위를 직시해 스스로가 창출한 무법지대에서 법을 창출하는 '연옥의 길'이 필요했다. 한국전쟁은 마루야마의 이런 사유방식을 냉전과 강화라는 현실 속에서 개화한 계기였으며, 태평양의 해적 이야기를 둘러싼 마루야마 고유의 서사를 극명하게 드러내준 사건이었다. 그가 기회 있을 때마다 강조한 '무질서로부터의 질서창출'이라는 원칙은 그런 의미에서 '해적'과 '시민'의 변증법이야말로 '정치'의 본령임을 주장하는 것이었다.

그러나 마루야마의 변증법이 '영구혁명으로서의 민주주의'로 승화되기 위해서는 '해적'과 '시민' 사이에 가로놓인 심연을 문제 삼아야만 했다. 해적과 시민이 '정치'라는 범주를 구성하기 위한 요소가 되기 위해서는 이 두 존재의 존재론적 차이를 극복해야 하기에 그렇다. 타께우찌 요시미의 '노예의 자기인식'은 이 심연을 뛰어넘는 도약으로서의 실천을 설파한 것이며, 그에게 한국전쟁은 해적서사의 결절점이라기보다는 그 근원에 가로놓인 보다 심오한 역사성을 성찰하는 계기였다. 이제 해적과 시민 사이를 가교하는 '노예의 자기인식'으로 논의를 옮겨가 해적서사의 공백을 드러내는 것으로 마무리하도록 하자.

4. 노예의 자기인식과 저항으로서의 주권

한국전쟁의 발발로 전후 일본의 정계와 논단은 복잡하게 분열됐다. 이 혼란스러운 언설공간 안에서 마루야마의 「다시 또 한번 평화에 대하여」는 전후 일본이 새롭게 태어날 수 있는 길을 제시함과 동시에, 자신 고유의 정치-역사-인간관을 극명하게 드러내는 논문이었다. 그것은 인간이 결코 도의와 평화를 체현해 이상적 존재로 나아갈 수 있다는 믿음이 아니라, 인간의 위험함을 직시하고 그로부터 질서 창출의 길을 모색하려는 '정치'적 사유였다. 이는 1930년대라는 파시즘과 전쟁의 시기에 인격형성기를 보낸 마루야마로서는 당연한 일이었는지도 모른다. 그의 초창기 논문이 카를 슈미트의 강력한 영향 아래에서 집필된 것도 이 때문일 것이다. 정치를 '적과 동지'의 구분으로 이해한 카를 슈미트를 따라, 완전히 동일하지는 않더라도 마루야마 역시 정치를 어떤 경계의 결정과 분할로 이뤄지는 일련의 행위로 이해했기 때문이다.[17]

그러나 슈미트의 법-정치 이해가 17세기에 출현한 유럽공법체제를 기반으로 이뤄진 것인 반면, 마루야마는 이 체제를 단순히 이상화하거나 모델화해 일본의 국제/국내 정치상황에 적용하려 한 것이 아니다. 그의 뇌리에는 또렷하게 '아시아'라는 특수성이 자리하고 있었기 때문이다. 마루야마는 말한다.

'국제사회'는 즉자적으로 지구에 존재한 것이 아니라 발생의 유래로 봐서도, 또 근대 국제사회의 구조 ─ 주권 국민국가가 평등한 입장과 권리 위에서 '외교'를 하는 사회 ─ 로 봐서도 원래 유럽 문화권을 진제로 한 역사적 범주다. (…) 서구 여러 나라가 소여로서의 국제사회 속에서 근대적 민족의식을 서서히 성장시킨 데 반해, 일본에서도 중국에서도 일정한 역사적 시점에서 하나의 전체로서 바깥에서 도래한 '국제사회'가 '세계'와 '우리' 의식을 저항할 틈도 없이 촉발시켰고, 국제적 환경과 어떻게 조정할 것인가 하는 문제와 급격하게 직면한 것이다.[18]

여기서 말하는 '국제사회'가 위에서 말한 유럽공법체제임은 말할 필요가 없다. 이 체제는 아시아의 '바깥'에서 완성된 전체로서, 저항할 틈도 없이 도래했다. 이른바 '문명-반개(半開)-야만'은 이런 상황 속에서 아시아의 여러 국가와 지역이 바깥에서 도래한 국제질서를 내면화하는 방식이었다. 이는 기존에 존립하던 가치체계를 부정하고 새로운 질서를 받아들일 것이냐, 아니면 새로운 질서를 거부하고 기존의 가치체계를 고수할 것이냐 하는 결단을 강제했다. 그런데 이는 하나의 딜레마

17 이에 관해서는 김항 「홀로, 다시 또 다시, 나-서기」, 『말하는 입과 먹는 입』, 새물결 2009, 237~70면 참조.
18 丸山眞男 「開國(1959)」, 『丸山眞男集』 8권, 48~49면.

를 내포하는 결단이다. 왜냐하면 기존의 가치체계를 전부 부정해버리면 새로운 질서를 받아들일 '주체'가 사라지기 때문이다. 따라서 아시아의 여러 국가들은 스스로를 부정하면서도 보존해야만 하는 딜레마에 처했다. 이 딜레마는 결국 유럽에서 발생한 국제질서에 스스로를 편입하면서(중화체제를 부정하면서), 내부의 기존 가치체계를 주권국가 속으로 흡수하는 일(법제도, 산업조직, 정치체제의 근대적 변용)로 풀어나갈 수밖에 없었다. '반개' 상태인 일본이 '야만'인 중화체제를 벗어나 '문명'인 주권국가체제의 일원으로 탈바꿈해야 했던 것이다. 19세기 말의 이런 상황을 염두에 둔다면 마루야마의 '정치'는 '야만'을 부정하고 '문명'으로 진입하는 '반개'로서의 일본의 역동성을 살리는 일이었던 셈이다. 그가 후꾸자와 유끼찌를 비롯한 메이지 초기의 사상가들을 흠모했던 까닭도 여기에 있다.

따라서 위에서 살펴본 마루야마의 해적과 시민의 변증법은 야만을 부정하면서 문명으로 진입하려는 그 순간의 상태, 그 진공상태의 긴장을 유지하려는 결단의 사상이라고 할 수 있다. 기존 가치를 야만이라고 부정하면서도, 바깥에서 도래한 문명을 받아들이려는 시공간에는 아무런 규범이나 질서가 없기 때문이다. 이 시공간에 거주하는 주민들은 '해적'인지 '시민'인지를 식별할 수 없는 존재다. 고대 로마로부터 해적이 도덕·규범·법의 약속을 공유하지 않는 '모두의 적'(the enemy of all)[19]이었던 한에서, 유럽적 정신의 맥락에서 볼 때 해적은 야만적인 인간조직이 아니라 아무런 법칙도 없이 살아가는 존재들을 지칭하는 데,[20]

---

19 Daniel Heller-Roazen, 앞의 책 15~17면 참조.
20 이는 고대로부터 '바다'가 인간적 질서의 한계영역을 지칭했던 데서도 알 수 있는 사실이다. 이에 관해서는 Hans Blumenberg, *Schiffbruch mit Zuschauer: Paradigma einer*

아시아의 인민들이 시민이 되기 위해서는 기존의 규범과 질서를 효력 정지시켜야 했기에 그들은 일단 '해적'이어야만 했고, 동시에 주권국가의 질서체계를 받아들여야 했기에 '시민'이 돼야만 했기 때문이다. 그러므로 마루야마의 해적과 시민의 변증법은 야만이 변증법적 운동을 통해 문명으로 나아가는 단순한 진보를 의미하지는 않는다. 오히려 그의 변증법이란 아무런 질서도 규범도 없는 시공간 속에서의 도약 자체를 뜻한다. 더 정확하게 말하자면 이 도약이야말로 그 시공간을 열어젖히는 실천인 것이다.

그런데 국가 내에서 삶을 영위하는 시민과 바다에서 삶을 영위하는 해적은 전혀 다른 존재론적 위상을 갖는다. 그것은 하나의 범주 아래에 묶일 수 있는 두가지 하위범주가 아니기 때문이다. 야만/문명은 유럽에서 고안된 위계적 가치의 서열 범주 아래 대립하는 두가지 범주일 수 있지만 시민과 해적은 그 어떤 속성도 공유하지 않는다. '인류는 적을 가질 수 없다'는 슈미트의 언명은 이런 맥락에서 이해돼야 한다. 슈미트는 국제연맹이 인류라는 이름으로 모든 전쟁을 인류에 대한 공격으로 삼는 것을 비판하면서 이렇게 말했는데, 이는 '적과 동지'가 '투쟁하는 두 인간집단'인 한에서 '인류'라는 인간 전체의 집단은 '적'을 가질 수 없음을 뜻한다.[21] 그러므로 해적은 슈미트적 의미에서 '적'이 아니다. 해적은 '인간 집단'조차 될 수 없다. 따라서 '모두의 적'인 '해적'은 그 어떤 인간적 규정도 받을 수 없는 기괴한 존재론적 위상을 갖는다. 시민이 어디까지나 '인간 집단'인 데 반해, '해적'은 아무리 인간의 형상과 언

Daseinsmetapher, Suhrkamp 1975 참조.

21 Carl Schmitt, *Der Begriff des Politischen*(1932), Dunker & Humblot 1994, 38면.

어를 지난다 해도 결코 '인간'일 수 없는 셈이다.

그래서 해적과 시민의 변증법에는 하나의 존재론적 도약이 필요하다. 이는 논리적 조작으로는 해결할 수 없는 도약이다. 해적은 집합론적으로 봤을 때 인간의 부분집합이 아니며, 해적의 어떤 속성도 인간으로 전화할 수 있는 가능성을 내포하지 않기 때문이다. 해적의 모든 속성은 '부정적'으로 표현되는 것이 아니라—그렇다면 그것은 헤겔적 논리학으로 포섭될 수 있다—결코 표현 '될 수 없다'.[22] 그러므로 마루야마의 변증법적 도약이 발전이나 변형의 방향에서 가늠돼서는 안 된다. 변증법이 '지양-잔존'(Aufhebung, 끌어올리다와 남기다를 뜻한다)의 모순적 운동이라면, 마루야마의 변증법을 온전히 이해하기 위해서는 이 운동의 상승이 아니라 하강의 측면에 눈을 돌려야만 하는 것이다.

그러나 마루야마가 그 해소 불가능한 잔여에 눈을 돌린 일은 없었다. 이는 마루야마의 정치적 사유의 한계를 드러내지만[23] 여기서의 관심은 이 점을 비판하는 데 있지 않다. 오히려 중요한 것은 마루야마가 "똑같은 동전을 양면에서 공격했던 것"[24]이라고 평가했던 타께우찌 요시미의 언설이다. 그의 '노예의 자기인식'이야말로 변증법적 운동의 잔여로 눈을 돌리는 사유의 산물이었고, 이때 마루야마가 바라본 진공상태에서의 도약은 해적과 시민 사이의 존재론적 비대칭성을 뛰어넘는 '노예의 저항'이 된다. 이 사유 속에서 한국전쟁은 유럽적 주권국가 중심의 국

---

22 인류의 '적'은 결코 '역사'를 가지지 않는다. 즉 '적'은 '동지'와 달리 발전이나 퇴락의 서사를 가져본 적도 없고, 일정한 이념에 비추어 변형과 변이를 가늠하는 역사적 서사의 대상이 된 적도 없는 '비존재자'들인 것이다. 이에 관해서는 Gil Anidjar, *The Jew, the Arab: A History of the enemy*, Stanford UP 2002, 1장 참조.

23 이에 관해서는 金杭 『帝國日本の閾』, 岩波書店 2010, 제1부 참조.

24 丸山眞男 「好さんとのつきあい(1978)」, 『丸山眞男集』 10권, 360면.

제질서라는 틀에서 벗어나 '제국주의-식민주의'의 틀 내에 자리매김될
수 있었다. 마루야마가 해적과 시민의 변증법적 운동에서 상승 국면을
염두에 두고 논리의 그물을 짜나갔다면, 타께우찌는 그 하강 국면에 주
목함으로써 1945년 이후 벌어진 일련의 사건들을 '노예의 자기인식'을
위한 계기로 삼았던 것이다.

한국전쟁 발발과 동시에 1950년 7월, 점령군의 지령에 의해 경찰예비
대가 태어났다. 그리고 52년 10월에는 보안대로 변했다. 나아가 54년 7월
에는 해상경비대와 신설된 항공력을 더해 육해공 3군 15만명으로 구성
된 자위대로 성장했다. (…) 자위대가 위헌인지 아닌지의 논란은 자위대
탄생 이래 오늘날까지 상당히 시끄럽게 계속되고 있다. (…) 문제의 핵심
은 무엇인가? 일본 국민이 자기의 존립 기반으로 삼아 자주적으로 선택
한 평화주의가 빈사지경에 이르러 거의 사라질 위험에 처했다는 사실이
다. 이 문제의 중대함에 비하면 개헌이냐 아니냐는 부차적인 것이다.[25]

1962년의 헌법기념일에 타께우찌 요시미는 '헌법문제연구회'라는
모임이 개최한 강연회에서 이렇게 발언했다. 이 모임은 1958년 개헌을
검토하기 위해 정부 내에 '헌법조사회'가 설치된 일을 계기로 만들어진
것으로, 이른바 평화헌법의 정신을 수호하고 개헌 저지를 위해 결성된
지식인들의 조직이었다. 여기서 타께우찌는 개헌이냐 호헌이냐는 부차
적인 문제라고 하면서 핵심은 일본 국민이 자주적으로 선택한 평화주
의가 위태로워졌다는 사실이라 지적한다. 타께우찌가 마루야마와 동일

---

25 竹内好 「自衛と平和(1962)」, 憲法問題研究會 『憲法と私たち』, 岩波新書 1963, 79~81면.

한 인식태도를 가졌음이 여기서 극명하게 드러난다. 마루야마도 기회 있을 때마다 헌법이나 민주주의 자체가 아니라 그것을 존립 가능케 하는 정신과 실천의 부단한 갱생이 중요함을 설파했기 때문이다.[26]

그러나 타께우찌는 마루야마와 달리 그것을 상승운동으로 파악하지 않는다. 물론 타께우찌도 '국민'이란 '국민이 되려는 존재'라는 마루야마의 테제—이는 르낭으로부터 차용한 테제다—를 공유한다. 하지만 타께우찌는 이를 마루야마와 달리 상승운동으로 파악하기보다는 하강운동으로 파악했다. 마루야마에게 일본이라는 국민국가의 평화주의가 어디까지나 주권국가체제 안에서의 중립 선언으로 가능해지는 것이라면, 타께우찌에게 평화주의는 중국혁명과 한반도 평화 등 반제국주의에 기초한 탈냉전적 저항으로 가능해지는 것이었기 때문이다. 즉 마루야마의 논리 속에서 국제질서가 주권국가로 이뤄진 대칭적인 수평적 세계를 기반으로 한다면, 타께우찌의 심정 속에서 국제질서란 서구와 아시아로 이뤄진 비대칭적인 수직적 세계를 바탕으로 하는 셈이다. 그에게는 해적과 시민의 식별 불가능성이라기보다는 둘 사이의 비대칭적인 존재론적 차이가 중요했고, 그것은 아시아와 서구의 비대칭적인 종속관계로 치환돼 인식된 것이라 할 수 있다.

그래서 타께우찌의 평화주의는 매우 구체적이고 간명한 표현을 획득한다. 바로 '중일 국교회복'이다. 한국전쟁으로 인해 서둘러 체결된 쌘프란시스코 강화조약과 일련의 냉전구도 고착화는 일본 헌법의 평화주의를 위기로 내몰았으며, 타께우찌에게 이것은 곧장 헌법을 제정한 주인이어야 할 일본 국민의 주권을 무능화하는 일이었다. 따라서 그에게

---

26 이에 관해서는 이 책의 6장 참조.

냉전의 고착화와 국민주권의 위약화는 동일한 궤를 이루는 현상이었으며, 이를 시정하기 위해서는 아시아에서의 냉전구도를 약화시키게 될 '중일 국교회복'이 무엇보다도 시급한 과제였다. 그래서 타께우찌는 말한다.

국민의 형식적 요건은 법률로 정해지지만 이는 실질적으로는 중요하지 않다. 국민이 국민인 까닭은 주권자로서의 자각에 있다고 나는 생각한다. 따라서 국민은 일회적으로 형성되는 것이 아니라 반복해서 재형성돼야 한다고 믿는다. 그런 국민은 헌법해석에서도 최종 결정권을 갖는다. 내가 믿는 국민의 헌법 9조 해석은 이렇다. 중국과 국교회복을 서둘러라. 조선의 평화통일을 원조하라. 대만의 처리는 중국 국민의 자치에 맡겨라. 그리고 국내로부터 군사기지를 가능한 한 빨리 제거하라![27]

여기서 국민주권과 평화주의는 중국, 조선, 대만, 그리고 베트남전쟁의 전초기지가 되고 있는 오끼나와의 미군 군사기지 문제 등을 통해 하나로 묶인다. 주권과 평화를 관통하며 연결되는 이 하나의 전략은 타께우찌가 패전 직후부터 설파해온 사상의 발현이라 할 수 있다. 그것은 그가 루쉰을 따라 '노예의 자기인식'이라 부른 인식태도로, 패전 직후부터 타께우찌는 이를 발판으로 삼아 일본의 근대화 과정을 반성하고 수정하려 했다. 이때 그는 마루야마와 마찬가지로 일본의 근대화 과정이 유럽에서 발원한 근대성과의 대결정신을 상실하고 그저 모방과 추종을 일삼았다고 비판한다. 타께우찌가 국민은 '반복해서 재형성돼야 한다'

---

27 竹內好, 앞의 글 92면.

고 강조한 까닭이다. 그러나 그는 이 지점에서 마루야마와 길을 달리한다. 마루야마에게 국민의 반복적 재형성은 해적과 시민 사이, 즉 법질서 바깥과 안 사이의 영원한 변증법적 긴장으로 이뤄지는 것이라면, 타께우찌는 해적과 시민 사이의 존재론적 차이를 주인과 노예 사이의 비대칭적인 소외와 저항 사이에서 극렬하게 인식했기 때문이다.

앞 장에서 살펴본 것처럼 "동양을 가능하게 한 것은 유럽"이며 이성도 반(反)이성도 모두 유럽의 것이라는 것이 타께우찌가 본 근대 세계다. 이는 일차적으로 유럽 제국주의의 비유럽 세계에 대한 침략과 지배를 문제 삼는 글이지만, 단순히 유럽에 동양을 대립시켜 피지배자의 해방을 노래하는 슬로건은 아니다. 그의 눈에 비친 유럽의 지배란 보다 뿌리 깊은 것으로, 유럽은 동양을 지배한 것이 아니라 유럽과 동양을 구분하는 시선과 힘이야말로 바로 유럽 그 자체라는 인식을 담고 있기 때문이다. 그래서 유럽은 동양과 시공간적으로 구분되는 지역에 붙여진 이름에 그치지 않는다. 오히려 유럽은 유럽과 동양을 하위범주로 두는 상위의 범주, 즉 '세계'라는 시선이 자리하는 합리성과 진보라는 이념 그 자체다. 그래서 유럽이 공간적으로 동양과 구분되는 지리적 범주이며 시간적으로는 동양보다 앞서 있다는 역사적 이념의 실현태라면, 그 시공간적 기준이 되는 지리적 범주와 역사적 이념을 산출하는 힘이야말로 유럽인 것이다. 따라서 유럽과 동양의 대립은 비대칭적이다. 이 대립은 일정한 시공간적인 기준에 따라 배치된 우열의 대립이라기보다는, 그 기준 자체를 산출하는 힘과, 그 힘과 기준을 통해서만 존재할 수 있는 하위범주 사이의 대립이기 때문이다.

그런 의미에서 일본(동양)이 그 기준에 충실하게 유럽을 따라가면 따라갈수록, 일본은 자기정체성이라는 측면에서 분열적일 수밖에 없다. 한편에서 근대의 '일본'이 국민국가화의 우등생이라면 그것은 충실한 자아실현을 이룬 것이지만, 다른 한편에서 그 자아실현이 유럽의 기준에 따른 유럽적인 근대화인 한에서 '일본'은 고유한 자아를 상실하고 만다. 이는 고유성을 상실한 댓가가 근대화라는 낡은 정식화의 반복이 아니다. 오히려 타께우찌의 눈에 비친 사태는 모순 그 자체다. 왜냐하면 일본은 자기이려고 하면 할수록 자기일 수 없다는 것이 유럽적 근대성의 수용이 초래한 사태이기 때문이다. 국민국가로서의 자기정체성을 갖는다는 것이 유럽적 기준을 전제로 하는 한에서, 국민국가 일본의 자기인식은 남의 기준을 통해 스스로를 언표할 수밖에 없는 딜레마에 처하는 셈이다.[28]

그래서 타께우찌의 '국민의 반복적 재형성'은 법 바깥과 안의 변증법적 긴장이라는 수평적 지평에서 이뤄지는 일이 아니다. 그에게 '국민'이란 어디까지나 유럽의 범주이며, 그런 한에서 일본의 '국민'이란 폭력을 통해 이식된 남의 기준을 내면화함으로써 성립하는 존재이기 때문이다. 타께우찌는 이런 존재를 '노예'라 부른다. 그는 루쉰을 따라 노예란 스스로가 노예임을 모르는 존재, 스스로를 주인이 될 수 있다고 생각하는 존재라 말한다. 타께우찌는 루쉰의 「현인과 바보와 노예」라는 우화를 인용하면서 다음과 같은 결론을 도출한다.

노예가 노예임을 거부하고 동시에 해방의 환상을 거부하는 것, 자신이

---

28 아마도 이 상황에서 벗어나려 했던 대동아공영권의 꿈조차도 이 철창을 벗어날 수는 없었을 것이다. 타께우찌도 한때 희망을 봤고, 쿄오또학파도 웅대한 역사철학적 사변으로 탈유럽의 논리를 구축했으나, 유럽적 기술의 힘과 전도된 유럽적 가치로 유럽을 극복하려는 일은 결국에는 너무나도 유럽적인 일이었으니 말이다.

노예라는 자각을 포함해서 노예인 것, 그것이 '인생에서 가장 고통스러운' 꿈에서 깨어났을 때의 상태다. 갈 길이 없지만 가지 않으면 안 되는, 오히려 갈 길이 없기 때문에 더 가지 않으면 안 되는 상태다. 그는 자신인 것을 거부하고 동시에 자기 이외의 것인 점도 거부한다. 그것이 루쉰에게 있는 그리고 루쉰 그 자체를 성립케 하는 절망의 의미다. 절망은 길이 없는 길을 가는 저항에서 나타나고 저항은 절망의 행동화로 드러난다. 이것은 상태로서 본다면 절망이고, 운동으로서 본다면 저항이다. 거기에 휴머니즘이 파고들 여지는 없다.[29]

루쉰의 우화에서 힘든 일에 불평하고 창문도 없는 집에 사는 노예에게 현인은 참고 기다리라고 달래는 반면, 바보는 벽을 깨부수어 창문을 내주려 한다. 바보의 행동에 놀란 노예는 다른 노예들을 불러 바보를 쫓아낸 후 주인에게 가서 도둑을 물리쳤다고 보고해 칭찬을 받는다. 타께우찌는 근대 일본에는 이런 현인과 바보와 노예만이 살았다고 말한다. 한편에는 주인의 말을 잘 따르면서 기다리면 좋은 날이 오리라 약속하는 근대화론자들(현인들)이 있었고, 다른 한편에는 벽을 부수어 주인이 되라고 가르치는 사회주의자들(바보들)이 이었다. 그러나 현인도 바보도 모두 '진보'나 '해방'이나 '인간'이나 '국민'이라는 유럽의 이념이나 가치 기준을 내면화하고 있다는 점에서 동일하며, 결국에 근대 일본은 비참한 파국을 맞이했다(대동아공영권이 동아해방이라는 이념을 기초로 삼고 있었음을 상기해야 한다). 그래서 타께우찌는 노예가 주인

---

29 타케우치 요시미 「근대란 무엇인가(1948)」, 타케우치 요시미, 서광덕·백지운 옮김 『일본과 아시아』, 소명출판 2004, 47면.

이 되는 것이 아니라 철저하게 노예로서의 자기인식을 갖는 것이 유일한 길이라고 말한 것이다. 그것은 해방이라는 꿈에서 깨어나 자신 앞에 길이 없음을 깨닫는 절망이자, 길 없는 곳에서 길을 찾고자 하는 저항의 몸짓이다. 이때 타께우찌의 메시지는 명쾌하다. 그것은 이미 확립된 근대 유럽의 기준을 전제한 노예의 해방은 또다른 노예를 전제로 하고 말 것이기에, 노예의 주인되기가 아니라 노예의 절망적 자각에 기초한 저항만이 일본 '국민의 반복적 재형성'을 가능케 하리라는 것이다.

이것이 바로 타께우찌의 시선이 가닿았던 변증법적 운동의 하깅 국면이다. 타께우찌는 주인과 노예라는 수직적 위계관계 속에서 노예가 주인이 되는 상승운동이 아니라, 노예가 진정한 노예로서 절망하는 하강운동에 몸을 실으려 한 셈이다. 이때 변증법적 운동이 제3의 고차원적 존재로 지양되는 한편에 남겨진 것, 합리적 논리나 역사적 이념으로는 포착 불가능한 잔여, 즉 스스로의 고유성이 남의 기준을 내면화한 결과물이라는 불편한 의식이야말로 타께우찌가 저항의 거점으로 삼은 것이라 할 수 있다. 이런 맥락에서 그는 한국전쟁과 이어지는 일련의 사태를 단순한 주권국가체제의 재편으로 판단하거나 냉전구도의 공학적 해법으로 풀려 하지 않았다. 그에게 중국내전의 종식, 한국전쟁, 베트남전쟁은 모두 '노예의 자기인식'을 위한 계기로서 통일적으로 파악됐으며, 일본 헌법이 내건 평화주의라는 이념은 이 노예의 자기인식에 기초한 주권이었다. 그리고 이는 주인의식에 바탕을 둔 유럽적 주권의식과 뚜렷이 구분되는 것이었다.

이렇게 그는 1945년 이후 아시아에서 벌어진 혁명과 전쟁이라는 국제적 사건을 전후 일본 국민의 주권의식과 연결시킴으로써 앞에 길이 놓여 있지 않은 동양의 저항을 위한 길을 개척하려 했다. 그는 태평양의 해적선을 노예선으로 바라봄으로써, 중국에는 선상 탈취 끝에 해적선이 될 수밖에 없는 노예선의 선상 반란이 아니라, 노예선 자체의 항해를 멈추고 항로 없는 망망대해에 표류하며 길을 모색하는 난파선의 고통을 일본 '국민의 반복적 재형성'을 위한 이미지로 제시한 것이다.

5. 사산된 유산

한국전쟁은 전후 일본의 항해에 커다란 전환의 계기를 마련해준 사건이다. 익히 알려진 대로 이 전쟁으로 인해 미국은 강화조약을 서두를 수밖에 없었고 일본은 예상보다 빨리 국제사회에 복귀했다. 또한 전쟁특수로 인해 멈췄던 공장이 재가동했고 이는 전후 일본 경제발전의 초석이 됐다. 이후 오끼나와를 볼모로 삼아 미국의 동아시아 경영 전략은 큰 틀의 방향을 결정했고, 일본은 모든 부문에서 대미종속을 전제로 항로를 결정하게 된다. 그러나 그 전략과 항로의 희생은 결코 미국이나 일본 '본토' 인민들의 몫이 아니었다. 분단된 한반도를 억누른 과도한 이데올로기적 폭력, 오끼나와를 위시한 최전선의 항시적 비상사태, 그리고 동남아가 담당해야만 했던 세계 자본주의의 위계적 분업체제의 최하위 노동 단위 등 언제나 '전방의 주변부'는 19세기 이래 이 지역이 휘말렸던 역사의 힘에 맨몸으로 맨 앞에 내던져져왔다. 이것이 19세기 중후반의 일회적 선택과 결단의 엇갈림으로 고착된 구조적 제약이라면 루쉰의 현인이나 바보가 절실하게 요청되는 까닭도 이해가 될 수밖에 없다. 그러나 과연 구조적 제약의 문제일까?

아마도 마루야마나 타께우찌는 이 상황이 구조적 제약임을 인지하면서도 여기로만 환원될 수 없는 '결단'이나 '자기인식'에 주목함으로써 길을 찾았다. 해적서사를 어떻게든 고수하며 일본이 국제사회의 우등생이 될 수 있도록 노력한 난바라와, 해적서사를 현실정치의 장식품으로 치부해서 쉽게 내던져버린 요시다의 사유와 전술은, 방향은 다를지언정 모두 이 일회적 상황이 벗어날 수 없는 구조적 제약임을 인정한 결과물이라 할 수 있다. 난바라는 유럽의 휴머니즘을 절대적 기준으로 삼았고, 요시다는 유럽적 국민국가 질서를 불변의 것으로 바라봤기 때문이다. 그러나 마루야마도 타께우찌도 그것을 절대불변의 구조적 제약으로 바라보지 않았다. 마루야마는 국민국가의 질서를 철저하게 현실적으로 인정하면 거꾸로 그것을 초극하는 질서가 나타날 것으로 생각했고, 타께우찌는 휴머니즘을 과감하게 내버린 곳에서 진정한 휴머니즘이 가능함을 설파했기 때문이다. 그래서 마루야마는 해적과 시민의 변증법적 긴장에 머무르는 것이 정치 본연의 임무라 주장했으며, 타께우찌에 이르러서 이 변증법은 주인과 노예의 비대칭적 대립을 통해 저항이라는 깊이를 획득하게 된다.

그러나 안타깝게도 현대 일본에서 이들의 사유가 계승되는 일은 없었다. 마루야마의 변증법은 근대주의라는 오명하에서 식민주의와 국민동원의 혐의로 소추됐으며, 타께우찌의 자기인식은 아시아주의에 대한 수상한 미망으로 오인돼 친중 담론으로 치부되고 말았기 때문이다. 중국의 부상이라는 역사의 대세 앞에서 여전히 대미 종속으로 항로를 결정할 수밖에 없는 작금의 동향보다 이를 잘 증명하는 사례는 없다. 물론 한반도의 남쪽 공동체도 사정은 다르지 않다. 루쉰의 말대로 인생에서 가장 고통스러운 상태가 "꿈에서 깨어났는데 가야 할 길이 없는 상태"라면 일본과 한국을 포함한 동아시아 지역은 한국전쟁 이래로 꿈에서 깨어나기를 거부하고 있는 것일지 모른다. 만약 그렇다면 해적은 유령인 채 떠돌고 있을 터이며, 노예는 주인이라는 환상 속에서 삶을 영위하고 있을 것이다. 아마 이에 대한 성찰과 비판을 개시하는 일이야말로 마루야마나 타께우찌의 유산을 계승하는 일일 터이고, 한국전쟁을 민족 내전이나 미소의 대리전이 아니라 '근대'의 내적 모순이 집약된 폭력의 현현으로 이해하는 출발점이 될 터다.

8장

'광역권'에서 '주체의 혁명'으로

: 근대초극, 미완의 법기획, 그리고 한반도

1. 근대 세계의 모순이 집약된 한반도

1970년 3월 31일, 일본 하네다(羽田)공항을 이륙해 후꾸오까로 가는 비행기가 하이재킹을 당했다. 범인은 '일본적군파' 소속 9명의 활동가로, 이들은 승객들을 인질로 잡아 북한으로의 망명을 요구했다. 일본 당국은 한국과 협조하에 비행기를 김포공항에 착륙시킨 후 북한으로 오인하도록 하려 했으나 이들은 속지 않았고, 결국 4월 3일 일본항공 소속 '요도호'(애칭)는 평양 미림공항에 착륙한다. 이미 후꾸오까와 서울에서 승객들과 승무원들을 풀어준 뒤 인질 대신에 당시 일본 정부의 운수성(運輸省) 정무차관 야마무라 신지로오(山村新治郎)가 탑승한 뒤의 일이었다.

일본적군파는 1960년대 일본의 급진운동을 이끌었던 이른바 신좌파 계열 혁명조직으로, '공산주의자 동맹(분트)'의 일분파가 '세계 혁명전쟁'을 위한 무장투쟁 노선을 천명하면서 결성됐다. 이들은 "노동자국가에 무장 근거지를 건설해 세계 혁명 근거지 국가로 전환한 뒤 후진국에서의 혁명전쟁과 미일의 혁명전쟁을 결합해 단일한 세계 혁명전쟁을 추진한다"는 계획하에 '국제 근거지론'을 주창했다.[1] 적군파는 요도호 하이재킹을 통해 북한에 이 국제 근거지를 마련하려 한 것이다. 1969년 말의 대검거로 조직이 와해될 위기에 처했던 적군파는 하이재킹을 통해 조직 재건의 길을 모색했고, 원래 꾸바를 목적지로 삼으려 했으나 장거리 비행이 어렵다는 이유로 북한을 선택했는데, 이 선택에 대해 한 일본적군파 연구자가 "적군파의 국제 근거지를 건설한다는 목적에 비추어보면 나라를 잘못 선택했다"[2]고 평가한 것은 어찌보면 당연한 일이라 할 수 있다.

그러나 여기서의 관심은 과연 적군파의 전술이나 선택이 타당했는지를 따져보는 것은 아니다. 주목하고 싶은 바는 이들이 세계 혁명전쟁의 '국제 근거지'로 북한을 선택한 당대의 맥락이다. 1960년대 말 동아시아 정세 안에서 북한을 혁명과 사회주의 국가로 간주하던 정치적 지형이야말로 여기서 문제화하고자 하는 대상이다. 요도호 하이재킹을 주도했던 타미야 타까마로(田宮高麿)의 다음과 같은 회고를 들어보자.

우리는, 조선은 혁명적인 국가라고 인식하고 있었다. 특히 1968년 푸에블로호사건 때의 조선의 단호한 태도는 당시 우리 대부분에게 깊은 인

---

1 1960년대 일본 학생운동의 전반적 상황에 대해서는 伴野準一『全學連と全共鬪』, 平凡社新書 2010 참조.

2 퍼트리샤 스테인호프, 임정은 옮김『적군파: 내부 폭력의 사회심리학』, 교양인 2013, 123면.

상을 남겼다. (…) 한편으로 우리는 당시의 보통 사람들이 갖고 있었다고 생각되는 조선에 대한 인상, 약간 기분 나쁘고 무서운 나라라는 인상도 갖고 있었다. (…) 당시 조선에 대해서 올바르게 소개하는 신문보도나 출판물은 거의 없었다고 생각한다. (…) 조선이 악선전되고 있는 것은, 우리에게는 좋은 나라이기 때문이 아닐까? 적에게 있어서 나쁜 것은 우리에게는 좋은 것이다. 조선은 혁명적인 나라이기 때문에 적들은 악선전을 하는 것이다. 따라서 우리에게는 가장 좋은 나라일 것이다. 이것이 최종적인 조선에 대한 우리의 결론이다.[3]

이 회고는 이들이 하이재킹 후 북한에서 18년을 보낸 후에 펴낸 『우리사상의 혁명』의 일부분이다. 적군파의 좌익소아병을 자기비판하고 주체사상에 입각한 '올바른' 혁명 노선을 체화하기까지의 궤적을 그린 이 책이 북한의 체제선전이라는 성격을 띠고 있음은 부정할 수 없다. 하지만 중요한 지점은 적군파가 주저하면서도 북한을 선택할 수 있었던 정치적 맥락이 엄연히 존재했다는 사실이다. 이들은 일본 국내, 나아가 글로벌한 차원에서 제국주의-자본주의체제와 적대하는 정치의식을 갖고 있었고, 그 정치적 전선에 따라 봤을 때 북한은 '아군'으로 분류될 수 있는 국가였다. 이는 현재와 전혀 다른 정치적 지형이 당대의 동아시아에 존재했음을 말해준다. 단순히 급진혁명파가 있었다거나 냉전체제가 지배했다는 정치적 맥락이 아니다. 오히려 결정적인 것은 사회주의 세계관하에서 혁명의 담지자로 상상된 피억압계급과 아시아의 민중을 중첩시켜 보는 정치적 맥락이 당대 일본에 엄연히 존재했다는 사실이다.[4]

---

3 다미야 다카마로 『우리사상의 혁명(1988)』, 코리아미디어 2005, 20~21면.

이들이 북한을 선택한 것도 단순히 북한이 가까운 사회주의 국가였기 때문 만이 아니라, 급진혁명과 아시아 민족해방의 중첩이라는 맥락 속에서 이뤄진 것이었다.

이러한 혁명과 아시아의 중첩은 1960년대의 급진운동에서만 추출할 수 있는 정치적 맥락이 아니다. 보다 광범위한 영역에서 이 중첩된 의식은 산견(散見)된다. 일례로 전후 일본에서 전위적 연극운동을 주도했던 카라 주우로오(唐十郎)는 1970년대 김지하(金芝河)와 함께 서울에서 야외 전위연극 공연을 열었을 뿐만 아니라 방글라데시, 레바논, 시리아 등지에서 반체제운동과의 연대를 실천했다. 또한 아방가르드 예술비평을 통해 일본뿐 아니라 서구 근대 패러다임의 전복을 꾀했던 하리우 이찌로오(針生一郎)는 중국의 문화대혁명 속에서 아래로부터의 근대 비판의 가능성을 봤다.[5]

일본 전후 지성사의 맥락에서 보자면, 서양 근대의 총체적 변혁을 위한 '방법으로서의 아시아'를 설파한 타께우찌 요시미와 아래로부터의 민주주의를 통해 형해화된 전후 민주주의를 구제하려 했던 마루야마 마사오의 서로 상반되면서도 중첩되는 사상적 영위가 있다. 6장에서 살펴본 대로 이들은 1960년 안보투쟁 속에서 불충분하게 청산된 전쟁시기의 파시즘적 잔재를 일소할 가능성을 찾았는데, 타께우찌에게는 아시아 민족해방과 연동되는 운동이었고, 마루야마에게는 아래로부터 부단히 제도를 갱생하는 역동적 민주주의의 재연장이었다. "함께 똑같은

---

4 미시마 유키오 외, 김항 옮김 『미시마 유키오 대 동경대 전공투 1969-2000』, 새물결 2006, 304~11면.

5 서울 방문 후에 집필된 카라 주우로오의 작품 『二都物語(1972)』 및 針生一郎 『文化革命の行方』, 朝日新聞社 1973 참조.

동전을 서로 다른 면에서 공략하던"[6] 타께우찌와 마루야마는 무모한 전쟁과 처참한 패배로 마감된 메이지유신 이래 일본의 근대화 과정 전체를 아시아와 아래로부터의 민주주의를 결합함으로써 총체적으로 청산하려는 비판 기획을 공유했던 것이다.[7]

물론 적군파, 아방가르드 예술운동, 타께우찌와 마루야마 등 서로 이질적이고 대립하기까지 하는 전후 일본의 정치적·문화적·사상적 장을 아시아와 민중이라는 얼개로 동질화하는 것은 불가능할뿐더러 무의미한 일이다. 그러나 이 시기 일본에서 모종의 반체제저-개혁저 운동과 언설창출에 집중했던 이들은 어떤 사고회로나 논리를 통해서든 아시아와 민중에 연관돼 있었다. 그것은 메이지유신 이래 일본의 근대화가 아시아 침략과 위로부터의 권위주의에 심각하게 침윤된 것에 대한 비판의식이었다. 그래서 토오꾜오대 전공투운동을 주도한 이들은 훗날 자신들과 미시마 유끼오 사이에는 오묘한 연대의식이 있다고 말했다. 또한 아시아적 농본주의에 입각한 사회주의 혁명을 주창하면서 천황 친정(親政)을 외친 2·26군사쿠데타(1936) 세력과 자신들 사이의 겹치면서도 어긋나는 지점을 섬세하게 추적했던 것이다.[8]

그런데 이러한 일본의 근대화 과정 전체에 대한 총체적 비판 기획은

---

6 丸山眞男「好さんとのつきあい(1978)」,『丸山眞男集』10권, 岩波書店 1996, 360면.
7 1950년대에 마루야마와 타께우찌를 비롯한 많은 지식인들이 '혁명'을 놓고 벌인 좌담회가 이를 증명한다. 일련의 좌담에서 지식인들은 혁명을 다룬 서구 사상가들이 '아시아'를 어떻게 평가하는지 빈번하게 문제제기했고, 아시아에서 아래로부터의 혁명 가능성을 타진하는 데 주의를 집중했기 때문이다.「ニ-バ-の問題点と日本の現實(1950)」및「現代革命論: 라스키『現代革命の考察』をめぐって(1951)」,『丸山眞男座談 2: 1950-1958』, 岩波書店 1998 참조.
8 미시마 유키오 외, 위의 책 190~91면.

역사 감각의 기묘한 뒤틀림을 내포하게 된다. 전공투가 군부의 급진 세력에 의한 군사쿠데타인 2·26사건과 자신들의 운동에 동질성이 있다고 말했듯, 이 비판 기획은 근대초극론이나 대동아공영권 등 이른바 '전쟁 이데올로기'라 불리는 언설과 접속되는 흐름을 드러낸다. 이 흐름은 타께우찌가 악명 높은 '근대초극론'을 논하면서 말했던 위험한 발언——"욕조물을 버리려다 아기까지 버리는 우를 범하지 않기 위해" '근대초극론'의 서양 근대에 대한 총체적 비판정신을 계승하자——에도 극명하게 드러나 있다.[9] 비록 태평양전쟁의 이념이 내포한 상극인 아시아 침략과 해방의 모순적 결합은 파국으로 끝났지만, 임계점에 달한 서양 근대의 이념 및 문물을 근본에서 성찰하고 비판하고 극복하자는 의식은 전후 일본의 비판 기획에서 계승해야 한다는 것이 이들의 문제의식이었다.[10]

이런 흐름을 노골적으로 대표하는 인물이 야스이 카오루(安井郁)라는 국제법학자다. 야스이는 전쟁 전과 전쟁 중 토오꾜오제국대학 법학부 국제법 강좌 교수였고, 1940년대에는 국제연맹 주도의 국제법 질서를 비판·극복하기 위해 '대동아 국제법'을 구상하고 기획한 인물이다. 이 국제법 구상은 나치의 광역질서를 모델로, 주권국가체제를 대체할 '대동아공영권'의 법체제 구축을 목표로 삼았으며 주권국가-자본주의-민주주의 극복을 이념적으로 타진한 '근대초극론'의 법학 버전이라

---

9 竹內好「近代の超克」,『日本とアジア』, ちくま學藝文庫 1993.

10 물론 마루야마로 대표되는 이른바 '근대주의자'들이 이런 생각에 동조하지는 않았다. 하지만 마루야마의 근대란 어디까지나 제도화되고 형해화된 근대가 아니라, 서구의 근대적 원리들 자체를 근본에서 따져 묻는 '근본적 근대'였다는 점에서 이런 흐름과 공명했다고 볼 수 있다.

불릴 만한 것이다. 이런 전력 탓에 전후에 공직에서 추방당한 야스이는 이후 정력적으로 반핵운동에 매진했고, 1970년대에는 서구 근대문명의 총체적 혁명을 추동하는 사상으로 '주체사상'을 신봉하게 된다. 이런 그의 사상적 편력은 위에서 말한 흐름, 즉 서구 근대의 이념 및 문물을 총체적으로 비판하는 기획을 지속하려는 결의와 신념에서 비롯된 것이었다. 이때 그가 생애 마지막에 온몸으로 옹호하고 설파하려 했던 주체사상은 아시아와 민중해방의 궁극적 원리였으며, 이는 그가 한반도를 근대 세계가 노정해온 임계적 모순의 집약체로 파악했기에 가능했던 인식이었다. 즉 야스이의 사상적 편력은 일본 및 아시아, 나아가 전지구적 근대 및 근대화를 극복하는 일을 유일한 목표로 삼아왔으며, 한반도는 그런 전위적 편력이 다다른 궁극의 장소이자 방법이었다.

2. 추방된 아방가르드 법학교수

패전 직후 일본에서는 1946년 칙령 109호 '공직추방령'과 1947년 칙령 1호 '개정 공직추방령'으로 20만명 이상의 전쟁협력자가 공직에서 추방됐다. 전쟁 중 군부로부터 "리버럴의 온상"이라 지목된 토오꾜오대 법학부에서도 우여곡절 끝에 3명의 교수가 자리에서 쫓겨났다. 그중 한 사람이 야스이 카오루다. 1943년 야스이는 토오꾜오대 법학부 국제법 담당 교수로 임명되는데, 이때의 교수 임명을 둘러싼 소동이 공직추방의 원인이 됐다. 이 소동은 정치적 입장과 인간관계가 복잡하게 얽혀 일어난 것으로, 얼핏 보면 법학부 내 파벌 싸움이 야기한 스캔들에 지나지 않은 듯하지만, 그런 판단을 일단 유보해두고 사태의 전개를 살펴보자.[11]

전쟁 전 토오꾜오대 법학부의 교수 인사는 해당 강좌 주임교수가 조교수 중 한명을 추천하는 방식이었다. 그런데 1943년 국제법 주임교수였던 요꼬따 키사부로오(橫田喜三郎)는 추천 시기가 지났음에도 누구도 추천할 기미가 없었다. 그래서 당시 법학부장이었던 스에히로 이즈따로오(末廣嚴太郎, 공직추방 교수 중 한 사람)가 부장 권한으로 교수회에 야스이를 추천했다. 이 절차와 추천인사를 둘러싸고 법학부가 분열을 일으킨 것이 위에서 말한 소동의 시작이었다. 반대파들이 야스이의 교수 임명을 결코 승인할 수 없다고 한 까닭은 그가 조교수로 임명받은 뒤에 보인 행보 때문이었다. 반대파 중 대표격인 요꼬따와 타나까 코오따로오(田中耕太郎)는 야스이가 너무나 시류에 영합한 나머지 사상에 일관성이 없다고 했다. 야스이는 신칸트학파로부터 쏘비에뜨 국제법을 거쳐 나치 국제법을 예찬하더니, 1940년대 이후에는 "대동아주의적 법률학" 따위를 주창하기에 이르렀다는 것이다. 게다가 조교수 취임 이후 쓴 논문도 전부 독창적이라기보다는 학설정리 중심이고, 연구보다는 군부의 청년장교나 신체제 관료들과 어울려 다녔다는 점도 반대 이유 중 하나였다. 한마디로 말해 군부와 가까운 정치교수를 임명할 수는 없다는 주장이었다.

이 소동은 결국 야스이를 교수로 임명하는 것으로 정리되고 만다. 물론 군부나 문부성의 압력이 있었던 것이 아닌지 추측해보고 싶지만, 패전 직후 토오꾜오대 총장을 역임한 난바라 시게루의 증언에 따르면 법학부 내부 조정을 통해 사태가 해결됐다고 한다. 아무튼 이렇게 교수로

---

11 이하의 사태 정리는 丸山眞男 他 編 『南原繁回顧錄』, 東京大學出版會 1989, 215~25면에 의거했다.

임명된 야스이는 1948년 공직추방을 당하게 된다. 그런데 이 추방 과정에도 한바탕 소동이 있었다. 원래 1946년의 토오꾜오대 '교원 적격 심사위원회'는 야스이를 공직추방 대상에서 제외했다. 그러나 문부성이 이 결정을 다시 한번 검토하라고 토오꾜오대에 되돌려 보냈고, 1947년의 공직추방령 개정과 맞물려 결국 문부성 장관의 최종 결정으로 야스이의 공직추방이 결정된다. 이로써 1948년 야스이는 토오꾜오대에서 쫓겨난다. 흥미로운 것은 재심사를 요구했을 때의 문부성 장관이 타나까 코오따로오였고 법학부장이 요꼬따 키사부로오였다는 점이다. 그런 까닭에 많은 사람들이 교수 임명 때의 소동이 야스이를 내쫓는 원인이 됐다고 생각한다. 공직추방의 형평성을 놓고 수많은 설전이 오갔던 이 시절의 정황을 통해 봤을 때, 결국 법학부 파벌 싸움 때문에 야스이가 공직추방의 대상이 됐다는 판단이다.

그러나 교수 임명과 공직추방 과정에서 벌어진 소동은 단순히 법학부 내의 파벌 싸움으로 축소할 수 없을뿐더러, 얼핏 자명해 보이는 시류 영합 및 전쟁협력의 문제로도 환원할 수 없다. 말하자면 그것은 근대 일본의 보수파와 혁신파 사이의 대립이었다. 근대 일본의 제국주의적 아시아 침략과 전쟁이 너무나 강력한 요인이어서 잘 드러나지 않지만, 사실 15년전쟁을 주도한 육군 통제파와 이에 동조한 관료 및 학자들은 20세기 초에 형성된 근대 일본의 보수 주류파에 대한 강력한 반발자들이었다. 여기서 자세하게 살펴볼 여유는 없으나, 보수 주류파의 사고와 가치관은 영국 중심의 19세기 세계질서를 현상유지하는 것을 중심으로 삼은 반면, 이에 대한 반발을 시도한 이들은 '현상타파'라는 슬로건하에서 세계질서의 변혁을 꿈꾼 이들이었다. 그렇기에 오늘날 단순한 침략 이데올로기로 인식되는 이른바 '대동아공영권' 사상이 근대 일본 초기에 주류에서 배제된 '아시아주의'를 부활시킨 것은 우연이 아니며, 1930년대 중반 이후 세력을 확장한 혁신관료들이 사회주의적 정책을 도입한 것도 같은 맥락에서 이해돼야 한다.[12] 이런 배경하에서 공직추방이 결정된 후 토오꾜오대 고별강연에서 야스이는 다음과 같이 말했다.

동아에 대한 일본의 입장은 숙명적으로 동아해방과 동아침략이라는 이중성을 갖고 있다. 민족의 비극이라고 해야 할 이 모순을 어떻게 해결할지는 초미의 급무로 나에게 다가왔다. 계속되는 사변과 전쟁 와중에 각자가 자신의 양심이 명령하는 대로 취한 태도는 결코 똑같지 않다. 어떤 사람은 동아침략에 대한 무언의 항의로서 침묵을 지켰다. 나는 그 태도도 충분히 이해하지만 결국 조국의 움직임을 묵시할 수 없었다. 자신 미력(微力)의 한계를 의식하면서도 누를 수 없는 내면의 요구에 의해 동아해방의 이념을 학문적으로 수립하려고 시도했다. 그 방향을 위한 노력이 시대의 흐름에 떠밀려 소기의 성과를 거두지 못했다는 점은 인정하지만, 그 행동을 침략전쟁에 대한 협력과 동일시하여 군국주의나 극단적인 국가주의라는 낙인을 찍는 것은 그야말로 양심의 자유를 짓밟는 것이라

---

12 이런 평가는 15년전쟁을 긍정하는 것으로 오해를 사기 쉽다. 하지만 여기서의 관심은 '긍정'이나 '부정'이 아니라 근대 일본의 사상지도를 분할하는 배치의 양상을 확인하는 일이다. 이 확인을 거친 후에야 패전 전과 후의 연속성과 단절을 보다 생생하게 파악할 수 있으며, 근대 일본의 사상 대립이 결코 '민주주의'와 '전체주의'라는 축으로 이뤄지지 않았음이 드러날 것이다. 그런 의미에서 한가지 더 주석을 달자면, 육군 통제파는 천황 친정-반사회주의를 기치로 내건 황도파를 통제하려 했던 세력으로, 두 세력 모두 현상타파를 주창했지만 전자는 반영미, 후자는 반소라는 국제정치적 방향성을 갖고 있었다. 이런 방향성하에서 어떻게 '아시아'가 이해됐는지를 살펴보는 것은 근대 일본의 전략 지도를 파악하기 위한 핵심 사안인데, 여기서는 이 문제를 시사하는 것으로 그친다.

고 나는 주장했던 것이다.[13]

　이로부터 알 수 있듯이 야스이는 자신이 동아해방의 실현을 꿈꾼 '확신범'이기 때문에 결코 침략전쟁에 대한 협력자가 아니라고 주장한다. 즉 패전이라는 결과론으로 스스로의 양심을 재단할 수 없다는 논리다. 과연 이 논리가 지지받을 수 있는 것인지 아닌지는 여기서의 관심이 아니다. 여기서는 이러한 야스이의 논리가 공직추방 후의 행보에서도 변하지 않았다는 점에 주목해야 한다. 앞으로 살펴보겠지만, 타나까나 요꼬따가 주장하듯 야스이는 신칸트학파(순수법학)에서 출발해 쏘비에뜨 국제법을 거쳐 나치의 광역권이론을 바탕으로 대동아 국제법을 구상했다. 그리고 패전 후 공직추방을 당한 뒤에는 '원수폭(原水爆) 반대운동'의 선봉에 서서 국민운동을 이끌어 국제적인 명성을 얻었으며 레닌평화상을 수상하기도 한다. 그리고 말년에는 조일(朝日)사회과학자회의의 일본측 대표로 참석해 일본에 '국제 주체사상 연구소' 설립을 주도하기에 이른다. 따라서 전쟁 중의 행적만을 놓고 보면 분명 야스이는 수많은 전쟁협력자 중 한 사람임에 틀림없지만, 그의 일생을 굽어보면 '양심의 자유'라는 그의 말을 단순한 궤변이라고 치부하기가 곤란함을 알 수 있다. 이런 사정은 그가 무교회주의 계열에 속하는 기독교 신자라는 점에서 더욱 증폭된다. 그런 의미에서 야스이의 '양심의 자유'는 어떤 일관성과 진실성을 담고 있는 셈이다.

　아마도 일본뿐만 아니라 비서구 사회 전반에 걸쳐 서구 제국주의의

---

13 安井郁「學問と良心の自由(1948)」,『道: 安井郁 生の軌跡』, 法政大學出版會 1983, 46면. 이하에서 이 책으로부터의 인용은 (『道』, 면수)로 본문 안에 표기한다.

지식과 정신은 기독교, 법, 과학이라는 체계를 통해 유입됐다고 할 수 있다. 이 세가지 체계는 기존의 사회질서와 가치체계를 상대화했고, 결국에는 부정하게끔 하는 강력한 영향력을 발휘했다. 국제법학자로서의 야스이는 한편에서 법과 과학을 스스로의 소임으로 여겼으며, 다른 한편에서 기독교를 삶의 원리로 섬겼다. 이때 그는 기독교 교리로부터 죄의식을 체화해, 법과 과학을 통해 이 죄의식에서 인간을 해방하는 방법을 마련하고자 했다. 따라서 그에게 언제나 '현재'는 극복해야 할 '수난'이었으며, 전쟁 중에는 서구 제국주의라는 수난에 맞서 동아해방이라는 원리를, 패전 후에는 제국주의와 자본주의의 지배라는 수난에 맞서 사회주의라는 원리를 각각 무기로 삼은 것이다. 그런 의미에서 그는 기독교, 법, 과학을 통해 현재를 넘어서려던 아방가르드였다. 그는 근대 일본과 그것이 속한 국제질서를 타파하는 것을 '구도(求道)'로 여겼고, 그런 의미에서 기존 질서를 해체하려는 혁명가였던 셈이다.

3. 현상타파와 새로운 국제법

현상타파, 이것은 국제법학자 야스이 카오루의 정신세계를 특징짓는 키워드다. 현상타파란 만주사변을 기점으로 육군이 주창한 정치 슬로건이다. 여기서 현상이란 중국 동북부를 중심으로 한 미국·소련·일본의 대립을 의미한다. 이를 타파해 새로운 질서를 창출하는 것이 육군의 전략목표였다. 이런 전략목표가 등장하게 된 배경에는 경제적인 측면과 정치적인 측면이 있다. 세계대공황을 극복해 살아남아야 한다는 생존전략이 필요했으며, 1차대전 이후 펼쳐진 국제연맹 중심의 세계질서에 대한 반발도 심했던 것이다. 전자는 원료-생산-판매를 자족적으로 순환시킬 수 있는 씨스템을 만들어냄으로써 일본이 미국 중심의 세계시장 재편에 맞서야 한다는 요구에 부응하는 것이었고, 후자는 영국·프랑스·미국 등이 주도한 국제연맹 질서가 더이상 식민지 분할을 재편하지 않은 채 현상유지를 고수하는 상황에 대한 반발이었다. 특히 국제연맹 창설 총회에서 인종차별 금지조항을 관철하지 못한 점과 워싱턴 군축회의(1921~22년)에서 결정된 미영의 강압조치가 국제연맹에 대해 반발하는 원인(遠因)으로 작용했다는 점을 기억해둬야만 한다. 이 모든 요인이 복합적으로 1930년대 일본의 현상타파라는 슬로건을 주조해냈으며, 경제에서는 계획/블럭 경제, 정치에서는 공영권, 사상에서는 근대초극론으로 각각 귀결됐다.

이런 흐름에 대해 근대 일본의 주류 보수파는 효과적인 대응을 하지 못했다. 이들 세력은 대략 1910년대 초반에 형성되는데, 한편에서는 천황의 직접통치를 광신적으로 주장하는 황도주의자들을 배척하면서, 다른 한편에서는 무산자계급에 의한 혁명을 주장하는 사회주의자와 무정부주의자를 탄압하면서 정치·경제·문화·학계의 주류로 등장하게 된다. 그 상징적인 사건은 1911~12년의 대역사건과, 앞서 살펴본 1913년의 천황기관설 논쟁이라고 할 수 있다. 대역사건은 코오또꾸 슈우스이(幸德秋水) 등 무정부주의자들이 천황 암살을 기도했다는 혐의로 사형당한 뒤 대대적인 사회주의와 무정부주의 탄압으로 이어진 것이었다. 천황기관설 논쟁에서는 결국 타이쇼오 데모크라시의 주류가 되는 미노베의 해석이 전체주의로 이어지는 우에스기의 전제주의적 천황관에 승리를 거둠으로써, 광신적 황도주의자들은 모든 분야에서 소수파로 밀려난다. 그리하여 천황과 일본전통의 도덕심을 정치·사회·경제의 바탕으로 삼아, 메이지유신으로 성립된 기존 계급/계층 구조의 안정적 재생산을 토대로 한 주류 보수파의 지배가 형성된다.

극좌파와 극우파를 몰아내고 성립한 주류 보수파는 대체로 영미 주도의 자본주의 세계질서에 순응하는 국제 전략을 기본으로 삼고 있었다. 그러나 제국주의 후발주자였던 일본은 국제연맹을 통한 미국 중심의 세계질서 재편 과정에서 미국과 갈등을 빚게 됐고, 이어지는 군축회의와 세계대공황은 일본의 경제와 국제적 위상을 심각하게 뒤흔들었다. 또한 사회주의 국가 쏘비에뜨의 등장은 뿌리 깊은 러시아 공포증을 다시 불러일으켰다. 이로부터 야기된 복잡한 정치 과정을 상술할 수는 없지만, 1920년대 이후 뿌리내렸던 정당중심의 의회정치는 이에 대해 효과적인 대응을 하지 못했다. 물론 효과적인 대응을 하기 이전에 군부가 대내외에서 과격한 행동을 일삼았다고도 할 수 있을 것이다. 아무튼 중요한 지점은 만주사변, 5·15사건, 국제연맹 탈퇴, 천황기관설 사건, 2·26사건, 중일전쟁, 태평양전쟁으로 이어지는 파국으로의 도정에서, 주류 보수파는 사회 각 부문의 뒤편으로 밀려나고 말았다는 점이다.[14]

물론 이를 전체주의의 창궐로 정리해버릴 수도 있다. 사실상 지금까지의 여러 복잡한 논증과 분석이 모두 그렇게 결론을 내렸고 말이다. 그러나 주목해야 할 점은 군부가 단순한 전쟁광이 아니었다는 점이며, 이에 동조한 혁신관료들도 단순한 기회주의자들은 아니었다는 점이다. 주류 보수파들이 이 시기의 질서 재편에 대응하는 가운데서 드러난 문제점은 여럿 있지만, 중요한 것은 그들이 일본 국내의 계급양극화를 방치했다는 점이다. 몇번의 군부쿠데타가 모두 자본계급 및 정치가를 부

---

14 酒井哲哉 「國際秩序論と近代日本研究」, 『近代日本の國際秩序論』, 岩波書店 2007 참조.

패한 세력으로 지목하며 살해 대상으로 삼은 것은 우연이 아니다.

　야스이 카오루의 연구활동이 시작된 것은 바로 이런 상황에서였다. 그가 최초의 논문을 발간한 것은 1931년으로, 바로 만주사변이 일어난 해였다. 「국제법 우위 이론의 현대적 의의: 페어드로스 학설 연구」[15]라는 제목의 논문을 발표하면서 국제법 연구자로서의 첫발을 내디딘 것이다. 이 논문은 이른바 '순수법학' 계열의 국제법학자 알프레드 페어드로스(Alfred Verdross)의 학설을 정리한 것으로, 페어드로스가 국내법 우위론에서 출발해 국제법 우위론으로 경도된 과정을 면밀하게 검토하고 있다. 그러나 야스이가 그저 페어드로스의 학설을 충실히 검토하기만 한 것은 아니다. 페어드로스를 사례로 삼아 국제법 우위론의 '현대적 의의'를 평가하는 것이 이 논문의 목표라고 밝히고 있기 때문이다.(『변증법』, 152면) 페어드로스의 국제법 우위론은 국내법과 국제법의 법원(legal title)이 동일하다는 입장에서 출발하는 것으로, 두 법이 전혀 다른 법원과 체계를 갖는다는 이원론에 대립하는 일원론을 기본으로 한다. 일원론을 기본 입장으로 삼을 때 과연 국제법이 우위에 있는지 국내법이 우위에 있는지가 관건이 된다. 국제법 우위의 입장에 설 경우 국가가 국제법에 의해 권한이 위임된 독립 집행 기구로 인식되는 반면, 국내법 우위 입장에 따를 경우 국제법은 국내 헌법에서 승인하는 한 유효한 하위규범으로 자리매김된다. 페어드로스는 국내법 우위에서 국제법

---

15 安井郁 『國際法學と辨證法』, 法政大學出版會 1970, 145~89면. 야스이의 전쟁 중 및 패전 후 국제법 관련 논문을 총망라한 이 책은 그가 자신의 국제법 연구를 '양심의 자유'에 따라 일관되게 전개해왔음을 자부한 산물이다. 1970년 시점에서 이 책을 발간함으로써 야스이는 자신의 공직추방에 대해 무언의 항의를 시도한 셈이다. 이하에서 이 책으로부터의 인용은 (『변증법』, 면수)로 표기한다.

우위로 기울었는데, 그 배경에는 1차대전과 국제연맹의 창설이 가로놓여 있다. 이런 국제법 우위론의 현재적 의의를 야스이는 다음과 같이 평가하고 있다.

국제법 및 국제법 단체는 현재 발전 단계의 과도기에 서 있다. 이 단계를 특징짓는 것은 주권적 국가를 고집하고자 하는 노력과 세계법 단체에 도달하려는 노력 사이의—낡은 것과 새로운 것 사이의—"비극적 투쟁"이다. (…) 과도기의 국제법 및 국제법 단체에 대한 이론으로 현대적 이원론과 국제법 우위 이론은 모두 존립근거를 갖고 있다. 그러나 이 과도기를 관통하는 국제법 및 국제법 단체의 역사적 운동이 지금 말했듯이 초국가법 및 집단조직의 실현을 향해 나아가고 있다면, 두 이론의 정책론적 의의는 그야말로 정반대의 것이다. 현대적 이원론은 본질에서 보수적이며, 국제법 우위론은 본질에서 진보적이이다. (『변증법』, 185~86면)

타나까와 요꼬따의 비판대로, 야스이는 신칸트학파의 계보에 속하는 페어드로스의 국제법 학설을 이렇게 '진보적'이라고 평가하고 있다. 국제법 우위론을 현재의 역사적 단계 속에서 가장 바람직한 학설로 인정하고 있는 셈이다. 그러므로 타나까나 요꼬따가 보기에 이렇게 출발한 야스이가 이후 쏘비에뜨 국제법이나 나치 광역권론으로 나아간 것은 일관성이 없고 시류에 영합하는 일이었음은 어찌 보면 당연하다고 하겠다.[16] 그러나 야스이의 입장에서 보자면 이는 일관성이 없는 것이 아

---

16 물론 타나까는 신칸트학파, 특히 한스 켈젠(Hans Kelsen)의 학설을 극단적으로 기피해 비판했지만 인류 보편의 자연법 우위를 기초로 삼았다는 점에서 인류 공통법으로 향해 나아가는 듯 보였던 국제법 우위론에 우호적이었다.

니라 '양심의 자유'에 충실한 일이었다고 해야 한다. 왜냐하면 그에게 일관성이란 어디까지나 '현상타파'를 위해 '진보'를 추구하는 일이었기 때문이다. 그래서 신칸트학파든 쏘비에뜨든 나치든, 현상타파를 위해서라면 모든 것을 실험하고 검토하는 일이 필요했던 것이라 할 수 있다. 물론 여기서 중요한 지점은 그것이 '정치'에 봉사하는 것이 아니라, 객관적인 '현실과학'이어야 한다는 점이다. 여기에 야스이의 특이점이 있다. 1939년 토오꾜오대 법학부 국제법 강좌 교과서 『국제법학 강의 요강』 서문에서 그는 이렇게 밝히고 있다.

> 내가 국제법학 탐구에서 가장 중요시하는 것은 국제법을 그 발달의 현 단계에서 객관적으로 인식하는 것이다. 사회과학의 현실성과 과학성 사이를 조화시키는 데 따르는 어려움은 국제법학에서 특히 두드러진다. 세계주의의 이상을 추구해 국제법의 현실에서 유리된 공론으로 치닫는 일은, 현실의 정치적 요구에 사로잡혀 특정 외교정책의 비과학적인 변호로 타락하고 마는 일과 함께 국제법학이 빠지기 쉬운 오류다. 첫번째 경우는 국제법학의 현실성이 상실되고, 두번째 경우에는 국제법학의 과학성이 상실된다. 나는 국제법학의 대상에 대한 정치적 제약을 긍정함과 동시에, 국제법학 방법의 정치적 제약을 부정함으로써 국제법학의 현실성과 과학성 사이의 조화를 꾀하고자 한다. (『변증법』, 105면)

사회과학이 대상으로 하는 '사회'가 이미 '정치적'으로 구성된 것임은 주지의 사실이다. 더구나 각 국가 사이의 조약·협약·동맹으로 구성되는 국제법이라는 대상이 정치적일 수밖에 없음은 부정할 수 없다. 이를 주장하기 위해 야스이는 두가지 국제법 조류를 동시에 비판하고 있다. 즉 '현실에서 유리된 공론'이란 다름 아닌 국제법 우위론이며 '특정 외교정책의 비과학적인 변호'란 바로 쏘비에뜨 국제법학이다. 그는 1939년에 이르러 1931년에 견지했던 국제법 우위론과 이후 1933~35년에 걸쳐 검토했던 쏘비에뜨 국제법학을 동시에 공격하고 있다. 이것이 바로 야스이의 '진보'였다. 그렇다면 야스이의 진보는 어떤 국제법 구상으로 나아간 것일까? 바로 '대동아 국제법'이다.

구주(歐洲)적 세계로부터 해방된 신질서에서 대동아는 우리나라를 중심으로 하는 독립의 공영권으로 존재한다. 대동아 국제법은 이 공영권의 대외관계 및 대내관계를 규율하는 법으로서 새롭게 형성된다. 이 대동아 국제법은 공영권의 지도국이며 보장국인 우리나라 고유의 이념에 의해 지배됨과 동시에, 대동아 및 그것을 둘러싼 세계의 현실에 의해 제약된다. 이 이념과 현실의 교차에 의해 대동아 국제법의 역사적 형태가 결정되는 것이다. 만주사변부터 오늘날에 이르기까지 체결된 조약에는 그 방향을 지시하고 있는 것이 존재한다. 대동아전쟁의 진전과 함께 그것은 더욱 새로운 단계로 접어들려 하고 있다.[17]

이렇게 야스이는 손쉽게 '특정 외교정책의 비과학적인 변호'로 나아갔다고 할 수도 있다. 그러나 중요한 것은 그런 판단으로부터 스스로를

---

17 安井郁『歐州廣域國際法の基礎理念』, 有斐閣 1942, 3면. 이 책은『대동아 국제법 총서』씨리즈의 한권으로 출판된 것이며, 주로 카를 슈미트의 광역권(Grossraum) 이론을 중심으로 나치 국제법을 소개하고 있다. 주의해야 할 것은 카를 슈미트는 1936년 이후 실각했기 때문에, 나치의 광역권이론은 이후 오토 퀼로이터(Otto Köllreutter) 등의 법학 이론가들에 의해 슈미트 본래의 것과는 전혀 다른 모습으로 주조된다는 사실이다.

구출해내려 하는 그의 논리다. 그 논리는 앞의 교과서에서 인용한 문장을 자기비판하면서 서술된 다음의 구절에서 확인된다.

"국제법학 대상의 정치적 제약의 긍정"과 "국제법학 방법의 정치적 제약의 부정"이라는 정식으로 표현된 입장은 내가 쏘비에뜨 국제법 이론의 검토를 끝내려 했을 때 도달한 지점이었다. 그후 독일의 새로운 이론 연구를 전개하면서 위의 입장 및 그것에 기초한 이론적 체계에 대한 반성을 거듭해왔는데, 이 과정에서 자각한 사실은 국제법학 대상의 정치적 제약의 긍정에 의해 국제법의 현실 기능에 대한 파악을 의도했으면서도, 여전히 국제법 내용의 규범 실증주의적인 확인에 그치는 경우가 많았다는 점이다. 보다 중요한 것은 국제법학 방법의 정치적 제약의 부정이 반드시 국제법학이 "과학을 위한 과학"이어야 한다는 요구로 이어지지 않는다는 점을 확인했다는 사실이다.[18]

여기서 알 수 있듯이 야스이의 새로운 학설에 대한 검토와 탐구는 '현실' 변화를 충실히 따라가기 위해 멈추지 않았다. 또한 중요한 것은 이 과정에서 '현실과학'에 대한 정의가 변화했다는 사실인데, "과학을 위한 과학"을 넘어서는 것이야말로 '현실과학'이라고 야스이는 주장하고 있다. 이 단계에서 위의 인용문을 '특정 정책에 대한 비과학적인 변호'라고 할 수는 없다. 왜냐하면 이 책을 면밀히 검토해보면, 현실에서 벌어지고 있는 전쟁이 실제로 기존 조약들의 지위를 위태롭게 만들고 있으며, 국제질서를 지탱해온 조약이나 협약들의 지위가 위험해지는

---

18 安井郁, 앞의 책 8면.

상황에서 새로운 국제법을 창출하는 것이 요청되고 있다는 주장을 펼치고 있기 때문이다.

그런 의미에서 야스이는 그의 말대로 연구자의 '양심의 자유'에 따라 행동했다고 볼 수 있다. 야스이의 대동아 국제법은 무너지고 있는 기존 국제법을 대체해, 전쟁 등의 국제 갈등을 법적으로 규제할 방도를 찾은 것이기 때문이다. 물론 내적인 논리는 이렇다 하더라도, '대동아'라는 슬로건과 군부 및 관료와의 교제 등이 이후 공직추방의 원인이 됐다는 사실은 이미 살펴본 바다. 거듭 밝히지만 여기서의 목적은 야스이에게 '면죄부'를 주려는 것이 아니라, 이런 그의 내적 논리, 즉 '양심의 자유'가 패전 후에도 여전히 일관됐다는 사실의 의미를 묻는 일이다. 이제 여기까지 '진보'한 야스이의 논리가 패전 후에 어떤 식으로 드러나게 되는지를 살펴볼 차례다.

4. 반핵 평화운동, 인간해방, 그리고 주체사상

야스이는 공직추방이 해제된 후 1952년부터 호세이(法政)대학 법학부 교수로 취임한다. 그후 야스이의 삶에서 결정적인 계기를 마련하는 사건이 발생한다. 1954년 비키니 섬에서 진행된 미국의 수소폭탄 실험이다. 이 실험은 공해상에서 실시됐지만 일본 어선 다이고후꾸류우마루(第五福龍丸)가 피폭당했다. 미군정하에서 보도통제가 실시돼 공론의 장에서 언급되지 않았던 원폭 문제가 사회적 이슈가 된 것은 바로 이때부터였다. 야스이는 자신이 거주하고 있던 스기나미(杉並)구에서 주민운동부터 시작해, 전국적 규모의 원폭 반대운동을 조직함으로써 세계

평화운동의 대표인물로 거듭난다. 이 운동 과정 속에서 스스로의 과거를 회상하면서 그 연속성을 말할 때 야스이는 위 인용문 중 다음 구절을 반복한다. "국제법학 대상의 정치적 제약의 긍정"과 "국제법학 방법의 정치적 제약의 부정"이 "과학을 위한 과학"을 요구하는 것이 아니라는 자기반성 말이다. 이는 1961년 호세이대학 법학부 국제법 교과서 서문에서 만년인 1976년「생애의 중요한 분기점(나의 8월 15일)」에 이르기까지 몇번이나 반복해서 등장한다. 그런 의미에서 이 구절은 전쟁 중과 패전 후에도 계속되는 야스이의 '진보'에 내포된 기본적인 인식-실천적 원칙인 셈이다. 그에 따르면 이 과정에서 결정적 역할을 한 것은 바로 레닌(V. Lenin)이다.

20여년이 지난 회상에서 야스이는 이 시절의 방법적 전회에 대해 "레닌의『유물론과 경험비판론』을 다시 읽으면서 결정적인 것이 됐다"고 술회했다.(『변증법』 147면) 이 전회를 그는 "대중 속으로"(같은 면)라고 정식화했는데, 이 정식화가 의미하는 바는 변증법이라고 할 수 있을 것이다. 그것은 '상대적 진리의 총합이 절대적 진리'라는 레닌의 테제로 요약될 수 있는 것으로, 언제나 대중 속으로 들어가 대중으로부터 진리의 총합을 찾는 부단한 과정을 말한다. 그래서 진리는 언제나 상대적인 것에서 절대적인 것으로의 이행 과정에 있으며, 그것은 칸트적 의미의 통제적 이념이라기보다는 절대적인 진리가 순간마다 상대적으로 변화하는 그야말로 변증법적 과정이다. 이는 그가 패전 후 원수폭 금지운동이라는 대중운동을 이끌면서 터득한 원리였다고도 할 수 있지만, 대동아국제법 내용 구상에 레닌 철학의 깊은 영향을 받았다고 언급한 데서도 드러나듯이 ─ 운동에 참여하기 전 문헌에 레닌으로부터의 영향이 언급돼 있다 ─ 그저 후대의 성찰에 맞춰 자기 경험을 상기한 것만은 아니다. 이때 레닌의 철학이 결정적인 영향을 준 것은 바로 '전위'와 '대중' 사이의 관계에 대해서였다.

　　원수폭 금지운동에서 원수폭 금지라는 기본 목표는 처음부터 끝까지 부동의 것이다. 그러나 운동은 하나의 생물로서, 운동을 둘러싼 객관적 조건과 운동 자체의 주체적 조건은 끊임없이 변화한다. 운동의 책임자는 부동의 목표를 똑바로 쳐다보고 시시각각 변화하는 객관적 조건과 주체적 조건을 과학적으로 분석하여 새로운 조건에 운동을 적응시켜야만 한다. 그것이 운동 책임자의 주요 임무다. 나는 사회과학자로서 원수폭 금지운동에 종사하는 일의 의의를 여기서 발견함과 동시에, 이 임무의 수행이 얼마나 어려운지를 뼈저리게 느꼈다. 이 점에 관해 레닌의 이론과 실천은 나에게 많은 것을 가르쳐줬다. (『변증법』, 504~05면)

이어서 야스이는 레닌으로부터 "여러분(전위)은 대중의 수준까지 내려가서는 안 되는 의무가 있다. (…) 그러나 동시에 여러분은 전계급의 의식과 각오의 현실상태를 냉정하게 주시할 의무가 있다"(같은 면)는 말을 인용한다. 이로부터 알 수 있듯이 그에게 국제법, 즉 사회과학을 "과학을 위한 과학"이 아니라 변증법적인 현실과학으로 만드는 원리는 바로 '전위'의 임무였다. 그런 맥락에서 보면 야스이의 대동아 국제법 구축이란 일본의 제국주의 침략을 정당화하기 위한 국제법적 시도였음에 틀림없지만, 세계의 새로운 질서를 짊어질 동아의 '전위'로서 일본이 담당해야 할 임무이기도 했던 셈이다. 이런 연속성 안에서 야스이는 패전 후 일본 국제법학이 짊어져야 할 과제를 다음과 같이 말했다.

현대 국제법의 진실규명과 (국제연합에 대한) '물신숭배'를 극복함으로써 세계평화와 민족해방에 공헌하는 일은 현대 일본의 심각한 위기적 상황 속에서 매우 시급한 일인데, 그것은 국제법학에 변증법을 적용시킴으로써 크게 촉진될 수 있다. (『변증법』, 64면)

이 인용문은 전쟁 중에 밝힌 자신의 국제법 연구의 기본 방향, 즉 국제법 대상의 정치적 구속을 인정하고 그 방법의 정치적 구속을 부정한다는 것을 상기시킨다. 패전 후 일본의 국제 전략은 1952년도 쌘프란시스코 강화조약 체결과 미일 안보조약체제로 상징되듯이, 미국 중심 서방세계의 일원으로서 국제연합의 이념을 방패삼아 생존을 모색한다는 것이었다. 그러므로 1950년대 이후 일본의 주류 보수파가 국제연합의 이념을 금과옥조로 삼은 것은 야스이가 보기에 그야말로 '물신숭배'이자 국제법의 진실을 외면한 태도였다. 그도 그럴 것이 국제연합의 이념은 냉전 대립과 신식민지 세계체제를 분식하는 이데올로기와 다름없었으며, 일본은 스스로의 땅에 기지를 제공하면서까지 미국 동북아 전략의 한 축을 담당하고 있었기 때문이다. 요시다 시게루로 대표되는 주류 보수파의 국제 전략은 그런 의미에서 전쟁 전의 주류 보수파 세력과 전혀 변화한 것이 없었던 셈이다. 야스이가 변증법을 국제법학에 적용할 것을 요구하면서 위기적 상황에 대처하라고 주문한 것은 바로 이런 상황에 대한 반발이었다.

그러나 그는 전쟁 중과 같이 이 변증법을 더이상 새로운 실정적 국제법의 구축으로 귀결시키지 않았다. 그가 신칸트학파 계열의 국제법 단체를, 쏘비에뜨 국제법의 코민테른체제를, 나치의 광역국제법체제를 차례로 버리면서 '진보'를 견지했듯이, 이제 그의 '진보'는 대동아 국제법, 즉 일본이라는 국가의 '전위'적 역할로 동아해방을 꾀하는 국제질서가 아니라 그런 국가와 지역 중심의 세계질서를 과감하게 내던짐으로써 가능한 것이 된다. 바로 그것이 '인간해방'이라는 이념에 기초한 '구도(求道)'의 길이다.

> 나 또한 보잘것없는 존재로서 나 나름대로 자기 생활과 학문의 일체를 내걸 수 있는 기본 이념을 진지하게 찾아 헤맸고, 그것을 한마디 말로 표현해야만 한다고 결의했다. 그리하여 뼈 속 깊숙이에 스미는 전쟁체험의 고뇌와 반성 속에서 '인간해방'이라는 기본이념에 다다랐다. (『변증법』, 65~66면)

야스이는 이 인간해방을 자연으로부터, 사회로부터, 내면으로부터의 해방이라고 정의한다. 그리고 자연으로부터의 해방은 자연과학자에게 맡길 수밖에 없지만, 사회로부터의 해방을 위한 학문적 입장의 구체적 결정과 내면으로부터의 해방을 위한 종교적 입장의 구체적 결정을 자기 인격 안에서 어떻게 변증법적으로 통일하느냐의 문제를 자기 여생의 중요 과제로 삼겠다고 말한다.(『변증법』, 67면) 따라서 야스이는 국제법에 대한 변증법적 적용의 목표를 '인간해방'으로 규정한 것이며, 이는 국제법이라는 규범체계가 궁극적으로 실현해야 할 목표가 여러 국가 간의 평화공존임을 넘어서서 보편적 인간의 해방에 있음을 주창한 것이라 할 수 있다. 여기에 학문과 종교의 종합이라는 야스이의 '전위'적 사유가 짙게 묻어나 있음은 말할 필요가 없다. 그가 이 종합의 전형을 발견한 곳은 바로 주체사상이었다.

우리 시대란 어떤 시대인가? (…) 국제적인 규모로 자본에 대한 노동자계급의 혁명세력이 급속하게 성장해 세계의 보다 많은 혁명적 인민이 사회주의를 향한 투쟁을 일으키고 있습니다.

또한 식민지 민족해방 투쟁이 격렬하게 전개돼 제국주의-식민지체제가 손쓸 재간도 없이 붕괴하고 있는 시대입니다. (…) 제국주의가 날이 갈수록 쇠락하고 몰락해 종국에는 멸망하리라는 사실은 어떻게 해도 막을 수 없는 우리 시대의 기본적 추세입니다. (…)

이상의 의미에서 주체사상의 본질을 "우리 시대의 맑스-레닌주의"라고 간결하게 규정할 수 있습니다만, 그것은 특히 조선의 역사적 조건과 민족적 특성에 맞게끔 창조적으로 적용되어 발전된 맑스-레닌주의입니다. (…)

김일성(金日成) 주석의 현명한 지도하에 주체사상으로 무장한 조선 인민은 이 사대주의와 교조주의에 대한 싸움에서 훌륭한 승리를 거두었습니다. (『道』, 123~25면)

여기서 야스이는 주체사상을 현재의 국제질서를 극복하고 인간해방을 가능케 하는 사상이자 신조로 이해하고 있다. 이때 제국주의의 몰락과 식민지 해방으로 인식된 국제질서는 국제법 대상의 정치적 구속을 현실과학의 눈으로 서술한 것이며, 김일성 주석의 지도하에 주체사상으로 무장한 인민들은 인간해방을 위한 현실적인 투쟁을 전개함과 동시에 내면적인 투쟁 또한 전개하는 이들로 이해되고 있다. 그런 의미에서 주체사상이 주도하는 혁명은 야스이에게 자기 국제법의 과제를 체현하고 있는 현실의 운동이었다. 그것은 바로 주체사상이 (사회)과학과 종교를 종합한 사상체계임을 의미한다.

김일성 주석의 현명한 지도하에 주체사상의 깃발을 내걸고 진행되는 조선혁명은 획기적인 사회제도의 혁명임과 동시에 철저한 인간혁명이라고 나는 보고 있습니다. (…) 이러한 조선혁명의 기초는 "공산주의 사회를 건설하기 위해서는 반드시 두개의 요새—물질적 요새와 사상적 요새—를 점령해야만 한다"는 김일성 주석의 혁명사상입니다. (『道』, 127~28면)

　다가올 21세기의 새로운 시대에 종교가 중세와 다른 형태로 정당한 지위를 인정받아, 근대의 너무나도 기계적이고 기술적인 문명을 대체해 새로운 문명과 문화를 만드는 원동력이 돼야 한다." (…) 난바라 교수의 이 21세기 전망은 조선 인간혁명의 미래와 무관한 것인가? 아니면 아예 반대되는 것인가? 혹은 깊은 차원에서 연관되어 있는 것인가? 이것이야말로 내가 생애를 통해 사색과 탐구를 계속해온 기본 테마와 떨어질 수 없는 문제입니다. (…) 나는 이 보고 안에서 과학과 종교, 특히 맑스-레닌 주의와 기독교에 관해 말씀드리고 싶은 충동이 일었습니다. (『道』, 132~33면)

　이렇게 해서 주체사상은 현재라는 시간 속에서 가장 '전위'에 있는 이론이자 실천이 된다. 그것은 인간해방이라는 목표를 향한 국제법 연구의 변증법적 전개였다. 야스이가 패전 후 반핵 평화운동의 장을 거쳐 국제법의 현실을 과학적으로 파악함과 동시에, 현재의 질서를 전화하는 것을 자신의 임무로 삼았을 때, 그는 더이상 전쟁 중과 같이 실정적 법체계의 구축으로 나아갈 수 없었다. 국가주권이나 지역연합 등으로는 현대의 국제질서를 전화하는 계기가 될 수 없었기 때문이다. 그래서 그는 궁극적인 '전위'의 장소를 '인간'으로 규정하기에 이른다. 이제 전위는 인간의 삶 그 자체와 식별 불가능한 것이 된다. 주체사상에 대한 그의 이해는 바로 이런 맥락에서 이뤄진 것이다.

"개인숭배"냐 아니냐 하는 논의는 내게 아무래도 좋은 것입니다. 내게 흥미로운 사실은 김일성 주석의 유일 지도하에 조선의 사회주의 혁명과 사회주의 건설이 어떻게 진행되고 있는지, 그것들이 인류사의 전진에 기여하는 것인지 등에 관한 문제입니다. 이들 문제에 관해 나는 깊은 관심을 갖고 있으며 진지하게 연구해나가고 싶습니다.(『道』, 141면)

그에게는 김일성에 대한 개인숭배 따위는 문제가 되지 않았다. 오로지 중요한 것은 김일성이라는 전위가 대중 속으로 들어가 대중으로부터 끌어내는 인간해방의 이론과 실천이었다. 이때 사회주의는 실정적인 법질서나 정치체제라기보다는, 사회와 내면으로부터의 해방 자체였다. 그리고 야스이가 주체사상을 이렇듯 궁극의 해방 사상으로 파악한 것은 근대 사회의 모순이 한반도라는 장소에 집약됐다는 상황파악 때문이었다. 제국일본의 식민지배에 신음했고 미소 냉전의 최전선으로서 자리매김된 한반도라는 장소야말로 전위로서의 해방사상이 비롯됨과 동시에 전유해야 하는 특권적 장소였다. 즉 한반도는 여기에 이르러 아시아와 민중을 매개로 한 일본의 근대성, 나아가 글로벌한 차원의 근대성을 총체적으로 비판하고 극복하려는 기획이 다다른 궁극의 장소이자 방법이었다.

5. 한반도라는 장소

야스이는 1972년부터 1978년까지 평양을 방문해 수차례에 걸쳐 발표
및 연설을 수행했다. 그에게 1970년대는 반핵 평화운동의 연속성하에
서 보편적 인간해방을 향한 운동이 활발하게 전개되던 시기였고, 그 운
동의 특권적 장소로서 북한이 선택된 시기이기도 했다. 이를 야스이 자
신은 스스로의 운동에서 하나의 발전이라고 표현한다.

> 나는 나 스스로의 운동 궤적 속에 하나의 발전을 인정할 수 있다고 본
> 다. 즉 '속죄의 행동'으로부터 '연대의 행동'으로의 발전이다. 내가 태어
> 난 것은 1907년의 일이다. 그 즈음 일본 제국주의자는 조선 침략을 더욱
> 노골화하고 있었다. (…) 일본 제국주의자의 침략은 그후에도 멈추지 않
> 았고 1910년에는 한국병합에 관한 일한조약이 서명됐으며 한국은 일본
> 제국주의자에 의해 세계지도상에서 말살됐다. (…) 이런 시대에 태어나
> 살아온 내 마음 속에는 이른 시기부터 조선민족에 대한 죄의식이 싹텄고
> 해를 거듭할수록 그 의식은 강해져만 갔다. (…) 처음에 이렇게 속죄의
> 행동에서 시작한 것이 내 생애 하나의 역사적 사실인데, 그것은 결국 속
> 죄의 행동이 아니라 다른 것으로 발전해갔다. 즉 연대의 행동이다.[19]

여기서 야스이는 패전 전 일본의 근대화 과정에서 드러난 동아해방

---

19 安井郁『朝鮮革命と人間解放: チュチェ思想の具現』, 雄山閣 1980, I~iii면. 이하 이 책으로부
터의 인용은 (원글의 발표년도, 『朝鮮』, 면수)로 본문에 표기한다.

과 동아침략의 모순을 '속죄'라는 의식과 행동으로 전유하고 있다. 조선민족은 그 의식과 행동이 향하는 구체적 형상이다. 그런 의미에서 조선과 속죄는 야스이가 국제법학자로 경력을 시작할 때부터 간직하고 있던 학문적이고 정치적인 이상의 연속성하에서 연동되는 장소이자 마음이다. 즉 그가 주체사상에 경도된 것은 맥락 없이 흥미로운 사상에 이끌린 탓이 아니라, 현상타파라는 실천적 지향이 일관되게 전개되는 과정에서 이뤄진 조우였던 셈이다. 속죄에서 연대로의 발전이란 표현에서도 알 수 있듯이, 그것은 일본민족이 조선민족을 침략하고 약탈했다는 민족적 죄의식을 넘어서, 보편적 인간해방을 꿈꾸는 전위적 운동의 연대라는 정치적 전망하에서 한반도와 마주하려는 의식의 전환을 내포한다. 그런 의미에서 북한 사회주의체제는 그가 순방하며 연대의 활동을 벌였던 여러 사회주의 국가와 동일선상에 위치하지만, 여기에 식민지배라는 역사적 경위가 중첩되면서 보편적 인간해방을 위한 특권적 자리를 차지하게 되는 것이다. 즉 식민지배와 냉전이라는 20세기의 가장 중요한 글로벌 정치상황의 모순이 집약된 장소가 바로 한반도라는 인식이 여기에 나타나 있는 셈이다.

조선 역사발전의 특수성과 조선이 위치한 지리적 환경과 조건, 조선혁명의 복잡함과 곤란함은 주체를 확립하는 문제를 특히나 중요한 것으로 제기해왔습니다. 사대주의가 오랫동안 역사적 근원을 갖고 있었고 여기에 교조주의까지 중첩됐기에 해독은 더욱 큰 것이었죠. 김일성 수상의 현명한 지도하에 주체사상으로 무장한 조선인민은 이 사대주의와 교조주의와의 싸움에서 훌륭한 승리를 거두었습니다. (1972, 『朝鮮』, 6면)

사대주의와 교조주의의 중첩, 이는 뿌리 깊은 식민주의와 형해화된 사회주의이념의 교착상태를 표현한 것이다. 따라서 조선혁명의 복잡성이란 식민주의로부터의 민족해방과 이른바 '우리식 사회주의'라 할 만한 주체적 변혁노선의 구축이라는 이중과제에서 말미암은 난점이라 할 수 있다. 그런 한에서 조선혁명의 과제는 1960년대 이래 아시아-아프리카의 신생국가 체제형성 과정에서 드러난 어려움과 동일한 난맥에서 도출된 것이다. 그것은 식민지배에서 해방된 신생국가가 온전한 독립을 이룸과 동시에 권위적 개발주의로부터 사회민주주의적 체제로의 변혁을 꾀하는 것을 일반적 경향으로 삼았다. 하지만 야스이는 조선혁명을 지탱하는 주체사상이 민족의 독립국가 건설과 사회민주주의체제 확립이라는 근대 사회주의의 제도적 안착에만 머무르는 것이 아님을 천명한다.

김일성 주석의 주체사상을 진수로 하는 사상·이론 체계는 맑스-레닌주의 창시자들이 제시한 보편적 진리를 시대의 변화와 조선의 역사적 조건과 민족적 특성에 맞게 창조적으로 적용·발전시켰으며, 과거에는 제기되지 않았지만 우리 시대에 이르러 새로이 제기된 여러 문제에 전면적인 해답을 준, 독창적인 사상·이론 체계입니다. (1974, 『朝鮮』, 65면)

여기서 주체사상은 맑스-레닌주의를 민족의 역사적 조건에 맞게 수용하고 응용한 결과물임과 동시에, 당대에 새로이 제기된 문제에 '전면적인 해답'을 준 사상·이론 체계로 해석되고 있다. 이미 위에서 살펴본 바 있듯이 그 해답이란 법적이고 정치적인 개혁만이 아니라, 그러한 체제 차원의 변혁을 개인의 내면해방에 뿌리내려 주체성의 확립을 세계 변혁의 중심으로 삼는 주체사상의 교리다. 여기서 주체사상의 교리가 타당한 것인지 아닌지는 관심의 대상이 아니다. 중요한 점은 야스이가 주체사상을 단순한 제3세계 사회주의 이론이 아니라 인류 보편의 해방을 이끌어내는 궁극의 전위적 이론으로 전유하고 있다는 사실이다. 즉 주체사상은 광역권이론에서 사회주의와 반핵 평화주의를 거쳐 도달한 야스이의 궁극적 '구도'의 길인 셈이다. 그리고 야스이는 주체사상이 그런 '위대한' 사상일 수 있는 까닭을 한반도라는 역사적 장소성에서 구한다. 그가 한반도라는 장소가 갖는 의미를 읊은 시가를 들어보자.

사회주의와 제국주의와의 결전장, 판문점에서 보는 날카로운 대치, 민족을 북과 남으로 찢어놓은,

분계선에 서자 분노는 끓어오른다, 영광과 굴욕을 나누는 회의장에,

저 초라한 국제연합의 깃발. (1975, 『朝鮮』, 109~10면)

친애하는 조선의 벗들이여! 그대들과 함께, 판문점을 방문하여, 그대들의 나라를 부당하게 분단시킨,

군사경계선 위에 섰을 때, 나는, 조선민족과, 그 불구대천의 적, 미국제국주의자와의, 대치의 결렬함을,

몸소 통감했다. (…)

미국제국주의자들의, 도구로 전락한 국제연합, 그 비참한 모습의 상징을, 나는, 정전협정조인소에서 봤다. (1975, 『朝鮮』, 144~45면)

분단의 한가운데 판문점에서 야스이는 사회주의와 제국주의의 결전장을 보았고, 국제연맹을 계승해 국제질서의 평화적 조율을 담지하는

기구인 국제연합의 기만성을 고발한다. 이미 1930년대에 국제연맹 주도의 국제질서를 임계에 다다른 서구-미국 주도의 질서로 본 이 전위적 법학자는, 그 연속성하에서 한반도라는 장소를 자신의 사상적 영위가 궁극적으로 집약된 곳으로 파악한다. 그가 주체사상에 경도된 까닭은 위에서도 언급했듯이 단순히 사상의 내용이 '훌륭했기' 때문이 아니라, 20세기 국제정치의 모순과 질곡이 집약된 한반도의 역사와 상황 때문이었다.

이렇게 야스이의 전위적 사상 영위의 궤적은 한반도라는 궁극의 장소와 조우했다. 1930년대, 현상타파라는 슬로건에서 시작된 그의 사상 영위는 서구 근대의 제국주의와 자본주의 질서를 초극하는 것이었고, 그 질서하에서 훼손당해 신음하는 인간의 '자주성'을 구원하는 것을 일관된 목표로 삼았다. 이 두가지 축은 일본의 패전, 한국전쟁, 동서 냉전, 베트남전쟁 등 당대의 굵직한 사건들을 일관된 해석체계와 실천 전술 아래로 전유하는 것을 가능케 했으며, 승전국 주도의 자유민주주의체제에 순응한 일본의 주류 보수파에 대한 강력한 비판의식을 유지시키기에 충분했다. 그런 의미에서 야스이가 바라본 한반도란 근대초극과 인간해방이 그곳에서 전위적으로 전개되고 있는, 혁명과 구도의 최전선이었던 셈이다.

6. 한반도라는 장소를 두텁게 상상하기 위하여

이런 야스이의 한반도 전유는 매우 특이하고 기이한 것이지만, 아시아와 민중을 지렛대 삼아 일본의 근대화를 비판하려 한 기획의 극단적 사례라 할 수 있다. 그의 사상 영위의 궤적은 현재 상황에서 보면 터무니없는 망상이거나 광기의 소치로 비춰질 소지가 충분하다. 대동아공영권 이념에 아무리 아시아 해방의 계기가 내포돼 있었다 해도 동아시아 민중의 신체와 기억에 각인된 상처를 치유하기 위해서는 이 이념에 대한 총체적 비판은 불가피하다. 또한 사회주의 대 제국주의라는 대립축을 통해 보편적 인간해방을 이루려는 정치적 기획은 1991년의 소련 붕괴로 이미 실효성을 상실한 지 오래다. 게다가 근대초극과 인간해방의 이념이 궁극에 발견한 것이 '주체사상'임을 생각하면, 야스이의 혁명과 구도의 간절한 바람은 실소를 머금게끔 한다. 현재 관점에서 보자면, 그의 사상 영위의 궤적은 제국일본이 주도한 동아시아 근대사에서 일어난 하나의 기이한 해프닝으로 보일 수밖에 없는 셈이다.

하지만 야스이의 영위는 결코 광기의 소치라거나 해프닝으로 치부할 수 없다. 그 까닭은 그의 영위가 여전히 모종의 정치적이고 종교적인 가능성을 지니고 있기 때문이 아니라, 현재 한반도를 둘러싼 역사와 상황에 대한 상상력이 어떤 맥락의 망각과 말소 위에서 성립하고 있는지를 여실히 보여주기 때문이다. 제국일본의 붕괴 이후에 성립한 한국과 일본의 국민국가체제는 결코 두 국가의 민중이 스스로의 손으로 형성한 것이 아니다. 그런데 여기서의 문제는 두 국민국가가 자주성이나 주체성을 결여하고 타율적으로 형성됐다는 점에 있는 것이 아니다. 오히려 근원적인 문제점은 2차대전 승전국 사이의 타협과 협상으로 결정된 정치적 명운과 한국전쟁이라는 내전의 참상을 딛고 성립한 현재의 국민국가를 자명하고 자기완결적으로 파악하는 관점이 동아시아의 역사인식과 정치 상상력을 지배하고 있다는 사실이다. 즉 국가, 단체, 개인에 이르기까지 다양한 행위주체의 복합적 힘과 이념이 주조해낸 제국주의와 식민주의의 뒤엉킴을 사후적으로 성립한 국민국가를 기본단위로 사유할 때의 빈곤함이 문제인 것이다.

야스이의 사상 영위는 분명히 역사의 코미디다. 이 전위적 국제법학자의 진지하기 짝이 없는 혁명 열정이나 인간해방의 이상은 국민국가 중심의 역사-정치관으로 보면 코미디가 될지 모른다. 하지만 이 코미디는 일본을 넘어 동아시아 차원에서 국민국가 중심의 질서를 근본적으로 되물었던 비판 기획이 있었음을 지시하는 강력한 증좌이기도 하다. 전쟁이라는 파국을 사이에 두고 끈질기게 동아해방이라는 이상을 지향했던 실천과 이념이 특히 그렇다. 오해를 피하기 위해 다시 한번 강조해두지만 그 실천과 이념에 모종의 현재적 의미나 미래를 향한 가능성이 있음을 주장하는 것이 아니다. 광역권이든 주체사상이든, 현실정치나 이념의 차원에서 이 기획들이 어떤 파국을 초래했는지는 역사가 증명했기 때문이다.

다만 이 사상 영위가 하나의 임계점을 지시하는 전후 일본의 비판 기획―아시아와 민중을 지렛대로 삼은 아래로부터의 근대 이념의 성취 혹은 극복의 기획―은 철저히 망각하고 말소한 채로 현재의 동아시아 국민국가 중심 질서를 주조했다는 사실은 적극적으로 복원돼야 한다. 국민국가 중심 질서가 근원적으로 국가를 넘어서거나 현존 질서를 타파하는 일련의 비판 기획을 철저히 망각하고 말소한 위에서 성립했음을 말해주기 때문이다. 즉 현재의 국민국가 중심 질서로는 야스이가 제국주의와 자본주의체제라 부른 현존 질서를 갱생하는 상상력이 불가능하다. 또한 21세기 들어 강력히 결합한 신자유주의와 국민국가체제 질서는 영토분쟁이나 역사인식 문제를 해결하기는커녕 질서 유지의 자양분으로 삼고 있는 것이다.

그런 의미에서 국민국가 중심의 사고방식이 잔존하는 한, 현재의 동아시아 및 글로벌한 차원에서 진행되고 있는 갈등이나 파국을 넘어서는 상상력은 결코 도출될 수 없다. 그 사고방식이 비록 역사적으로 헛된 노력임이 증명된 실천과 이념이었더라도, 스스로에 대한 비판의 시도를 철저히 망각하고 말소해 코미디로 만듦으로써 성립 가능한 것이었기 때문이다. 다시 말해 국민국가 중심의 질서관은 자명한 전제나 자연적 논리가 아니라 철저한 정치적 쟁투의 결과인 셈이다. 그래서 한반도를 둘러싼 동아시아 및 글로벌한 상황을, 미래를 향해 열린 것으로 만들어 가기 위해서는 한국/북한이라는 국민국가 질서가 아니라, 한반도라는 장소성을 두텁게 서술하는 인문학적 상상력이 필요하다. 도래할 글로컬로지(glocalogy)로서의 한국학은 이 방향성의 조심스런 타진 속에서 싹을 틔워 나갈 수 있을 것이다.

결론

규범과 사실의 틈새

: 제국일본을 넘어서는 실존과 공존을 위하여

1. 극한의 일본론

주권, 식민지, 아시아와 한반도. 국민국가 일본의 자명성은 저 세가지 물음 앞에서 당혹스러운 처지에 놓이게 된다. 주권은 자기동일성과 자기분열증 사이의 진폭을 고스란히 드러내는 물음을, 식민지는 예외적 통치와 그 본원적 축적의 비밀을, 그리고 아시아와 한반도는 포스트 제국의 신경강박을 드러냄으로써 제국과 포스트 제국의 허구적 연속성을 전제하는 국민국가의 자명성을 의심스러운 것으로 만든다.

이 책에서 애써 일련의 물음을 제기한 것은 책머리에서 밝혔듯이 국민국가화라는 역사의 콘크리트 공사를 멈추기 위함이다. 그것은 현존하는 국민국가가 허구라는 무의미한 주장을 하기 위함이 아니라, 국민국가가 인간의 신체와 거주지를 유린하는 일차적 폭력으로 성립했음과 동시에, 그 사실을 은폐하고 기억을 말소하려는 이차적 폭력으로 유지됨을 비판하기 위해서였다. 지금까지 다뤄온 역사공간의 사건과 다양한 텍스트는 인간의 사유가 두가지 폭력과 마주해 때로는 저항하고 때로는 타협하고 때로는 굴종한 계보를 보여줬다. 이런 사유의 대응을 미리 전제된 규범이나 이데올로기로 단죄하거나 칭송하는 것이 아니라 현재의 내력을 드러내는 계보로 엮어내는 일, 그것이 지금까지의 작업이었다.

이제 이런 맥락에서 일본의 국민국가화를 위해 어떤 주체가 요청됐는지를 살펴보면서 논의를 마무리하고자 한다. 그렇다고 1945년 이래 제시된 바람직한 일본인상 따위의 잡다한 담론과 표상을 일일이 살펴볼 수도 없고 그럴 필요도 없다. 그런 담론과 표상 대부분은 국민국가 일본을 자명한 것으로 전제한 위에서 전개됐기 때문이다. 오히려 주목해야 할 것은 국민국가 일본을 철저하게 의심의 대상으로 삼으면서 극한의 지점에서 제시된 주체론이다. 국민을 자연적으로 가정하는 일 없이 국민국가 일본을 위한 주체형성의 근원적 조건을 되묻는 언설이었기 때문이다. 제국일본의 유산을 청산함으로써 일본이 진정한 근대국가로 거듭나야 함을 설파한 마루야마의 주체가 그랬고, 근대 유럽의 이론적 의장(意匠)과 온갖 전통적 일본문화론을 동시에 비판함으로써 잔인할 만큼의 냉철한 인식을 요구했던 코바야시 히데오의 일본적 주체가 그랬다. 아래에서는 패전 후에 벌어진 두 사람의 (명시적이지는 않았지만) 치열한 논쟁을 통해 극한의 주체론을 추적한다. 이를 통해 결단하는 주체나 명징한 주체가 아니라, 비겁하고 나약하고 이웃에 기댈 수밖에 없는 실존으로 주체론의 패러다임을 변경할 것을 제안하면서 책의 결론에 대신코자 한다.

2. 모노와 사실을 직시하는 실제가

에또오 준(江藤淳)은 안보투쟁 직후의 상황을 전후 일본의 지배적 사고틀과 연결 지어 다음과 같이 비판한다.

사고가 밑천을 드러냈다. 기름이 한방울도 없는 드럼통 같은 불모(不毛)가 '논단'이라는 장소에 단적으로 드러난 것이다. 세월이 흘러 육체에 쌓인 피로가 회복된다면 풍요로운 '사상'이 회복될까? 아마 그렇지 않을 것이다. 이 공백 혹은 불모는 더 본질적인 것 같다. 그것은 일종의 지적 파산 후의 공허함이다.

무엇이 파산했다는 것인가. 아마도 전후 일본의 지식인이 신봉해온 규범이며 사고형태일 것이다. (⋯) 요컨대 전후 15년간 대다수의 지식인이 안주했던 허구의 모든 것이 파산했다.[1]

이것은 소위 '진보파' 지식인을 향한 직격탄이다. 에또오는 안보투쟁 속에서 이른바 전후 민주주의의 개화(開花)가 아니라 파산을 봤다. 이때 비난의 화살이 향한 곳은 다름 아닌 마루야마 마사오였다. 에또오는 안보투쟁 절정기를 장식한 마루야마의 「복초의 설(複初の說)」이라는 강연을 겨냥하면서, '8·15'가 단절이자 시작이라 여기는 역사의식은 전후 지식인이 만들어낸 허구라고 지적했다. 헌법이 바뀌고 정치가 변하고 이에 따라 일본전체가 바뀐다는 도덕적 이상주의에 안주하게 된 것도

---

1 江藤淳 「"戰後"知識人の破産」, 『江藤淳著作集』 6권, 講談社 1967, 7면.

이 허구 때문이라는 것이다.

에또오는 전후 지식인이 이상(理想)에만 탐닉할 뿐 일본이 '살찐 백치'처럼 돼버린 사실은 외면하고 있다면서 다음과 같이 비판한다. "인간은 머리로만 사는 것이 아니라 위(胃)가 있어 머리가 자살을 공상한다 해도 위는 착실히 저작(咀嚼)운동을 하는 법인데, 이 냉철한 사실에 이제 눈을 떠야하지 않겠는가." 즉 안보투쟁 후의 허탈한 상황은 전후 지식인이 '사실'에 눈을 돌린 채 '허구'의 도덕담의(談義)에 빠져든 탓임을 질타한 것이다.

'전후'라는 허구를 없애보자. 일본을 지탱한 것은 생활하는 실제가의 노력이었고, 위험에 빠트린 것은 이상가(理想家)의 환상이었다는 하나의 이야기가 오늘날에도 확인된다. 그리고 한 사람 한 사람의 실제가가 얼마나 개인적 불행을 견뎌왔는지가 보일 것이다. 생활자는 불운을 관념으로 해소하려는 일 따위에 관심이 없다. (…) 자기 눈으로 본 것을 자기가 말한다는 일 외에 사상의 역할은 없다. 권력과 사상, 도덕의 야합은 이제 그만하자.[2]

에또오의 비판은 명료하다. '사실'과 '실제가' 대 '허구'와 '이상가'라는 대비에서 알 수 있듯이 에또오는 주어진 잣대로 사실을 재는 시선을 거부하고 사실 자체를 스스로의 눈으로 판단할 것을 촉구한다. 마루야마 마사오로 대표되는 전후 지식인은 이런 의미에서 주어진 규범이나 이상을 맹신하는 머리만 큰 지식인이었다는 것이다.

---

2 江藤淳, 위의 글 16면.

그러나 에또오의 전후 지식인 비판이 그만의 고유한 관점은 아니다. 오히려 그는 걸출한 한 비평가를 추종함으로써 전후 지식인 비판의 시야를 확보했다. "비평을 창조하여 예술적인 표현으로 고양함과 동시에 그것을 파괴한" 절대자이며 그 사람이 "참아왔고 지금도 참고 있는 것의 무게에 비교하면" "일본 근대", 나아가 "역사" 그 자체마저 의미를 잃게 된다며 에또오가 존경을 표한 코바야시 히데오다.[3] 1961년의 대담에서 에또오와 코바야시는 다음과 같은 대화를 나눴다.

에또오: 결국 우리들 현대 지식인의 미에 대한 태도가 그렇게 얕다는 것이죠. (…) 생활이 언제나 정치의 과잉 속에 있기 때문에 소박한 체험이 정말로 어려워졌죠. 현대 사회에서 어느 순간인가 이데올로기랄까 관념이랄까 그러한 것에 속박돼 좀처럼 '모노(モノ)'[4]를 만질 수 없어요.

코바야시: 그렇지요. 가령 키모노(着物)를 고르는 경우에 여성들은 다 완성돼 입었을 때를 상상하면서 고릅니다. 나는 그 관점이 자연스럽고 건강하다고 봅니다. (…) 미(美)를 조금도 사랑하지 않으면서 문화에는 미가 필요하다고 떠들어대는 부류가 있습니다. 그렇게 떠드는 말로만 미에 접근하죠. 그래서 뭐든지 엉망이 돼버리는 것이죠.

에또오: 제대로 생활하지 않기 때문일까요?

코바야시: 지식과잉이랄까, 언어과잉이랄까. 미라는 것은 바로 우리 옆에 있기 때문에 인간은 매우 자연스러운 태도를 취할 수 있습니다. 생

---

3 江藤淳『江藤淳著作集 3: 小林秀雄』, 講談社 1967, 5면.
4 여기서 '모노'란 사물 그 자체를 뜻한다. 사물 대신에 모노라는 원어를 사용한 까닭은 카따까나로 표기된 '모노'가 사물보다 더 무관심과 무맥락의 사물 그 자체를 지시하는 뉘앙스를 갖기 때문이다. 이때 '모노'는 독일어 'Sache'에 가까운 뜻이라 할 수 있다.

활의 반려니까요. 하지만 현대문화에서 '미의 위치'라는 식의 사고방식이 나오는 까닭은 미의 일상성에 관한 경험이 없기 때문이죠. 그래서 그런 생각에서 출발하게 됩니다. 이러면 말밖에는 남는 게 없죠.[5]

'미'를 언어로만 생각하는 이는 전후 지식인이며 옷을 고르는 여성처럼 일상에서 미를 경험하는 이는 실제가다. 이 대화에서는 두 부류의 사람이 등장한다. 한편에는 머리와 입으로 미를 사념해 발화하는 지식인이 있고, 다른 한편에는 모노를 이것저것 손에 쥐고 선택하는 일상의 사람들이 있다. 에또오와 코바야시는 후자야말로 자연스럽고 진정한 미적 감각이라고 강조한다. 그리고 이같은 인식태도는 「다양한 의장(さまざまなる意匠)」(1929)으로부터 「모차르트(モーツァルト)」(1946)에 이르는 코바야시 히데오 비평의 핵심을 이루는 시좌(視座)다. 코바야시 비평의 핵심은 "꽃의 아름다움 같은 건 없다. 존재하는 것은 아름다운 꽃이다(花の美しさなどない, あるのは美しい花である)"라는 언명으로 대표되는데, 이는 모노와의 일회적 조우 속에서 온갖 개념이나 전제를 제거하고 모노를 추출해 표현하는 것이라 할 수 있다. 그는 '역사란 죽은 아이를 생각하는 어머니의 마음'이라고 규정하는데, 이는 역사가 돌이킬 수 없는 상실감임을 의미한다. 이런 그의 역사관은 위와 같은 비평관에 근거한다. 역사는 '되돌릴 수 없다'는 상실감을 필사적으로 표현하는 감정의 형식이며, 아이를 되찾을 수 없는 어머니의 절망과 그럼에도 아이를 기억할 수밖에 없는 그리움 자체인 것이다. 에또오는 이와 같은 코바야시의 비평 및 역사관을 자기 것으로 삼아 전후 지식인이 모노와 사실을

---

5 江藤淳 『江藤淳著作集』 6권, 184~85면.

직시하지 않고 공허한 이상주의에 매몰됐다고 비판할 수 있었다.

따라서 코바야시와 에또오가 말하는 건강한 눈과 손으로 전후의 폐허를 견뎌낸 실제가는 패전 후의 일본론에 대한 근본적인 비판적 형상이었다. 그것은 바로 민주주의와 평화헌법이라는 '허구' 속에서 사념된, 일본적인 것의 의장을 걷어내고 실제 일본으로 눈을 돌리자는 제언이다. 즉 코바야시와 에또오는 언어, 이념, 개념 등으로 구성된 전후 '일본론'을 일소하고, 실제가의 눈과 손으로 가꿔온 '일본'을 구해내고자 한 것이다.

그래서 그들이 보기에 '실제가의 일본'은 근대적인 역사기술이나 국체 등으로 환원될 수 없었다. 다양한 이념이나 이상으로 표상되는 역사나 국가는 실제 생활의 사실을 포착하기 위해 걷어내야 할 것이었다. 그것이 그들이 말하는 건강한 경험이었다. 그리고 코바야시 히데오는 이러한 '실제가의 일본'을 '전통'으로 제시함으로써 근대 이후의 '일본론'에 대한 역사적인 비판을 기획했다. 코바야시가 오규우 소라이(荻生徂徠), 모또오리 노리나가(本居宣長) 그리고 후꾸자와 유끼찌에 이르는 사상사의 계보를 다시 쓴 것은 바로 이 때문이었다. 이때 코바야시는 마루야마 마사오를 대결상대로 삼아 자신의 시론을 전개한다.

3. 코바야시 히데오의 마루야마 마사오 비판

코바야시는 1959년부터 1964년까지 『분게이슌주(文藝春秋)』에 에세이를 연재했다. 그것을 모아 출간한 것이 『생각하는 힌트(考えるヒント)』 I과 II인데, 그가 에세이 중반에 주요하게 다룬 사상가가 오규우 소

라이였다. 왜 소라이였던 것일까? 확실히 이유를 밝힌 것은 아니지만 단서가 되는 발언이 있다. 그것은 마루야마 마사오의 소라이론을 언급한 부분이다.

마루야마 마사오의 『일본정치사상사연구』는 널리 알려진 책이다. 사회적 이데올로기 구조의 역사적 추이를 추적하면서 주자학의 합리주의가 고학(古學) 문헌학의 비합리주의로 전환되는 필연성을 잘 설명하고 있다. 진사이(伊藤仁齋, 1627~1705)나 소라이의 학문을 사상 형태의 해체과정으로 다루는 작업의 성질상, 마루야마의 논술은 변증법이라기보다는 분석적 성질이 강하다. 따라서 애매함이 없고 특히 소라이에 관해서는 여러가지 배운 점이 많다. 다만 나로서는 소라이라는 인물에 더 깊게 파고 들 수 있다고 생각한다.[6]

마루야마의 소라이론은 소라이의 천(天)과 성인(聖人) 개념에 착목해 정치질서를 작위(作爲)에 의한 픽션[7]으로 파악하는 근대적 시좌가 소라이의 주자학 비판에 내장됐음을 주장한 것이었다. 이것은 홉스-슈미트의 주권적 결단과의 유비하에 소라이의 사상을 읽어내는 작업이었으며, 근대적 정치질서의 근원인 주권적 결단을 성인의 작위 속에서 추출해나가는 논리로 지탱된다. 그런 한에서 마루야마의 소라이론은 일본 주자학의 전통 속에서 근대적 정치질서의 '맹아'를 찾아낸 것이었다. 코바야시의 소라이론은 이런 관점에 대한 비판이다. 인용에서는 차분

---

6 小林秀雄, 『小林秀雄全集』 12권, 新潮社 1979, 234면.
7 이때 픽션은 허구라는 뜻이라기보다는 허구를 포함해 인간의 손으로 만든 산물 전반을 지칭한다. 픽션이 라틴어 동사 '만들다'(facere)의 파생어임을 마루야마는 강조한다.

한 톤으로 마루야마의 소라이론을 비평하고 있는데, 코바야시는 마루야마의 소라이론을 비판적으로 전유하면서 스스로의 소라이론을 구상했다. 다음과 같은 언명을 보면 분명한 사실이다.

인간의 역사를 거슬러 올라가 여러곳에서 선구자를 찾아보는 것도 역사를 아는 한 방법이다. 하지만 한가지 방법에 지나지 않는다. 가령 소라이를 선구자로 간주하는 것은 우리가 역사를 회고함으로써 가능한 관점이다. 하지만 그것은 소라이의 얼굴이라기보다는 우리 얼굴의 자화상이다. 이것을 망각하는 것은 어리석은 일이다. 역사를 아는 한 방법은 역사를 망실하는 한 방법이 되고 만다.[8]

소라이의 사상에서 현재의 맹아를 찾아내고 그를 선조로 생각하는 것은 마루야마의 사고방식이다. 코바야시가 보기에 이런 관점은 소라이가 아니라 소라이에 현재의 모습을 투영하는 방법이다. 코바야시는 그런 관점이 역사를 이해하는 것이 아니라 망각하는 방법이 될 수 있다고 일갈한다. 다음 서술에서 그의 마루야마 비판은 정점을 찍는다.

역사의 발전이라든가 필연이라든가 하는 말로 치장된 초라하고 어두운 집이 있다. 이곳이 역사에 대한 객관적 이해라는 램프가 빛나는 황폐한 두뇌의 거처임을 떠올려본다. 왜 이 두뇌는 역사에서 선구자만을 찾아 헤맬까. 선구자가 충분히 선구적이지 않았음을 발견하고 역사적 한계라는 말을 구사하며 역사를 이해하려 할까. (…) 고정관념에 강박적으로

---

8 小林秀雄, 위의 책 234면.

사로잡힌 이 두뇌 속에서는 그것이 역사라는 말이 울려 퍼지고 있다. 말에 완전히 복종하기 때문에 이 환자는 결코 고통을 호소하지 않는다. 하지만 자신만 모르는 증상은 명백하다. 그는 현재의 삶과 접촉면을 잃어버린 불감증을 앓고 있다. (…) 자기의 현재를 상실한 인간에게 과거 인간의 현재가 보일 턱은 없다. 두번 다시 돌아올 수 없는 사람과 만나려면 상상력을 발휘해 이쪽에서 마중을 나가야 한다. 이 상상력의 기초로 결코 되돌아오지 않는 자신의 현재 생활을 충분히 음미해봐야 한다. 그것 외에 아무것두 할 일은 없다. (…) 그래서 현대풍의 역사이해 방식은 과학의 가면을 쓴 원시적 주술의 잔존이라 비난받아도 할 수 없다.[9]

이렇듯 '현대풍의 역사이해'를 통렬하게 비판할 때, 그리고 그 대표적인 인물로 마루야마를 염두에 둘 때, 코바야시는 당연히 자신에 대한 마루야마의 비판을 숙지하고 있었다. 따라서 코바야시의 소라이론은 마루야마의 비판에 대한 반(反)비판의 의미를 갖는다. 여기서 마루야마의 비판을 확인해두자.

보편자가 없는 나라에서 보편의 '의장'을 차례로 벗겨낸 뒤 그의 눈앞에 나타난 것은 '해석'이나 '의견'으로는 꿈쩍도 않는 사실의 절대성이었다(거기엔 그저 모노로 가는 길만이 있다——노리나가). 코바야시의 강렬한 개성은 이 사실과 모노 앞에서 그저 입 다문 채 머리를 조아리는 수밖에 없었다.[10]

9 小林秀雄, 위의 책 189면.
10 丸山眞男, 『日本の思想』, 岩波新書 1961, 120면.

마루야마의 코바야시 비판이 1959년이었음을, 그리고 코바야시가 『생각하는 힌트』에서 소라이를 다루기 시작한 것이 그 뒤였음을 감안하면, 코바야시가 "사실 앞에서 입 다문 채 머리를 조아"렸다는 비판에 반응했음은 명백한 사실이다. 왜냐하면 코바야시의 소라이론은 마루야마가 '실감신앙'―모노나 사실의 절대성을 추종하는 자연주의―이라 부른 것을 역전시킴으로써 마루야마의 소라이론을 부정하는 것이었기 때문이다.

이미 살펴봤듯이 마루야마의 소라이론은 소라이의 사상 속에서 근대의 맹아를 찾아내는 것이다. 그는 소라이의 사상 속에서 인간의 질서〔道〕가 자연의 질서〔性〕와 달리 성인(聖人)의 작위(作爲)에서 비롯된다는 주장을 읽어낸다. 그래서 소라이의 사상이 질서의 수정이나 전복 가능성까지를 열어놓는 근대의 정치사상적 논리의 맹아일 수 있다는 것이다. 마루야마가 볼 때 소라이는 질서를 자연이나 사실에 매몰시키는 것이 아니라―즉 사실 앞에서 머리를 조아리는 것이 아니라―그것을 성인이라는 인격이 만들어낸 픽션으로 다룬다. 따라서 소라이는 사실을 추상화해 논리를 구축하는 근대적인 사상가인 것이다. 코바야시는 이러한 마루야마의 소라이론을 정면에서 반박한다.

소라이는 회의파도 아니고 비합리주의자도 아니다. 사물에 자연스럽게 깃든 리(理)를 부정하지 않는다. 오히려 그는 리를 조종하는 마음을 생각한다. 마음이 향하는 도처에서 리를 만나는 것은 좋은데, '세계는 리'라거나 '리 속에 세계가 있다'라고 말하기 시작하면 리라는 언어에 도취해버린다는 것이 소라이의 주장이다. 학자의 이런 도취심을 찾아내면 학설의 수미일관성은 중요치 않다고 소라이는 생각했다. 그가 공자의 '좋아한다'라는 말에 주의를 기울인 것도 이 때문이었다. 소라이는 후세의 학문이 뜻을 찾는 데 예민하고 마음을 조종하는 것을 서두르며 리를 마음에서 구하여 달변이 된다고 했는데, 공자 같은 학자가 되면 달변을 싫어하고 '삶을 기다린다'는 침착한 태도를 학문의 근저로 삼았다고 했다. 리를 말하며 지혜를 즐기기보다 삶을 사는 쪽이 근본적이라는 것이다. 알기보다 행하는 것이 먼저다. 이것이 소라이의 기본적인 사상이었다.[11]

코바야시는 이같이 리보다도 삶을 중시하는 태도를 가진 자로서 소라이를 그려낸다. 근대적인 맹아를 제시한 소라이가 아니라 일상생활의 실제가 소라이를 형상화한 것이다. 이로써 코바야시는 마루야마의 비판을 되받아친다. 즉 '사실에 머리를 조아리는' '실감신앙'이라는 마루야마의 비난에 대해 '말에 머리를 조아리는' 학자라는 비판을 마루야마에게 되돌려주면서, 소라이야말로 삶이 앎보다 앞선다는 단순명료한 사실을 깨달은 '실제가'임을 주장한다. 이 계보를 코바야시는 진사이에서 소라이를 거쳐 노리나가에 이르는 '일본의 전통'으로 엮어낸다.

진사이 학문의 기본적 태도는 구체적인 형태 없는 의미나 의리(義理)에서 출발하면 안 된다는 것이었다. 책을 읽을 때는 우선 문세(文勢)를 봐야하고, 도를 논할 때는 반드시 혈맥을 봐야 하며, 문세와 혈맥이 합일된 절대 속일 수 없는 사실에서 의미가 생겨나는 것을 기다리라고 말한다.

---

11 小林秀雄 『小林秀雄全集』 12권, 234면.

진사이와 노리나가가 쓴 것을 의리를 뒤로 하고 문세에 먼저 주의하며 읽으면 실제 있는 것, 아름다운 것에 대한 매우 예민한 마음, 일본인의 혈맥은 속일 수 없다는 사실이 뚜렷이 느껴져 흥미롭다.[12]

진사이를 필두로 한 '실제가의 계보'는 유학의 고전을 '문세'로 읽는 일을 '전통'으로 한다. 그것은 추상적 논리(의리)를 앞세우는 것이 아니라 구체적 문장으로 나타난 사람의 마음을 따라 읽는 일이다. 그리고 그 속에서 등장하는 '도'란, 내용이나 논리가 아니라 그 도가 도출된 혈맥이라 할 수 있다. 진사이·소라이·노리나가를 이렇게 읽는 일, 그것이야말로 '일본인의 혈맥'이라고 코바야시는 주장한 것이다.

이는 논리만을 전면에 내세워 문세나 혈맥, 즉 삶이나 사실이나 모노를 보지 않는 근대 일본의 자화상에 대한 비판이었다. 코바야시는 이러한 일본론이 자신이 말하는 실제가의 삶을 은폐하면서 성립한다고 말한다. 그 일본론을 대표하는 이가 바로 마루야마 마사오였다. 코바야시의 눈에 마루야마의 일본론은 과거에 자신의 이상을 투영한 자화상으로, 일본을 근대 민주주의 따위의 의장으로 환원하는 '원시적 주술'이었던 것이다. 근대적 이념이나 개념으로 환원된 일본론을 비판하면서 코바야시가 도달한 일본이란 무엇이었을까? 그것은 그 어떤 의장으로도 환원될 수 없는 삶 자체, 사실 자체, 모노와 마주하는 사상적 계보였다. 즉 지적 영위와 일상이 분리 불가능한 경지를 코바야시는 일본의 전통으로 요청한 것이다.

---

12 小林秀雄, 앞의 책 149면.

4. 규범과 사실의 틈새에서

지금까지 살펴봤듯 코바야시의 일본론은 일종의 극한을 이룬다. 그의 일본론을 구성하는 것은 그 어떤 이론적인 설명도 신비적인 분석도 필요로 하지 않는, 그저 산다는 사실에 충실한 생활인의 눈과 손이기 때문이다. 여기까지 오면 그의 '일본'은 더이상 일본이라는 이름조차 필요로 하지 않는, 그야말로 '꿈쩍도 하지 않는' 절대적 사실로 사념된다.

하지만 이 사념을 단순한 자연주의나 실감신앙으로 간주할 수는 없다. 왜냐하면 실제의 일상이나 생활을 있는 그대로 보기 위해서는 그때까지 세계를 파악해온 전제를 효력정지해야만 하기 때문이다. 즉 코바야시의 실제가는 자연이나 사실에 복종하는 것이 아니라 자연이나 사실을 있는 그대로 보기 위해 엄격한 태도나 방법을 가진 강인한 정신이어야만 하는 것이다. 마루야마가 『일본의 사상』 후기에서 "코바야시 씨는 사상의 추상성이 의미하는 바를 문학자의 입장에서 이해한 몇 안 되는 사람 중 하나다. 나는 실감신앙의 일반적 유형이 아니라 하나의 극한 형태로 코바야시 씨를 인용했다"[13]고 주석을 단 까닭이 여기에 있다.

그리고 마루야마는 코바야시에 응답하는 형태로 1964년 『증보판 현대정치의 사상과 행동』 후기를 썼다. 거기서 그는 "전후민주주의라는 허망(虛妄)에 건다"고 했다. 이때 허망이란 위에서 말한 픽션과 같은 의미인데, 코바야시의 강인한 정신이 데까르뜨의 방법적 회의처럼 모든 인식의 틀을 정지해 세계를 있는 그대로 그려냈다면, 마루야마는 동일

13 丸山眞男, 위의 책 141면.

한 강인한 정신을 통해 자연/사실의 있는 그대로의 모습이 아니라 그것을 인위적 제도로 전유하는 결단을 옹호한 것이다.

따라서 한편에는 있는 그대로 삶과 세계의 건강함을 보려는 방법적 시좌가 있고, 다른 한편에는 세계나 삶을 포착하는 규범을 만들어내려는 단호한 결단이 있다. 그리고 코바야시의 방법과 마루야마의 결단은 정반대의 방향으로 일본을 끌고 간다. 하지만 정반대로 보이는 이 두 방향은 사실 한가지 아포리아를 공유한다. 사실을 있는 그대로 포착하거나 인위적 규범 창출을 결단하는 강인한 정신의 주체는 결코 불가능하다는 것이다.

두 사람의 일본론은 일본을 소여의 것으로 전제하고 그 특질을 장황하게 서술하는 통속적 담론이 아니다. 오히려 그들의 일본론은 실체화된 일본을 철저하게 되묻고, 일본을 자연화하고 미화해온 언설장을 경계의 눈으로 비판하는 것이었다. 그들에게 일본은—그것이 서양기원이든 동양기원이든—기존의 술어나 범주로 환원될 수 있는 것이 아니라 오히려 그 환원 자체를 되묻는 장소였기 때문이다.

그런 한에서 그들의 일본론은 근대 유럽이 추동한 계몽의 프로젝트를 계승하고 급진화하는 비판적 기획이었다. 근대 유럽의 계몽 프로젝트가 과거와의 단절을 통해 새로운 질서의 주체를 만들어내려는 것이었다면, 코바야시와 마루야마는 계몽의 보편적 이념이 아니라 그 태도나 방법을 적극적이고 근원적으로 계승하려고 했다. 무질서로부터 질서를 만들어내는 결단의 주체나 기존의 이해 틀을 철저하게 효력정지하는 강인한 정신은 모두 칸트가 정식화한 대로 계몽적 주체와 정신의 궁극적 모습이기에 그렇다.

하지만 여기에 근원적 아포리아가 도사리고 있다. 슈미트 주권론에 대한 벤야민의 비판에서 알 수 있듯이 유한한 인간이 무질서로부터 질서를 만들어내는 결단을 내리는 것은 불가능하다. 또한 푸꼬와 데리다의 논쟁에서 드러난 것처럼 데까르뜨적 회의는 인식의 토대를 제공하는 것이 아니라 이성과 광기의 식별 불가능성을 알려줄 뿐이다. 여기서 중요한 것은 논쟁 자체라기보다는 결단의 주체가 유일신을 모델로 하고 있다는 사실과, 강인한 정신은 광기와 종이 한장 차이라는 사실이다. 신을 모델로 하는 한 결단하는 주체는 결코 현실의 영역에 모습을 드러낼 수 없다. 그것은 있어야 할 규범의 인격화로서 미래로 투사되든지 초월적 자리에 고상하게 앉아 있을 따름이다. 반면에 강인한 정신이 광기와 식별 불가능한 한에서 정신은 기존의 규범을 정지하는 정신으로 존립할 수 없다. 기존의 규범을 방법적으로 효력정지해 사실을 발견하는 정신이 광기라면 기존의 인식-이해틀은 결코 방법적으로 포착 불가능하기 때문이다.

따라서 규범에서 사실에 이르는 코바야시의 정신과, 사실에서 규범으로 향하는 마루야마의 결단은 규범과 결단의 틈새에서 머뭇거릴 수밖에 없는 실존을 은폐한다. 이 무능하고 우울한 삶의 형상을 회피하고 은폐한 허구의 형상일 수밖에 없는 것이다. 두 사람의 비판적이고 반성적인 지적 영위로 추출된 일본은 매우 이성적이고 지적인 주체와 정신의 장소이자 이름이었다. 이 일본은 통속적이고 이데올로기적인 일본론과 결연하면서 엄격한 방법과 금욕적 태도를 통해 추출된 것이었다. 그런 의미에서 두 사람의 일본론은 극한형태라 할 수 있다. 하지만 이 극한의 일본론은 신을 모델로 한 주체론이며 엄격한 방법적 회의 끝에 다다른 광기의 정신론이다. 이 주체론과 정신론은 늘 외부 상황에 휘둘리며 살아가면서 과거와 깨끗하게 단절할 수도 없는 우유부단한 일상의 주체와 나약한 보통의 정신을 사유할 수 없다. 이 책의 맥락에서 보자면 단호한 결단과 강인한 정신이 국민국가 성립을 위한 극한의 주체론이었다면, 이 논리는 제국일본의 지층을 콘크리트 공사로 덮어버리려는 시도의 가장 세련된 버전인 셈이다.

아마도 코바야시와 마루야마 일본론의 아포리아를 돌파한 곳에서 더디지만 새로운 지평이 열릴 것이다. 그 지평은 근대적 사유가 꿈꾸고 원하던 단호하고 강인한 주체의 세계가 아닐 것이다. 아포리아를 돌파한 곳에 서 있는 것은 비겁하고 우유부단하고 나약한 실존들일 터이기 때문이다. 그곳에는 타자의 폭력 앞에 벌벌 떨면서도 타자에 대한 폭력에 탐닉하는 모순 덩어리의 실존이 살고 있다. 과연 이 괴상한 실존이 사는 포스트 제국의 동아시아를 그려낼 수 있을까? 이 과제와 마주할 때 포스트 제국의 동아시아는 때로는 폭력적이고 때로는 사랑이 넘치는 분열적 공생의 장소로 재전유될 수 있을 것이다.

참고문헌

제1부 제국의 히스테리와 주권의 미스터리

1장 주권의 번역, 혹은 정치사상의 멜랑콜리아: 마루야마 마사오의 좌절과 유산

장인성 (2006) 『근대한국의 국제관념에 나타난 도덕과 권력』, 서울대학교출판부.

발터 벤야민 (2008) 『독일 비애극의 원천』, 조만영 옮김, 새물결.

石田雄 (2005) 『丸山眞男との對話』, みすず書房.

伊藤博文 (1940) 『憲法義解(1891)』, 宮澤俊義 교주(校註), 岩波文庫.

稻田正次 (1960) 『明治憲法成立史』, 有斐閣.

今井弘道 (2003) 「緊急權國家としての明治國家の法構造: 東アジアの觀点から」, 『北大法學論集』 53(6).

小池淸治 (1995) 『日本語はいかにつくられたか?』, ちくま學藝文庫.

中西輝政·福田和也 (2005) 『皇室の本義』, PHP研究所.

丸山眞男 (1961) 『日本の思想』, 岩波新書.

_____ (1996) 「5·19と知識人の『軌跡』(1960)」, 『丸山眞男集 16』, 岩波書店.

_____ (1998) 『丸山眞男座談 2』, 岩波書店.

丸山眞男·加藤周一 (1998) 『飜譯と日本の近代』, 岩波新書.

藤田省三 (1997) 『異端論斷章』, みすず書房.

森岡健二 (1969) 『近代語の成立 明治期語彙編』, 明治書院.

柳父章 (1982) 『飜譯語成立事情』, 岩波新書.

Beaulac, Stephane (2004) The Power of Language in the Making of International Law: The Word "Sovereignty" in Bodin and Vattel and the Myth of Westpahlia, Martinus Nijhoff.

2장 예외적 예외로서의 천황: 근대 일본의 헌법과 주권

김창록 (1994) 「日本에서의 西洋 憲法思想의 收容에 관한 研究: '大日本帝國憲法'의 制定에서 '日本國憲法'의 '出現'까지」, 서울대 대학원 법학과 박사학위논문.

박진우 (2006) 「일본파시즘기의 천황제이데올로기와 국가신도: 강제와 동의의 관점에서」, 『일본학연구』 제18집.

이상봉 (2005) 「전후 일본 보수정치와 상징천황제: 1990년대 신국가주의의 상징 천황 이용을 중심으로」, 『21세기 정치학회보』.

함동주 (2009) 『천황제 근대국가의 탄생』, 창비.

허진미 (2005) 「天皇 肖像寫眞의 學校로의 普及과 管理: 근대 천황제 강화의 의미에 서」, 『서울대 동양사학과논집』 제29집.

스즈키 마사유키 (1998) 『근대 일본의 천황제』, 이산.

조르조 아감벤 (2008) 『호모 사케르』, 박진우 옮김, 새물결.

_____ (2009) 『예외상태』, 김항 옮김, 새물결.

石川健治 (2006) 「コスモス: 京城學派公法學の光芒」, 酒井哲哉 編 『帝國日本の學知』 第 1卷, 岩波書店.

伊藤博文 (1940) 『憲法義解(1891)』, 岩波書店.

稻田正次 (1960) 『明治憲法成立史』 上·下, 有斐閣.

上山安敏 (1977) 『憲法社會史』, 日本評論社.

尾高朝雄 (1952) 『國民主權と天皇制(1947)』, 靑林書院.

カ-ル·レ-ヴィット (1992) 「ヨ-ロッパのニヒリズム: 日本の讀者に寄せる後記(1940)」, 『ある反時代的考察』, 中村啓·永沼更始郎 譯, 法政大學出版局.

久米邦武 (1878) 『米歐回覽實記』 第三卷, 岩波書店.

文部省 編 (1935) 『國體の本義』.

樞密院 (1984) 『樞密院會議議事錄』 第1卷, 東京大學出版會.

杉原泰雄 (1977) 『國民代表の政治責任』, 岩波書店.

瀧井一博 (2003) 『文明史のなかの明治憲法』, 講談社.

エルウィン·ベルツ, トク·ベルツ 編 (1979) 『ベルツの日記』 第一部 上, 岩波文庫.

長尾龍一 (1972)「上杉憲法學雜記」, 小島和司·藤田宙靖 編『行政行爲と憲法』, 有斐閣.

針生誠吉·横田耕一 (1983)『國民主權と天皇制』, 法律文化社.

平野武 (2004)『明治憲法制定とその周邊』, 晃洋書房.

古川利通 (2008)「近代天皇制『政治神學』研究(その1)」,『大阪健康福祉大學紀要』第7號.

星島二郎 編 (1989)『最近憲法論(1913)』, みすず.

毎日新聞社 編 (1968)『昭和思想史への證言』, 毎日新聞社.

松澤弘陽·植手通有 編 (2006)『丸山眞男回顧談』下, 岩波書店.

美濃部達吉 (1912)『憲法講話』, 有斐閣.

＿＿＿＿＿ (1952) 宮澤俊義 증보·개정〔補訂〕『日本國憲法原論』, 有斐閣.

宮澤俊義 (1967)『憲法の原理』, 岩波書店.

和辻哲郎 (1963)「危險思想を徘す(1919)」,『和辻哲郎全集 20』, 岩波書店.

Blumenberg, Hans (1988) Die Legitimität der Neuezeit(1966), Suhrkamp.

Coser, Lewis A. (1984) Refugee scholars in America: their impact and their experiences, Yale UP.

Foucault, Michel (1990) The History of Sexuality I(1976), tr. Hurley, Robert, Vintage.

Schmitt, Carl (2004) Politische Theologie(1934), Dunker & Humblot.

Wolin, Richard (2001) Heidegger's Children: Hannah Arendt, Karl Löwith, Hans Jonas, and Herbert Marcuse, Princeton UP.

3장 주권의 표상 혹은 공백의 터부: 미시마 유키오의 텐노오와 미

미시마 유키오·도쿄대 전공투 (2006)『미시마 유키오 대 동경대 전공투 1696-2000』, 김항 옮김, 새물결.

小林秀雄 (2005)『小林秀雄對話集』, 講談社文藝文庫.

澁澤達彦 (1986)『三島由起夫覺書』, 中公文庫.

花田淸輝 (1950)「聖セバスチャンの顔」,『文藝』1950.1.

三島由起夫 (1996)『假面の告白』, 河出書房新社.

_____ (1999) 『金閣寺』, 新潮社.

_____ (1999) 『三島由起夫の美學講座』, ちくま文庫.

_____ (2001) 『太陽と鐵(1968)』, 新潮社.

_____ (2003) 『三島由起夫全集 22』, 新潮社.

_____ (2003) 『三島由起夫全集 35』, 新潮社.

_____ (2010) 『三島由起夫と戰後』, 中央公論新社.

渡邊淸 (2004) 『碎かれた神: ある復員兵の手記(1981)』, 岩波書店.

제2부 제국의 문턱과 식민지의 인간

4장 개인·국민·난민 사이의 '민족': 이광수 「민족개조론」 다시 읽기

고정휴 (2011) 「『한국인민치태평양회의서』(1921)의 진위 논란과 서명인 분석」, 『한국근현대사연구』 제58집.

곽준혁 (2005) 「춘원 이광수와 민족주의」, 『정치사상연구』 제11권 1호.

권보드레·천정환 (2012) 『1960년을 묻다: 박정희 시대의 분화정치와 지성』, 천년의 상상.

김윤식 (2012) 『내가 읽고 만난 일본』, 그린비.

_____ (1989) 『이광수와 그의 시대』 1·2·3, 한길사.

김윤식·김현 (1996) 『한국문학사(1973)』, 민음사.

김철 (2009) 『식민지를 안고서』, 역락.

김항·이혜령 (2010) 『인터뷰: 한국인문학의 지각변동』, 그린비.

김현 (1971) 「테러리즘의 문학: 오십년대 문학소고」, 『문학과 지성』 1971년 여름.

김현주 (2005) 『이광수와 문화의 기획』, 태학사.

_____ (2005) 「논쟁의 정치와 『민족개조론』의 글쓰기」, 『역사와 현실』 제57집.

_____ (2009) 「식민지에서 '사회'와 '사회적' 공공성의 궤적」, 『한국문학연구』 제38권.

박슬기 (2010) 「이광수의 개조론과 기독교 윤리」, 『한국현대문학연구』 제35권.

박찬승 (2001) 「20세기 한국 국가주의의 기원」, 『한국사연구』 제117권.

이광수 (1962) 「민족개조론」, 『이광수전집 17』, 삼중당.

이경훈 (2007) 『대합실의 추억』, 문학동네.

이재선 (2008) 「이광수의 사회심리학적 문학론과 '퇴화'의 효과: 문사와 수양을
중심으로」, 『서강인문논총』 제24권.

임지현 (1999) 『민족주의는 반역이다』, 소나무.

최주한 (2008) 「민족개조론과 상애의 윤리학」, 『서강인문논총』 제30권.

최인훈 (2008) 『최인훈 전집 3』, 문학과지성사.

황호덕 (2011) 『벌레와 제국』, 새물결.

마쓰오 다카요시 (2011) 『다이쇼 데모크라시』, 오석철 옮김, 소명.

조르조 아감벤 (2009) 『목적없는 수단』, 양창렬·김상운 옮김, 난장

淺野豊美·松田利彦 編 (2004) 『植民地帝國日本の法的構造』, 信山社.

_____ (2004) 『植民地帝國日本の法的展開』, 信山社.

井上哲次郎 (1910) 「國民道德と倫理學說」, 『丁酉倫理會倫理講座集』 90號.

上杉愼吉 (1910) 『婦人問題』, 三書櫻.

小熊英二 (1998) 「差別卽平等」, 『〈日本人〉の境界』, 新曜社.

金杭 (2010) 『帝國日本の閾』, 岩波書店.

酒井哲哉 (2007) 「「帝國秩序」と「國際秩序」」, 『近代日本の國際秩序論』, 岩波書店.

前田長太 譯 (1910) 『民族發展の心理』, 大日本文明協會.

丸山眞男 (1999) 「開國(1959)」, 『丸山眞男集 8』, 岩波書店.

水谷智 (2009) 「〈比較する主體〉としての植民地帝國」, 同志社大學人文科學研究所 編 『社
會科學』 85號.

_____ (2010) 「植民地主義と〈比較のポリティクス〉: 竹越與三郎と持地六三郎の
英領インド植民地政策觀を中心に」 (http://www.mishima-kaiun.or.jp/report_
pdf/2010c/40_nh22.pdf)

美濃部達吉 (1918) 『憲法講話(1912)』, 有斐閣.

山本有造 (2000) 「植民地統治における「同化主義」の構造」, 京都大學人文科學研究所 編
『人文學報』 第83號.

和辻哲郎 (1963)「危險思想を排す(1919)」,『和辻哲郎全集 20』, 岩波書店.

Betts, Raymond F. (1961/2005) Assimilation and Association in French Colonial
  Theory 1890-1914, Columbia University/Univ. of Nebraska Press.

_____ (1991) France and Decolonisation 1900-1960, Macmillan.

Lewis, Martin Deming (1962) "One Hundred Million Frenchmen: The "Assimilation"
  Theory in French Colonial Policy," Comparative Studies in Society and History
  Vol.4 No.2.

van Ginnen, Jaap (1992) Crowds, Pcychology, & Politics 1871-1899, Cambridge UP;
  Josep R. Llobera (2003) The Making of Totalitarian Thought, Berg.

5장 식민지배와 민족국가/자본주의의 본원적 축적에 대하여: 『만세전』 재독해

김철 (2009)『식민지를 안고서』, 역락.

김항 (2009)「정치 없는 국가, 국가 없는 역사」,『말하는 입과 먹는 입』, 새물결.

나병철 (2001)『근대서사와 탈식민주의』, 문예출판사.

박정애 (2001)「근대적 주체의 시선에 포착된 타자들: 염상섭「만세전」의 경우」,
  『여성문학연구』제6권.

박현수 (2007)「「묘지」에서「만세전」으로의 개작과 그 의미」,『상허학보』제19권.

서재길 (2003)「「만세전」의 탈식민주의적 읽기를 위한 시론」,『한국근대문학과
  일본』, 소명.

염상섭 (1987)『염상섭전집 1』, 민음사.

한만수 (2010)「만세전과 공동묘지령, 선산과 북망산: 염상섭의「만세전」에 대한
  신역사주의적 해석」,『한국문학연구』제39권.

홍순애 (2007)「근대소설에 나타난 타자성 경험의 이중적 양상: 염상섭「만세전」
  을 중심으로」,『정신문화연구』30-1.

황호덕 (2011)『벌레와 제국』, 새물결.

도미야마 이치로 (2009)『폭력의 예감』, 손지연 외 옮김, 그린비.

조르조 아감벤 (2009)『목적없는 수단』, 양창렬·김상운 옮김, 난장.

칼 슈미트 (1998) 『파르티잔』, 김효전 옮김, 문학과지성사.

_____ (2010) 『정치신학』, 김항 옮김, 그린비.

코바야시 타끼지 (2012) 『게 가공선』, 서은혜 옮김, 창비.

한나 아렌트 (2006) 『전체주의의 기원』, 이진우 외 옮김, 한길사.

Foucault, Michel (1994) "Nietzsche, la généalogie, l'hisoire(1971)," Dits et écrits 1954–1988, Tome II, Gallimard.

Lacoue-Labarthe, Philippe (2004) Poetik der Geschichte, Diaphanes Verlag.

Marx, Karl (1867) Das Kapital(大內兵衛監 譯『資本論』第1卷 第2分冊, 大月書店, 1969)

제3부 제국의 청산과 아시아라는 장소, 그리고 한반도

6장 '결단으로서의 내셔널리즘'과 '방법으로서의 아시아': 근대 일본의 자연주의적 국가관 비판과 아시아

강상중 (2007) 「사라지지 않는 '아시아'의 심상지리를 넘어서」, 강상중 외 엮음 『공간: 아시아를 묻는다』, 이강민 옮김, 한울.

고오야마 이와오 외 (2007) 「동아공영권의 윤리성과 역사성」, 이경훈 외 편역 『태평양전쟁의 사상』, 이매진.

박승우 (2008) 「동아시아 지역주의 담론과 오리엔탈리즘」, 『東亞硏究』 제54권.

김경일 (2005) 「대동아공영권의 '이념'과 아시아의 정체성」, 백영서 엮음 『동아시아의 지역질서: 제국을 넘어 동아시아공동체로』, 창비.

임성모 (2005) 「동아협동체론과 '신질서'의 임계」, 앞의 책.

최원식 (1995) 「동양학의 르네상스를 위하여」, 정문길 외 엮음 『동아시아, 문제와 시각』, 문학과지성사.

安倍能成 (1946) 「年少學徒に告ぐ」, 『戰中戰後』, 白日書院.

李廷江 (1990) 「アジア主義について」, 亞細亞大學 『アジア研究所紀要』 제17권.

大橋良介 (2001) 『京都學派と日本海軍: 新資料「大島メモ」をめぐって』, PHP新書.

桐原健眞 (2001) 「吉田松陰における對外觀: 「萬國公法」以前の國際秩序認識」, 『文藝研

究』제152권.

高山岩男 (1946)『文化國家の理念』, 秋田屋.

_____ (2001)『世界史の哲學』, こぶし文庫.

五味川純平 (1959)「精神の癌」,『現代の發見 1: 私と戰爭』, 春秋社.

酒井哲哉 (2006)「國際政治論のなかの丸山眞男」,『思想』.

坂口安吾 (1946)「墮落論」,『墮落論』, 新潮文庫.

_____ (1946)「續墮落論」, 앞의 책.

_____ (1946)「白痴」,『坂口安吾全集 4』, ちくま文庫.

高橋文博 (1998)『吉田松蔭』, 淸水書院.

竹內好 (1993)「中國の近代と日本の近代(1948)」,『日本とアジア』, ちくま學藝文庫.

_____ (1993)「アジアのナショナリズムについて(1951)」, 앞의 책.

_____ (1993)「近代の超克(1959)」, 앞의 책.

_____ (1993)「方法としてのアジア(1961)」, 앞의 책.

_____ (1993)「戰爭體驗の一般化について(1961)」, 앞의 책.

南原繁 (1977),「天長節: 記念祝典における演述(1946)」,『南原繁著作集 7』, 岩波書店.

_____ (1977),「祖國を興すもの: 卒業式における演述(1946)」, 앞의 책.

丸山眞男 (1964)「超國家主義の論理と心理(1946)」,『增補版 現代政治の思想と行動』, 未來社.

_____ (1946)『丸山眞男講義錄 2』, 岩波書店, 1998.

_____ (1992)「忠誠と反逆(1960)」,『忠誠と反逆』, ちくま學藝文庫.

_____ (1996)「5·19と知識人の軌跡(1960)」,『丸山眞男集 16』, 岩波書店.

_____ (1996)「八·一五と五·一九(1960)」,『丸山眞男集 8』, 岩波書店.

_____ (1996),「好さんとのつきあい(1978)」,『丸山眞男集 10』, 岩波書店.

和辻哲郎 (1963),「危險思想を排す(1919)」,『和辻哲郎全集 第二十卷』, 岩波書店.

Agamben, Giorgio (1999) "*Se: Hegel's Absolute and Heidegger's Ereignis," tr.(ed.) Daniel Heller-Roazen, Potentialities: Collected Essays in Philosophy, Stanford Univ. Press.

Derrida, Jacques (1989) Edmund Husserl's "Origin of Geometry": An Introduction, tr. John P. Leavy, Univ. of Nebraska Press.

Lawlor, Leonard (2002) Derrida and Husserl: the basic problem of phenomenology, Indiana Univ. Press.

Schmitt, Carl (1965) Der Begriff des Politischen, Duncker & Humblot.

7장 해적, 시민, 그리고 노예의 자기인식: 한국전쟁과 전후일본의 사산된 유산

김항 (2009) 『말하는 입과 먹는 입』, 새물결.

타케우치 요시미 (2004) 『일본과 아시아』, 서광덕 · 백지운 옮김, 소명출판.

金杭 (2010) 『帝國日本の閾』, 岩波書店.

安倍能成 (1946) 『戰中戰後』, 白日書院.

安倍能成 (1957) 『岩波茂雄傳』, 岩波書店.

カール·シュミット (2000) 『攻擊戰爭論(1945)』, ヘルムート·クバーリチュ 編, 新田邦夫 譯, 新山社.

憲法問題研究會 (1963) 『憲法と私たち』, 岩波新書.

南原繁 「民族の危機と將來(1950.11)」, 『南原繁著作集 7』, 岩波書店.

別枝達夫 (1979) 『海事史の舞台』, みすず書房.

松澤弘陽·植手通有 (2006) 『丸山眞男回顧談 下』, 岩波書店.

丸山眞男 (1964) 『增補版 現代政治の思想と行動』, 未來社.

＿＿＿＿ (2003) 『丸山眞男集 5』, 岩波書店.

＿＿＿＿ (2003) 『丸山眞男集 8』, 岩波書店.

＿＿＿＿ (2003) 『丸山眞男集 10』, 岩波書店.

吉田茂 (1995) 『戰後日本外交論集』, 北岡伸一 編, 中央公論社.

Anidjar, Gil (2002) The Jew, the Arab: A History of the enemy, Stanford UP.

Blumenberg, Hans (1975) Schiffbruch mit Zuschauer: Paradigma einer Daseinsmetapher, Suhrkamp.

Schmitt, Carl (1994) Der Begriff des Politischen(1932), Dunker & Humblot.

334

8장 '광역권'에서 '주체의 혁명'으로: 근대초극, 미완의 법기획, 그리고 한반도

다미야 다까마로 (2005) 『우리사상의 혁명』, 코리아미디어.

미시마 유키오 외 (2006) 『미시마유키오 대 동경대전공투』, 김항 옮김, 새물결.

퍼트리샤 스테인호프 (2013) 『적군파: 내부 폭력의 사회심리학』, 임정은 옮김, 교
　　양인.

唐十郎 (1973) 『二都物語/鐵假面』, 新潮社.

酒井哲哉 (2007) 「國際秩序論と近代日本研究」, 『近代日本の國際秩序論』, 岩波書店.

竹內好 (1993) 「近代の超克」, 『日本とアジア』, ちくま學藝文庫.

針生一郎 (1973) 『文化革命の行方』, 朝日新聞社.

伴野準一 (2010) 『全學連と全共闘』, 平凡社新書.

丸山眞男 (1996) 「好さんとのつきあい(1978)」, 『丸山眞男集 10』, 岩波書店.

_____ 他 編 (1989) 『南原繁回顧錄』, 東京大學出版會.

_____ 他 (1998) 『丸山眞男座談 2: 1950-1958』, 岩波書店.

安井郁 (1942) 『歐州廣域國際法の基礎理念』, 有斐閣.

_____ (1970) 『國際法學と弁證法』, 法政大學出版會.

_____ (1980) 『朝鮮革命と人間解放: チュチェ思想の具現』, 雄山閣.

_____ (1983) 『道: 安井郁 生の軌跡』, 法政大學出版會.

사항 찾아보기

ㄱ

『가면의 고백』 103~04

『게 가공선』 178, 180

경성제국대학 75, 217

계보학 5~6, 85

고세이몬(御誓文) 243

고아 의식 130~31

공직추방령 280, 282

관념언어 18, 25, 34

교양주의 66, 132, 149, 208, 217, 219~
21, 223, 227, 235, 250

「교육칙어(教育勅語)」 55

구성주의 내셔널리즘 28

국가주권 35, 60, 154, 156, 299

국가주권설 59

국민주권 31, 37, 72~76, 79~80,
83~84, 116, 266

국민주권주의 74, 76~78, 81

국제법 27~28, 202, 238~40, 279~81,
288~90, 292~99

국제법 우위론 288~89, 291

국제연맹 27, 154, 162, 201, 246, 262,
279, 285~87, 289, 304~05

국제연합 246, 296, 304~05

국체 55, 58, 61~66, 71~72, 75~76,
79~81, 114, 209~10, 217, 242

국체-국가(론) 63~64

국체논쟁 25, 67, 155

국체명징운동 58, 68~70, 72

국체변혁론 76

「군인직유(軍人直喩)」 55

군주주권 82~83

극동군사재판 87

근대화론(자) 36, 45, 269

금각사 97~102, 104~05, 111

ㄴ

난민(화) 7, 162~64, 166~72, 177~78, 180, 191~96
낮의 논리 131
노모스 76, 78~81, 86, 115~16
뉘른베르크 239~40
니힐리즘 42, 43, 45

ㄷ

대동아공영권 140, 202, 207, 211, 214, 268~69, 279, 282, 306
대동아 국제법 279, 284, 291, 293~96
대일본문명협회 146~48
도오신까이(同心會) 243, 249
동화주의 150~53

ㄹ

러일전쟁 148~49

ㅁ

만국공법 19, 22, 203~04
『만세전』 168~69, 172~73, 180~84, 186~87, 189, 192, 194~96
만주사변 244, 285, 287~88, 291
맑스(-레닌)주의 27, 29~30, 32~33, 232, 250, 298~99, 303
메이지(明治)국가 36, 46, 49
메이지유신 54, 74, 114, 116, 145, 203, 215, 243, 278, 287
메이지정부 22, 47, 50~51
메이지헌법 51, 55~58, 69, 71, 73, 75, 81

모더니티 45~46, 85~86
『무정』 137, 142
문화연구(계열) 126, 130, 134~35, 139
문화적 천황제 250
민권운동 51
민권파 51, 53~54, 147, 152~53
민족 7, 9, 56, 61, 68, 79, 99, 117~18, 123~25, 127~32, 135~43, 146, 148, 151, 159~64, 167~72, 190, 192~96, 214, 217, 219~220, 223, 247, 273, 283, 298, 303
민족개조(론) 127, 139, 141, 143, 145, 146~47, 149, 157~60, 163, 165~67
민족공동체 218~19
민족국가 169~73, 175~78, 180, 192
민족심리(학) 151~52, 157~58, 166
민족의식 131, 134, 190, 260
민족자결 144, 162~63
민족저항 136, 183
민족주의 123~24, 127~32, 135, 139~40, 161, 164, 167
민족해방 277, 296, 298, 303
민족형성 125, 127~31, 134, 138, 140, 143

ㅂ

반동화주의 151~55, 157
반민족 129, 130, 140
밤의 논리 131, 134, 140
방패의 모임(楯の會) 88~91
『번역과 일본의 근대』 26
『번역의 사상』 26

법령통치 152

베스트팔렌체제 35~36

복구담론 208, 218~20, 223, 235

본원적 축적 168~70, 172~78, 180, 182, 187, 190, 192, 194, 309

『분가꾸까이(文學界)』 213

빠리 국제 식민지 회의 150

빠리조약 201

ㅅ

사소설 134, 140~41, 158, 181, 187

4·19세대 134~36

3·1운동 162, 182

상징천황(제) 33, 77~81, 116

『생각하는 힌트』 315, 319

『서유기』 164~66

선행적 축적 173, 175

『세까이(世界)』 74, 217, 243, 252

신체언어 18~19, 25, 30, 34~35

신칸트학파 281, 284, 289~90, 296

신화적 천황론 54~55, 57

실감신앙 30, 319~20, 322

15년전쟁 200, 282~283

쏘비에뜨 국제법 281, 284, 289, 291~92, 296

ㅇ

아라히또가미(現人神) 57, 68~70, 93, 115~16

아시아주의(자) 36, 206~07, 232, 234, 272, 283

안보투쟁 221~22, 277, 311~12

연합군최고사령부 20~21, 70, 72, 74

「영령의 목소리」 114, 118

오리엔탈리즘 45, 183, 202~03, 206, 235

5·15쿠데타 87, 287

올드 리버럴 249~50, 252, 255

「우국(憂國)」 111~14, 118

『우리사상의 혁명』 276

유럽공법 203, 225, 259~60

「유럽의 니힐리즘」 41~42, 45

유럽정신 39~45

이콘신앙 30

2·26쿠데타 87, 111~12, 114, 279, 287

이찌가야(市ヶ谷) 87~88, 115, 255, 257

인간선언 68

인민주권 67, 82~83, 192~96

일본공산당 180, 250

일본낭만파 212

일본민족 175, 215, 218, 302

일본적군파 274~76, 278

ㅈ

자위대 87~89, 115, 264

전공투 117, 278~79

정통과 이단 26, 32~34

조선민족 159, 175, 301~02, 304

존황본능 66, 218

존황사상 66, 218

존황심 65, 149, 155~57, 159~60, 218~19

주권국가 27~28, 33, 35, 37, 124~25, 176, 203~04, 211, 223~25, 261~63, 265, 270, 279

『주권원론(主權原論)』 23

주체론 310, 324

주체사상 276, 280, 284, 297~300, 302~07
중일 국교회복 265~66
중일전쟁 201, 212, 287

ㅊ

천황(제) 9, 20~21, 23~27, 29~34, 46~47, 48~49, 53~63, 66~77, 79~81, 86~87, 89, 92~95, 102, 105, 107, 111~19, 153, 155~56, 159, 166, 204, 206, 208~09, 217~19, 236, 242~43, 245, 278, 283, 286
천황기관설 58~59, 61~62, 68, 72, 156, 286~87
천황주권 75
천황주의 149
치명적 유산 162, 164, 166~67, 169, 172

ㅋ

『카이조오(改造)』 145
코롤라리(corollary) 23, 205, 207
쿄오또제국대학 70, 213
쿄오또학파 78, 208, 211~14, 216, 220~21, 227, 235, 268
킨끼(錦旗)혁명 117~18

ㅌ

타이쇼오(大正) 교양주의(자) 208, 217, 219~21, 227, 235, 250
타이쇼오 데모크라시 66, 149, 154~60, 162~63, 286
태평양전쟁 87, 200, 210~13, 221, 244,

279, 287
텐노오 → 천황
「토까똔똔(トカトントン)」 103~04
토오꾜오제국대학 58~59, 69, 71, 75, 148, 154, 279
통치권 24~25, 55~56, 61~62, 70, 129, 180

ㅍ

파르티잔 167, 192, 195, 196
팔굉일우(八紘一宇) 33, 208
8월혁명 74, 75, 77, 80, 115
포츠담선언 71, 73, 209
프랑스혁명 78, 148, 149, 151, 153, 155, 156, 160, 177

ㅎ

하위주체 229
한국전쟁 165, 242, 245~247, 251, 252, 255, 258, 259, 263~265, 270~273, 305, 306
합리주의 131, 229, 230, 316
해적 239~249, 252, 253, 255~259, 261~265, 267, 271~273
헌법논쟁 23, 24, 81, 86
헌법 제9조 72, 89, 266
『헌법의해(憲法義解)』 24, 58
현상타파 282, 285, 286, 290, 302, 305
협동주의 152
협화체 53
혼종성 18, 190
황조황종 48, 69, 209, 210
『회색인』 164

인명 찾아보기

ㄱ

고미까와 준뻬이(五味川純平) 200, 202, 206, 220

겔너, 에르네스트(Ernest Gellner) 224

김수영(金洙暎) 164

김윤식(金允植) 127, 130~35, 140~42, 158

김일성(金日成) 298~300, 302, 303

김지하(金芝河) 277

김철(金哲) 127, 134~38, 140~42, 158

ㄴ

나쯔메 소오세끼(夏目漱石) 17, 18, 30, 34

난바라 시게루(南原繁) 219, 245~53, 255, 272, 281, 299

니또베 이나조오(新渡戶稻造) 152, 154

니시 아마네(西周) 19, 22

ㄷ

다자이 오사무(太宰治) 103~04

따르드, 장 가브리엘 드(Jean-Gabriel de Tarde) 150

ㄹ

라꾸라바르뜨, 삘리쁘(Philippe Lacoue-Labarthe) 172

라인슈, 폴(Paul Reinsch) 152

레닌, 블라지미르(Lenin Vladimir) 294~95

레비스트로스, 끌로드(Claude Lévi-Strauss) 4

뢰비트, 카를(Karl Löwith) 41~45, 86

루쉰(魯迅) 133, 231, 266, 268~69, 271~72

루쏘, 장자끄(Jean-Jacques Rousseau) 30, 78, 147, 172, 193

르낭, 에르네스트(Ernest Renan) 31, 265

르 봉, 귀스타브(Gustave Le Bon) 146~
54, 157~59

ㅁ

마루야마 마사오(丸山眞男) 8, 10, 26~37,
71, 74, 85, 199, 206~08, 217,
220~28, 233~37, 249~67, 271~
72, 277~79, 310~12, 316~25

마르쿠제, 헤르베르트(Herbert Marcuse)
39~41

마시따 카네또시(益田兼利) 88

마이네케, 프리드리히(Friedrich Mei-
necke) 85

마쯔모또 조오지(松本烝治) 70

마틴, 윌리엄(William Martin) 22

맑스, 카를(Karl Marx) 173~74, 207

매카서, 더글러스(Douglas MacArthur)
68, 70~72, 93

메스트르, 조제프 드(Joseph de Maistre)
22~23

모또노 이찌로오(本野一郎) 147

모또다 나가자네(元田永孚) 54

모또오리 노리나가(本居宣長) 315, 318,
320~21

모리 오오가이(森鷗外) 17

미시마 유끼오(三島由起夫) 10, 87~92,
95~97, 101~15, 117~19, 278

미야자와 토시요시(宮澤俊義) 71~72,
74~77, 80~81, 115~16,

ㅂ

베버, 막스(Max Weber) 40

벤야민, 발터(Walter Benjamin) 39, 324

벨츠, 에르빈(Erwin von Bälz) 47

ㅅ

사까구찌 안고(坂口安吾) 235~36

슈미트, 카를(Carl Schmitt) 82, 85~86,
176, 195, 203~04, 238~40, 242,
255, 259, 262, 291, 316, 324

슈타인, 로렌츠 폰(Lorenz von Stein)
52~54, 56~57, 85

스미스, 애덤(Adam Smith) 173~75

스에히로 이즈따로오(末廣嚴太郎) 281

스피박, 가야트리(Gayatri Spivak) 229

시부사와 타쯔히꼬(澁澤達彦) 110

ㅇ

아감벤, 조르조(Giorgio Agamben) 167,
177~78, 193

아도르노, 테오도어(Theodor Adorno)
39~41, 44

아렌트, 한나(Hannah Arendt) 39~41,
171, 195

아베 요시시게(安倍能成) 217, 243~44

앤더슨, 베네딕트(Benedict Anderson)
224

야나이하라 타다오(矢內原忠夫) 152,
154~55

야마무라 신지로오(山村新治郎) 274

야스이 카오루(安井郁) 10, 279~85,
288~307

에또오 준(江藤淳) 311~15

염상섭(廉想涉) 10, 181~82, 184~89,
191~92, 194

엘리네크, 게오르크(Georg Jellinek) 58

오규우 소라이(荻生徂徠) 315~21

오다까 토모오(尾高朝雄) 75~81, 115~16

오오꾸마 시게노부(大隈重信) 147

오오시마 야스마사(大島康正) 213

와쯔지 테쯔로오(和辻哲郎) 66~67, 75, 218

요꼬따 키사부로오(橫田喜三郎) 281~82, 289

요나스, 한스(Hans Jonas) 39

요시다 쇼오인(吉田松陰) 203~04

요시다 시게루(吉田茂) 223, 245, 296

우에스기 신끼찌(上杉愼吉) 59~64, 66, 69, 148, 155~56, 286

우찌무라 칸조오(內村鑑三) 219

이광수(李光洙) 10, 126~34, 137~47, 157~67

이노우에 테쯔지로오(井上哲次郎) 148~49

이또오 진사이(伊藤仁齋) 316, 320~21

이또오 히로부미(伊藤博文) 24~25, 49~55, 58, 116

이삭, 알렉산드르(Alexandre Isaac) 150~51

이와꾸라 토모미(岩倉具視) 52

이와나미 시게오(岩波茂雄) 243~44

이찌까와 단조오(市川團藏) 106

ㅊ

최인훈(崔仁勳) 164~67

츠바이크, 슈테판(Stefan Zweig) 39~40

ㅋ

카네꼬 켄따로오(金子堅太郎) 51

카또오 슈우이찌(加藤周一) 26

카라 주우로오(唐十郎) 277

카메이 카쯔이찌로오(龜井勝一郎) 212

카시러, 에른스트(Ernst Cassirer) 39

칸토로비치, 에른스트(Ernst Kantorowicz) 84

칸트, 임마누엘(Immanuel Kant) 172, 195, 219, 323

겔젠, 한스(Hans Kelsen) 39, 289

코노에 후미마로(近衛文麿) 70

코바야시 타끼지(小林多喜二) 180

코바야시 히데오(小林秀雄) 101, 310, 313~25

코오또꾸 슈우스이(幸德秋水) 286

코오야마 이와오(高山岩男) 210~11, 214~16,

쿠가 카쯔난(陸羯南) 22

쿠로다 키요따까(黑田清隆) 48

키시 노부스께(岸信介) 69

ㅌ

타까스기 이찌로오(高杉一郎) 213

타께꼬시 요사부로오(竹越與三郎) 153

타께우찌 요시미(竹內好) 10, 32, 199, 206~08, 217, 220~23, 227~34, 236~37, 259, 263~73, 277~79

타나까 코오따로오(田中耕太郎) 281, 284, 289

타미야 타까마로(田宮高麿) 275

ㅍ

페어드로스, 알프레드(Alfred Verdross)
　288~89
푸꼬, 미셸(Michel Foucault)　5~6, 81~
　82, 85, 162, 169, 324
플릭, 프리드리히(Friedrich Flick) 238

ㅎ

하나다 키요떼루(花田淸輝) 103~04
하리우 이찌로오(針生一郎) 277
하이데거, 마르틴(Martin Heidegger)　5,
　41, 43, 172
헤겔, 게오르크(Georg Hegel) 5, 40, 102,

214~15, 249, 263
호르크하이머, 막스(Max Horkheimer)
　39, 41, 44
호즈미 야쯔까(穗積八束) 59~60
홉스, 토마스(Thomas Hobbes)　78, 175~
　76, 204, 254, 316
후꾸자와 유끼찌(福澤諭吉)　28, 228,
　261, 274, 315
후썰. 에드문트(Edmund Husserl) 230
휘튼, 헨리(Henry Wheaton) 22
히로히또(裕仁)　26, 59, 113, 115, 209~
　10, 242, 245

제국일본의 사상
포스트 제국과 동아시아론의 새로운 지평을 위하여

초판 1쇄 발행 / 2015년 4월 3일
초판 2쇄 발행 / 2016년 10월 17일

지은이 / 김항
펴낸이 / 강일우
책임편집 / 이진혁
펴낸곳 / (주)창비
등록 / 1986년 8월 5일 제85호
주소 / 10881 경기도 파주시 회동길 184
전화 / 031-955-3333
팩시밀리 / 영업 031-955-3399 편집 031-955-3400
홈페이지 / www.changbi.com
전자우편 / human@changbi.com

ⓒ 김항 2015
ISBN 978-89-364-8593-1 93300

＊ 이 저서는 2008년도 정부재원(교육과학기술부 학술연구조성사업비)으로
  한국연구재단의 지원을 받아 연구되었습니다. (NRF-2008-361-A00003)
＊ 이 책 내용의 전부 또는 일부를 재사용하려면
  반드시 저작권자와 창비 양측의 동의를 받아야 합니다.
＊ 책값은 뒤표지에 표시되어 있습니다.